国家社科基金一般项目“跨部门综合执法权配置与运行机制研究”（批准号：17BFX041）的研究成果

跨部门综合执法权配置与运行机制研究

张峰振　著

KUABUMEN ZONGHE ZHIFAQUAN PEIZHI YU
YUNXING JIZHI YANJIU

法律出版社
LAW PRESS·CHINA
北京

图书在版编目(CIP)数据

跨部门综合执法权配置与运行机制研究 / 张峰振著
. -- 北京 : 法律出版社, 2024
ISBN 978 -7 -5197 -9106 -3

Ⅰ. ①跨… Ⅱ. ①张… Ⅲ. ①公安机关–行政执法–研究–中国 Ⅳ. ①D922.144

中国国家版本馆 CIP 数据核字(2024)第 088719 号

跨部门综合执法权配置与运行机制研究
KUA BUMEN ZONGHE ZHIFAQUAN PEIZHI YU YUNXING JIZHI YANJIU

张峰振 著

策划编辑 许 睿
责任编辑 许 睿
装帧设计 李 瞻

出版发行 法律出版社
编辑统筹 司法实务出版分社
责任校对 朱铁佳
责任印制 胡晓雅
经　　销 新华书店

开本 710 毫米×1000 毫米 1/16
印张 16.5 **字数** 252 千
版本 2024 年 12 月第 1 版
印次 2024 年 12 月第 1 次印刷
印刷 唐山玺诚印务有限公司

地址:北京市丰台区莲花池西里 7 号(100073)
网址:www.lawpress.com.cn
投稿邮箱:info@lawpress.com.cn
举报盗版邮箱:jbwq@lawpress.com.cn
销售电话:010-83938349
客服电话:010-83938350
咨询电话:010-63939796

书号:ISBN 978 -7 -5197 -9106 -3
定价:85.00 元
凡购买本社图书,如有印装错误,我社负责退换。电话:010-83938349

序　言

跨部门综合执法是综合行政执法改革的必然趋势和发展方向。2014 年中国共产党十八届四中全会通过《关于全面推进依法治国若干重大问题的决定》，提出深化行政执法体制改革，推进综合执法，有条件的领域可以推行跨部门综合执法。2015 年 12 月 27 日，中共中央、国务院印发了《法治政府建设实施纲要(2015—2020 年)》，再次重申要改革行政执法体制，支持有条件的领域推行跨部门综合执法。2018 年，中共中央《深化党和国家机构改革方案》明确提出，继续探索实行跨领域跨部门综合执法。2019 年《关于坚持和完善中国特色社会主义制度　推进国家治理体系和治理能力现代化若干重大问题的决定》(中共中央十九届四中全会)、2021 年《法治中国建设规划(2020—2025 年)》(中共中央)均规定“继续探索实行跨领域跨部门综合执法”。2021 年修订的《行政处罚法》第一次以行政处罚基本法的形式确认了跨部门综合行政执法制度，同时，规定了行政处罚权下放至乡镇人民政府、街道办事处的纵向改革模式。至此，跨部门综合执法改革进入了新阶段。

本书从跨部门综合执法改革的发展现状与问题入手，通过多种研究方法，论述跨部门综合执法权的含义、产生背景与发展现状，分析跨部门综合执法权发展中面临的问题，论证跨部门综合执法权配置的基本原则，探讨跨部门综合执法权配置条件、配置标准和配置模式，建构并完善我国跨部门综合执法权运行的主要机制，为深化我国行政执法体制改革提供理论模型和知识支撑。

第一，跨部门综合执法权发展现状与问题。行政处罚权的跨部门综合执法起源于相对集中行政处罚权制度，其法律依据是《行政处罚法》。相对集中行政处罚权制度最初主要调整县级以上行政执法部门处罚权的相对集中问题，并不包含行政处罚权的下放形成的基层综合行政执法。因此，跨部门综合执法最初主要是在行政领域内横向拓展。2021 年修订的《行政处罚法》第 24 条规定了行政处罚权的纵向转移制度，开启综合执法改革由横向模式向"横向 + 纵向"模式的转型。随着改革推进，跨部门综合执法权运行中存在的问题也逐渐暴露出来。这些问题主要包括：跨部门行政执法权配置原则不明；跨部门行政执法权配置条件规定不科学，配置标准模糊，配置模式亦存在诸多问题；跨部门综合执法权运行机制不健全。这些问题正是本书研究的缘起和主要内容。

第二，跨部门综合执法权配置的基本原则。跨部门综合执法权配置原则是跨部门综合执法改革中行政执法权综合配置的根本遵循。依法配置原则，属于行政组织法范畴。它解决的是综合执法权源头的合法性问题。整体性原则是新公共管理领域整体政府理念在行政执法改革方面的要求和体现。它解决的是传统行政执法体制下执法权的碎片化和信息孤岛问题，本质上是行政执法权综合配置的一种理念和方法。效能原则和便民原则，是行政执法改革追求的两大目的。前者基于行政机关和公共利益考量，旨在提高行政效能，降低执法成本、改善行政效率，以实现公共利益最大化；后者基于行政相对人和其私益考量，重在便利行政相对人，最大限度地减轻行政相对人负担，保障其合法权益。上述四项原则从不同维度阐释了行政执法权跨部门综合所应遵守的基本要求，对于跨部门综合执法改革具有较强的指导意义。

第三，跨部门综合执法权配置条件、标准和模式。配置条件是决定某行政部门或行政领域是否实施综合执法的依据，是确定跨部门综合执法适用领域或范围的依据。配置条件的影响因素主要包括两个方面：一是能否提高行政效能;二是能否保障相对人合法权益。跨部门综合执法权配置条件存在的问题主要包括:(1)综合行政执法的目标和导向不明确,直接影响实施综合执法的条件和范围,进而弱化综合行政执法改革的效果;(2)条件规定不科学,有些领域或部门混淆了综合执法的条件与标准;(3)缺乏统一规定,各地各领域实行综合执法的条件相差较大,影响综合执法改革的统一实施。因此,应当重构跨部门综合执法权配置条件。配置标准,是指在某行政管理领域符合综合执法的条件,决定实行综合执法后,拟综合的行政执法权依据什么标准进行配置的问题。《行政处罚法》第18条第2款规定的"有关"标准,在改革实践中难以把握,导致综合执法范围宽窄不一。根据法律规定和实践探索,跨部门综合执法权配置的标准可以确定为合法性标准、相关性标准、合理性标准和限制性标准。当前,我国跨部门综合执法改革存在着横向与纵向两种执法权配置模式,各有特点。同时,也各自存在问题。在横向配置模式上,跨部门综合行政执法权配置幅度受限,功能区综合行政执法的依据缺位。在纵向配置模式上,行政处罚权下放制度为基层综合执法改革提供了法律依据。但作为跨部门综合执法的崭新模式,基层综合执法对推进基层治理能力和治理体系现代化来说,既是机遇也是挑战。

第四,跨部门综合执法权运行的主要机制。前述跨部门综合执法权配置的基本原则、配置条件、配置标准和配置模式,是从行政组织法角度展开的研究。跨部门综合执法权运行的主要机制是从行政行为法角度进行的探讨。跨部门综合执法权力清单的产生旨在为综合行政执法权划定权力边界和执法范围,它是一种创制性规范,改变了行政执法权的行使主体;综合行政执法权力清单确立的执法事项是综合行政执法的根据,对综合行政执法权行使具有规制作用。综合执法主体的内部分工与管理制度对于提高综合执法效能,实现综合执法改革目的具有重要影响。跨部门综合执法程序机制是确保跨部门综合执法权合法运行,从而实现严格规范、公正文明执法的重要保障机制。跨部门综合执法监管机制,应以"双随机、一公开"为基本手段,辅以重点监管手段,整合"互联网+监管"、探索信用监管、大数据监管、包容审慎监管等新型手段,从而架构新型监管机制。

目录 Contents

第一章 绪 论

一、问题缘起

虽然“综合行政执法”或“综合执法”概念出现较早[1]，并且自1996年相对集中行政处罚权制度实施以来，此概念被不断提及、广泛使用，但作为行政执法体制改革的基本制度，第一次明确规定并使用“综合行政执法”概念的法律是2021年修订的《行政处罚法》。[2] 2021年，《行政处罚法》除了确认“综合行政执法”制度并明确使用这一概念，还规定了行政处罚权下放至乡镇人民政府、街道办事处的制度。[3]

2014年，中国共产党十八届四中全会通过《关于全面推进依法治国若干重大问题的决定》（以下简称《全面推进依法治国决定》），提出深化行政执法体制改革，推进综合执法，有条件的领域可以推行跨部门综合执法。2015年12月27日，中共中

---

〔1〕 在北大法宝法律法规数据库中检索，以“全文”为检索项，以“综合行政执法”或“综合执法”为检索词，检索到最早使用“综合行政执法”或“综合执法”概念的规范性文件是，1992年1月24日由国家技术监督局发布的部门规章《技术监督行政执法人员管理办法》（2018年失效）。检索日期为2024年1月22日。该规章中的“综合行政执法”是指一个执法机关行使多项行政执法事项，并非将原来由两个以上执法机关行使的执法权集中由一个执法机关行使，因此，与今日作为行政执法体制改革制度的综合行政执法并非同一含义。

〔2〕 《行政处罚法》（2021年）第18条。虽然之前也有法律或法律性文件使用“综合行政执法”或“综合执法”概念，但要么是单行法律在具体行政领域中使用这一概念，要么是在法律性文件中使用这一概念，真正将其在所有行政执法领域中作为行政执法体制改革基本制度的法律，仍然是2021年修订的《行政处罚法》。

〔3〕 《行政处罚法》（2021年）第21条。

央、国务院印发了《法治政府建设实施纲要(2015—2020年)》,再次重申要改革行政执法体制,支持有条件的领域推进跨部门综合执法。

在大力推进跨部门综合执法改革的时代背景下,《行政处罚法》规定的综合行政执法与行政处罚权下放至基层的制度,是否构成跨部门综合行政执法?由此需要确定什么是跨部门综合行政执法,如何理解跨部门综合行政执法中的"部门"?除了《行政处罚法》列举的推行(跨部门)综合行政执法的领域外[1],其他领域是否可以推行(跨部门)综合行政执法?作为一项改革,允许先行先试,但跨部门综合行政执法改革中的先行先试是否需要有法律依据?行政执法权跨部门综合配置时应遵循哪些基本原则?跨部门综合行政执法改革的初衷主要在于解决多头多重执法、执法扰民等问题,在这些问题基本解决后,是否还有继续推行(跨部门)综合行政执法改革的必要?行政执法权跨部门综合配置的条件是什么?确定实施跨部门综合行政执法改革后,如何有效地实施改革、实现改革目的,需要明确行政执法权跨部门综合配置的标准和模式,那么,行政执法权跨部门综合配置应符合什么标准?行政执法权跨部门综合配置的模式有哪些,分别存在什么问题,如何完善?跨部门综合行政执法权的运行机制有哪些?作为跨部门综合行政执法权配置的基层创新,在2021年修订的《行政处罚法》施行后,基层综合行政执法改革的实践状况如何、遇到了哪些困难和问题、如何解决这些问题?等等。上述一系列问题,是大力推行跨部门综合行政执法改革所迫切需要解决的问题。这些问题将成为本课题的主要研究对象。

二、研究价值

(一)深化综合行政执法理论,完善行政执法理论体系

跨部门综合行政执法改革是综合行政执法改革的必然趋势和发展方向。跨部门综合执法改革实践已经探索多年,但有关跨部门综合执法权配置与运行机制的理论研究很不充分。本课题研究聚焦跨部门综合行政执法的产生与发

---

[1] 《行政处罚法》(2021年)第18条第1款规定,国家在城市管理、市场监管、生态环境、文化市场、交通运输、应急管理、农业等领域推行建立综合行政执法制度,相对集中行政处罚权。

展脉络，探讨跨部门综合行政执法权配置的基本原则、配置条件、配置标准、配置模式，以及跨部门综合行政执法权运行机制等核心问题，是专门、系统研究跨部门综合行政执法改革的理论成果，必将深化综合行政执法理论，完善行政执法理论体系。

（二）优化行政主体理论，丰富行政组织法理论体系

跨部门综合行政执法改革是对不同行政主体的行政执法事项进行整合、优化，其整合优化行政执法事项的方式主要包括重新组建和整合组建行政执法机构。重新组建是将各行政执法部门的部分或全部行政执法权交由已经存在的行政机构集中行使，典型的是城市管理综合执法，基层综合行政执法也可以归入此类。整合组建是将各行政执法部门的行政执法权集中起来，交由新成立的综合执法机构行使，如市场监管、生态环境保护、文化市场、交通运输、农业等领域的综合执法队伍组建即属此类。[1] 无论是重新组建还是整合组建行政执法机构，都是对行政主体理论的优化，都将丰富综合行政执法改革背景下行政组织法理论体系。

（三）为跨部门综合执法改革提供理论支撑，为深化行政执法体制改革、加快政府职能转变提供理论指引

当前，政府职能转变改革正在深入展开，但政府职能交叉与分散、整合度低、内部配置不合理、行政执法权运行机制不畅等现象仍较突出。本课题的研究将有利于解决“执法孤岛”现象、提高执法效率和监管水平、提供基层政府治理能力。同时，本课题提出跨部门综合执法改革的相关制度建构和立法完善建议。这些都将为跨部门综合执法改革提供理论支撑，为深化行政执法体制改革、加快政府职能转变提供理论指引。

---

〔1〕 2018 年中共中央印发《深化党和国家机构改革方案》。

三、研究现状

(一)国内研究现状

1. 关于行政执法体制改革的研究

在中国知网数据库中,以“篇名”为检索项,以“行政执法体制改革”为检索词进行检索(截至2024年1月25日),共找到篇名中包含“行政执法体制改革”的学术期刊论文221篇,其中CSSCI来源期刊(包括CSSCI扩展版期刊)论文13篇。其中,比较有代表性的成果,如提出权力主体相对集中原则是行政执法体制改革的主要原则(汪永清,2000年);行政执法体制改革的重点是执法权的重新分配,目标是加快建立权责明确、行为规范、监督有效、保障有力的行政执法体制(青锋,2006年);以推进综合行政执法为重点,构建市县两级、市县乡镇(街道)三层的综合行政执法体系(郑才法,2015年);行政执法体制改革法律依据研究(杨小军,2017年);以行政执法体制改革为视角,研究中国共产党保证执法的实践逻辑(谢寄博、王思锋,2021年)。使用相同的检索方法,共检索到题名中包含“行政执法体制改革”的硕士学位论文37篇。硕士学位论文中,主要包括对特定地区(如南通市、佛山市、惠州市等)行政执法体制改革、特定领域(如城市管理、市场监管等)行政执法体制改革以及综合行政执法改革的研究三种类型。

2. 关于相对集中单项行政执法权的研究

在中国知网数据库中,以“篇名”为检索项,以“相对集中行政处罚”“相对集中行政许可”为检索词进行检索(截至2024年1月25日),共找到篇名中包含“相对集中行政处罚”的学术期刊论文119篇,其中CSSCI来源期刊(包括CSSCI扩展版期刊)论文14篇;篇名中包含“相对集中行政许可”的学术期刊论文86篇,其中CSSCI来源期刊(包括CSSCI扩展版期刊)论文14篇。相同的检索方法,共检索到题名中包含“相对集中行政处罚”“相对集中行政许可”的硕士学位论文分别是61篇和55篇。学术期刊论文中,比较有代表性的成果,如以城管为例,研究了相对集中行政处罚权的缘起、制度形态、积极效应与未来走向(曾峻,2003年);分析了城管相对集中行政处罚权的权力配置难题和法律障碍，提出从理论上解决行政权力纵横配置的规则、从法律上完善地方行政组织法的重要性（王敬波，2015 年）；关于相对集中行政许可权的研究（徐继敏，2011 年；王敬波，2013 年）；关于相对集中行政强制权的研究（程琥，2012 年）。

3. 关于综合行政执法权的研究

在中国知网数据库中，以“篇名”为检索项，以“综合行政执法”为检索词进行检索（截至 2024 年 1 月 25 日），共找到篇名中包含“综合行政执法”的学术期刊论文 725 篇，其中 CSSCI 来源期刊（包括 CSSCI 扩展版期刊）论文 50 篇；相同的检索方法，共检索到题名中包含“综合行政执法”的硕士学位论文 289 篇。学术期刊论文中，比较有代表性的成果，如从哲理、法理和制度层面探讨行政综合执法与相对集中行政处罚权（关保英，2004 年）；分析北京城管综合执法的困境及解决思路（马怀德、车克欣，2008 年）；基于对北京城管的调查，提出设立社会秩序局作为完善综合行政执法管理体制的途径（熊文钊、刘华，2009 年）；综合行政执法的行政救济问题（张春林，2013 年）；综合行政执法绩效评估制度体制构建（张钰芙蓉，2015 年）；提出“部门行政职权相对集中”的概念，并以此为模型研究建立部门行政职权相对集中的体制安排、机制构建和制度供给的完整体系（石佑启、杨治坤，2012 年）；从相对集中行政处罚权、许可权、行政复议权等制度入手，研究了相对集中行使行政权的理论基础和制度实践（康良辉，2014 年）；综合行政执法体制改革的价值冲突与整合（程琥，2021 年）；城市基层综合行政执法的发展导向与实践进路（李辰星、肖竹，2021 年）；综合行政执法改革的善治逻辑（吴金群、徐懿琳，2023 年）。另外，一些学者，如陆柯萍（2004 年）、车雷（2013 年）分析了英国执行局改革的经验与启示。

（二）国外研究现状

国外关于本课题的研究或相关研究，主要包括以下三个方面：

1. 关于大部制改革和组织理论的研究

如关于组织惯性和动力的研究（See Dawn Kelly & Terry L. Amburgey, Organization inertia and momentum：a dynamic model of strategic change, Academy of Management Journal, 1991, Vo1. 34, pp. 591 – 612）；关于组织中文化惯性和一

致性的研究(See Juan D. Carrillo & Denis Gromb, Cultural Inertia and Uniformity in Organizations, Journal of Law Economics & Organization, October 2007, 23: 743 - 771)。

2. 可以为行政执法体制改革提供指导的公共管理理论

这方面的成果丰硕,典型的如针对政府部门的官僚主义现象,提出用企业家精神改造政府(See David Osborne, Ted Gaebler, Reinventing Government, penguin, 1993);以美国各级政府为实例,提出再造公共部门,建立无缝隙政府(See Russell M. Linden, Seamless Government: A Practical Guide to Re - Engineering in the Public Sector, Jossey - Bass, 1994);在对新公共管理理论进行反思和批判的基础上提出新公共服务理论(See Janet Vinzant Denhardt, Robert B. Denhardt, The New Public Service: Serving, Not Steering, M. E. Sharpe, 2002);提出涉及组织内部合作关系和合同关系治理的新公共治理理论(See Stephen P. Osborne, The New Public Governance? Emerging Perspectives on the Theory and Practice of Public Governance, Routledge, 2010)。

3. 关于行政执行局(Executive Agency)的研究

主要有:为克服行政执行机构分散化的弊端、改善行政机关的执行成本、提高效益与效率而在英国中央政府实施执行化革命(See Oliver James, The Executive Agency Revolution in Whitehall, Palgrave Macmillan, 2003);从比较研究的视角探讨欧盟成员国(芬兰、荷兰、瑞典、英国)行政执行局绩效管理实践(See Christopher Pollitt, Performance Management in Practice: A Comparative Study of Executive Agencies, J Public Adm Res Theory, January 2006, 16:25 - 44)。

(三)研究现状述评

总体而言,国内研究为跨部门综合执法理论和实践奠定了基础。但国内研究主要涉及宏观的行政执法体制改革、微观的相对集中单项行政执法权,而非综合行政执法权。即使有部分成果涉及综合行政执法权,也主要是部门内综合执法,而非专门针对跨部门综合执法。国外研究方面,大部制改革理论、组织理论、新公共管理理论等可以为我国行政执法体制改革提供参考,英国的行政执行局模式更是综合行政执法的参考样本,但由于行政组织、行政执法体制等方面的差异，域外的理论和经验并不完全符合中国实际。由于研究旨趣不同，现有理论研究没有回答有关跨部门综合执法的具体含义，跨部门综合执法权配置的基本原则、配置条件、标准和模式，以及跨部门综合执法权运行机制等问题。《全面推进依法治国决定》和《法治政府建设实施纲要（2015—2020 年）》都明确提出推行“跨部门综合执法”的时代背景下，基于“聚焦中国实际，解决中国问题”的需要，有关跨部门综合执法权配置和运行机制的理论研究亟待深入开展。

四、研究思路与方法

（一）基本思路

本项目立足于提升行政执法效能、创新监管方式、提高基层政府治理能力、维护行政相对人合法权益的目的，通过多种研究方法，论述跨部门综合执法的必要性，阐述推行跨部门综合执法需要具备的前提条件，论证跨部门综合执法权配置的基本原则，分析跨部门综合执法权配置的条件、标准和模式，论述跨部门综合执法权运行机制，为深化我国行政执法体制改革提供局部模型和知识支撑。

（二）研究方法

1. 实证分析方法

跨部门综合行政执法改革是综合行政执法改革的深化。有关此类改革的尝试和探索早已在各地各领域开展。本课题研究必须在全面掌握现有改革状况的基础上进行。因此，实证调研是不可或缺的研究方法。通过实地走访、问卷调查等方式，调研已经实施综合行政执法改革的城市和行业，尤其是 2021 年修订的《行政处罚法》施行后，基层综合行政执法改革的实施状况，准确把握行政执法体制改革现状、遇到的困难和问题，全面分析现有综合执法模式的优势和不足，从而确保本课题具有鲜明的中国问题意识，然后利用相关理论进行分析和研究。

2. 文献分析与比较研究法

全面收集并阅读国内外相关文献，掌握本课题的国内外研究现状，借鉴先进经验和理论，尤其是以英国为代表的行政执行局、以德国为代表的秩序局等实践模式，以及公共管理理论、大部制改革以及组织理论等理论，运用比较研究法，结合中国问题和实际，提出跨部门综合执法权配置的条件、标准、模式以及运行机制等，为跨部门综合执法改革提供理论借鉴和行动指南。

3. 结构功能主义分析法

当下的行政执法体制是由众多被割裂开来、呈碎片化的部门行政执法机构组成的系统，这种系统结构无法有效实现政府承载的各种职能。借助结构功能主义分析法，科学优化和改变行政执法体制系统内的组织结构，可以促进行政执法体制功能的实现：执法效率提升、治理能力提高、市场和社会既充满活力又规范有序。

五、研究框架

本研究分为六章，分别是绪论，跨部门综合执法权发展现状与问题，跨部门综合执法权配置的基本原则，跨部门综合执法权配置条件、标准和模式，跨部门综合执法权运行的主要机制，结论。

绪论，主要分析了本课题的研究缘起，包括研究背景和问题意识；研究价值，包括理论价值和实践意义；研究现状，包括国内外相关问题的研究现状；研究思路与方法；研究框架。

跨部门综合执法权发展现状与问题，主要探讨跨部门综合执法权的含义厘定、跨部门综合执法权的产生与发展现状、跨部门综合执法权配置与运行机制存在的问题。

跨部门综合执法权配置的基本原则，主要论述跨部门综合执法权配置的依法配置原则、整体性原则、效能原则、便民原则。

跨部门综合执法权配置条件、标准和模式，主要论证跨部门综合执法权配置条件、跨部门综合执法权配置标准、跨部门综合执法权模式。

跨部门综合执法权运行的主要机制，主要研究跨部门综合执法权运行的基础、跨部门综合执法权内部分工与管理机制、跨部门综合执法权运行的主要程序机制、跨部门综合执法权日常监管机制。

结论。本部分简要总结了本课题研究的结论。指出本课题研究的问题意识,明确了跨部门综合执法权配置的基本原则,分析了跨部门综合执法权配置条件、标准和模式存在的问题,指出了发展方向。从行为法角度研究了跨部门综合执法权运作的主要机制,提出了完善建议。

第二章　跨部门综合执法权发展现状与问题

历史的车轮已经行进到“云”时代,数字政府、智慧城市、万物互联已经或正在深刻影响着政府的治理模式和行政执法方式,条块分割、职能交叉、部门本位的传统行政执法体制,已经与权利时代的治理需求格格不入。变革行政执法体制,规范行政执法,提高执法效能,已经成为法治国家建设的一个重大命题。跨部门综合执法权改革,作为一种新型执法体制改革举措,顺应了时代需求,是解决多头执法、执法扰民等原有执法体制弊端而出现的新型执法体制,它对我国行政执法理念、执法方式,进而对行政管理方式都将产生深刻影响。

第一节　跨部门综合执法权含义厘定

一、行政执法概念梳理

跨部门综合执法是行政执法体制改革的重要举措之一。在研究跨部门综合执法权之前,有必要对行政执法这一核心概念进行界定和澄清。

(一)理论观点

关于行政执法概念的内涵和外延至今未达成共识。姜明安教授系统梳理了我国有关行政执法的概念,认为存在广义、较广义、狭义、较狭义的不同认识和主张。他认为，人们通常在三种场合使用“行政执法”：一是为说明现代行政的性质和功能而使用“行政执法”。在此意义上，“行政执法”等于“行政”。二是为区别行政的不同内容而使用“行政执法”。此种意义的行政执法是与行政立法或行政司法区分使月的，此时，行政执法只是行政行为的一种。三是作为行政行为的一种特定方式使用“行政执法”。实务界通常将监督检查、实施行政处罚和采取行政强制措施类行政方式称为“行政执法”。[1] 有学者基于民主精神重新界定了行政执法概念，如行政执法是指“在行政相关人的参与下，行政主体为了实现行政目的或者相对人的意志，在具体事件中以强制方式或非强制方式体现出来的互动行为或作用过程，能够产生直接或间接法律效果的社会现象”[2]。

（二）立法含义

与理论的多种用法一样，我国立法实践中也在不同意义上使用行政执法概念。作为一种行政法现象，行政执法概念已经在我国立法实践中被广泛使用。在北大法宝法律法规数据库中，以“全文”为检索项、以“行政执法”为检索词检索，截至 2024 年 1 月 5 日，使用行政执法概念的中央法规有 7126 部、地方性法规 170223 部。在使用行政执法概念的中央法规中，有 89 部法律、390 部行政法规、452 部司法解释、5762 部部门规章、311 部党内法规、39 件团体规定、79 件行业规定。[3] 通过梳理上述立法，可以发现我国立法是在不同意义上使用行政执法概念的。

1. 将行政执法用于负担行政或侵害行政的立法

这种意义使用的行政执法主要是指行政主体实施对相对人合法权益产生

---

〔1〕 姜明安主编：《行政执法研究》，北京大学出版社 2004 年版，第 6～10 页。

〔2〕 戢浩飞：《治理视角下行政执法方式变革研究》，中国政法大学出版社 2015 年版，第 24 页。

〔3〕 此处统计的均为现行有效或即将生效的文件。另外，北大法宝法律法规数据库统计规范性文件的法律属性时，并未严格按照《立法法》对规范性文件的属性界定进行统计。如此处统计的法律，既包括按照《立法法》规定由全国人大及其常委会通过、国家主席签署主席令予以公布的规范性文件，也包括全国人大常委会发布的有关法律问题和重大问题的决定、全国人大常委会法工委所作的工作答复、全国人大及其专门委员会所作的工作文件。有学者认为全国人大常委会法工委的工作答复“有立法解释的实际功能而无其名分（法律地位）”（褚宸舸：《论答复法律询问的效力——兼论全国人大常委会法工委的机构属性》，载《政治与法律》2014 年第 4 期）。

不利影响的行政检查、行政处罚、行政强制等行政行为。在北大法宝法律法规数据库中检索到的最早使用行政执法概念的是 1982 年 9 月 1 日施行的《国务院关于加强对广东、福建两省进口商品管理和制止私货内流的暂行规定》和《财政部关于罚没财物管理办法》。这两个同时实施的文件都将“行政执法”作为机关单位的限定词使用,并且其所指的执法机关范围也基本一致。如前者表述,“海关、工商行政管理、税务等行政执法机关,应依照有关法规,严肃处理”。后者将海关、工商行政管理机关、税务机关统称行政执法机关(第 2 条)。从上述行政法规、规章的立法宗旨可以看出,文件中使用的行政执法机关主要是立足于负担行政或侵害行政角度来界定行政机关的,即此处所用行政执法概念主要是指行政处罚、行政强制等负担行政或侵害行政而言。如前者行政法规立法目的中明确提出,“应当采取措施,制止东南沿海地区走私进口物品继续内流。为此,特作如下暂行规定”,在本法规第 7 条规定:“各省、市、自治区,国务院各部门,必须严格执行本规定。如有违反,海关、工商行政管理、税务等行政执法机关,应依照有关法规,严肃处理。”这说明此处的行政执法机关主要承担对违反本规定的行为进行查处,并采取措施制止东南沿海地区走私进口物品继续内流的职责。而《关于罚没财物管理办法》的立法目的表述为:“为了有利于打击经济领域中的犯罪活动,维护社会主义法制,加强罚没财物管理。”因此,最初使用行政执法概念的两个法律性文件都是从负担行政行为或侵害行政行为角度界定行政执法的。

与最初使用行政执法概念的上述行政法规、规章一脉相承,专门调整行政执法的中央法规文件也多将行政执法界定为负担行政行为或侵害行政行为,仅有极个别规范性文件将行政执法界定为既包含负担行政行为,也包含授益行政行为。在上述检索到的使用“行政执法”概念的规范性文件中,对行政执法概念进行界定的规范性文件有 5 个,分别是《文化市场综合行政执法管理办法》《国家安全监管总局关于进一步深化安全生产行政执法工作的意见》《国家文物局关于加强文物行政执法工作的指导意见》《商务部关于加强商务行政执法工作的意见》《商务部办公厅关于举办 12312 商务举报投诉服务中心工作人员上岗培训班的通知》。除了《国家安全监管总局关于进一步深化安全生产行政执法工作的意见》将行政执法界定为包括负担与授益行政行为在内的所有具体行政行为，其余4个规范性文件均将行政执法界定为负担或侵害行政行为。[1] 亦有个别规范性文件将行政执法仅限于行政处罚，如《行政执法机关移送涉嫌犯罪案件的规定》。[2]

在中央层面，将行政执法用于负担或侵害行政的典型立法，是中共中央办公厅、国务院办公厅（以下简称中办、国办）发布的《关于推进基层整合审批服务执法力量的实施意见》（2019年1月31日）。该意见将行政执法与行政审批、公共服务并列使用，实际上是将行政执法主要限定于负担或侵害行政领域，即行政检查、行政处罚、行政强制等。

在有关综合行政执法制度的规范性文件中使用的行政执法，主要是行政处罚、行政强制，如前述《文化市场综合行政执法管理办法》。再如国务院办公厅《关于农业综合行政执法有关事项的通知》（国办函〔2020〕34号）提到的《农业综合行政执法事项指导目录》明确把梳理的综合行政执法的职权类型界定为行政处罚和行政强制事项。

在调整特定领域或特定行业行政执法的立法中使用的行政执法，多是限定于行政处罚、行政强制、行政检查等负担行政行为类型。如《交通运输行政执法程序规定》中使用的交通运输行政执法概念[3]，《上海市城市管理行政执法条例》使用的城市管理行政执法概念[4]，《甘肃省建设行政执法条例》使用的行

---

〔1〕 前者如安全生产行政执法是指安全监管监察部门及其委托的行政执法机构依法履行安全生产（含职业健康，下同）监督管理职责的活动，既包括日常监督检查，查处非法违法行为，也包括行政许可、行政强制、调查处理事故、核查投诉举报等工作。后者如文化市场综合行政执法是指文化市场综合行政执法机构，依照国家有关法律、法规、规章的规定，对公民、法人或者其他组织的文化经营活动进行监督检查，并对违法行为进行处理的具体行政行为。商务行政执法是指商务主管部门依法监督检查行政相对人的经营行为，并对其违法违规行为给予警告、罚款、没收违法所得、没收非法财物、责令整改或停产停业，取消资质等处罚的行政行为。

〔2〕 《行政执法机关移送涉嫌犯罪案件的规定》（2020年修订）第2条规定，本规定所称行政执法机关，是指依照法律、法规或者规章的规定，对破坏社会主义市场经济秩序、妨害社会管理秩序以及其他违法行为具有行政处罚权的行政机关，以及法律、法规授权的具有管理公共事务职能、在法定授权范围内实施行政处罚的组织。此处行政执法仅指行政处罚。

〔3〕 《交通运输行政执法程序规定》（2021年修正）第2条规定，前款所称交通运输行政执法，包括公路、水路执法部门及其执法人员依法实施的行政检查、行政强制、行政处罚等执法行为。

〔4〕 《上海市城市管理行政执法条例》（2018年修正）第2条规定，前款所称的城市管理行政执法是指市和区城市管理行政执法部门以及乡、镇人民政府依法相对集中行使有关行政管理部门在城市管理领域的全部或部分行政处罚权及相关的行政检查权和行政强制权的行为。

政执法概念[1],均指负担行政行为。

2. 将行政执法用于与公共行政同等意义的立法

在此种意义上使用行政执法概念时,立法调整的范围并不局限于某一具体的行政领域或行业,而是对行政执法所涉及的所有领域或行业进行普遍调整。这类立法使用行政执法概念时,亦有两种不同的用法。一是将行政执法用于行政主体实施的包括授益与负担行政行为在内的所有具体行政行为;二是将行政执法用于行政主体实施的所有行政行为,包括抽象行政行为与具体行政行为。将行政执法用于所有具体行政行为的立法较多。中央层面的立法,如《全面推进依法行政实施纲要》(国发〔2004〕10 号)第 19 条[2]、《中共中央关于全面推进依法治国若干重大问题的决定》(2014 年)[3]、《行政执法类公务员管理规定(2023 年修订)》[4]。地方层面的立法,关于行政执法的立法,如《福建省行政执法条例》(2019 年)[5]、《广州市规范行政执法自由裁量权规定》(2019 年修订)[6]、《吉林省行政执法监督办法》(2007 年)[7];关于行政程序的地方立法,

〔1〕《甘肃省建设行政执法条例》(2020 年修订)第 5 条规定了执法机构依法履行的建设行政执法职责,包括:(1)对辖区内的建设活动进行定期检查、随机抽查;(2)受理对违法建设活动的投诉、举报;(3)对违法建设行为进行调查取证;(4)制止违法建设行为,对事实清楚、证据确凿、情节轻微的违法行为,可以当场处罚;(5)对已查明的违法建设行为作出行政处罚决定;(6)法律、法规规定的其他职责。

〔2〕《全面推进依法行政实施纲要》(国发〔2004〕10 号)第 19 条规定,深化行政执法体制改革。加快建立权责明确、行为规范、监督有效、保障有力的行政执法体制。继续开展相对集中行政处罚权工作,积极探索相对集中行政许可权,推进综合执法试点。

〔3〕《中共中央关于全面推进依法治国若干重大问题的决定》(2014 年)规定,坚持严格规范公正文明执法。依法惩处各类违法行为,加大关系群众切身利益的重点领域执法力度。完善执法程序,建立执法全过程记录制度。明确具体操作流程,重点规范行政许可、行政处罚、行政强制、行政征收、行政收费、行政检查等执法行为。严格执行重大执法决定法制审核制度。

〔4〕《行政执法类公务员管理规定》(2023 年修订)第 2 条规定,本规定所称行政执法类公务员,是指依照法律、法规对行政相对人直接履行行政许可、行政处罚、行政强制、行政征收、行政收费、行政检查等执法职责的公务员。

〔5〕《福建省行政执法条例》(2019 年)第 3 条第 1 款规定,本条例所称行政执法,是指行政执法机关针对特定公民、法人和其他组织作出的行政许可、行政处罚、行政强制、行政确认、行政征收征用、行政检查等行为。

〔6〕《广州市规范行政执法自由裁量权规定》(2019 年修订)第 3 条第 2 款规定,本规定所称行政执法是指行政执法主体实施的行政处罚、行政许可、非行政许可审批、行政征收、行政给付、行政强制、行政裁决、行政确认等行为。

〔7〕《吉林省行政执法监督办法》(2007 年)第 2 条第 2 款规定,本办法所称行政执法是指行政机关(含行政机关依法委托的组织)、法律法规授权的组织除制定规章、规范性文件和内部行政行为以外的实施法律、法规和规章的行政行为。

如《江苏省行政程序条例》(2022 年),等等,都将行政执法界定为能直接影响行政相对人权利义务的具体行政行为。将行政执法用于所有行政行为(包括抽象与具体行政行为)的立法较少,《贵阳市行政执法责任制实施办法》(2022 年修改)是其中一例。[1]

(三)本书界定

从前述梳理可以看出,对于行政执法的概念,无论是理论研究还是立法实践,都存在着广义和狭义的不同理解和用法。狭义观点,主要是将行政执法视为行政处罚、行政检查、行政强制等负担或侵害行政行为,不包括行政许可类授益行政行为。尽管亦有将行政执法仅在行政处罚意义上使用的立法,但此种使用显然是在负担或侵害行政行为范围内的限缩使用,并不影响狭义观点将行政执法作为行政处罚、行政检查、行政强制等负担或侵害行政行为的成立。广义观点,主要是将行政执法等同于公共行政,尽管其中也有关于抽象行政行为是否属于行政执法的不同观点,但总体而言,广义观点是将负担行政行为与授益行政行为均视为行政执法行为。此种意义上使用的立法,其调整范围并不局限于某一专业领域或行业,而是包括几乎所有的行政行为。

如果对现有理论成果和立法实践进行总结,至少可以得出如下结论:行政执法既可以用在全部行政事务层面,也可以用在特定行政事务领域。当其在全部行政事务层面使用时,其与公共行政无异,此时行政执法既包括负担行政行为,也包括授益行政行为;当其在特定行政事务领域使用时,行政执法一般是指负担行政行为。无论在什么范围的行政事务领域使用,行政执法尚未有专门指向授益行政行为的先例。

本研究中涉及的行政执法,主要是在广义上使用,并且仅指具体行政行为,不包括抽象行政行为。狭义观点的综合执法,既与调整特定领域行政事务的立法用语一致,也与我国关于综合执法的一系列规范性文件的用法一致。同时,

---

[1] 《贵阳市行政执法责任制实施办法》(2022 年修改)第 3 条第 2 款规定,本办法所称的行政执法,是指行政执法机关及其行政执法人员依法行使行政职权,履行行政职责的行为,包括制定实施行政许可、行政处罚、行政强制、行政复议、行政征收、行政征用、行政裁决、行政确认、行政监督检查、行政给付等行政行为。

狭义观点也符合人们对于行政执法概念约定俗成的认识。在普通百姓的观念中,一般不将授益行政行为(如行政许可)称为行政执法,而将行政检查、行政处罚、行政强制等对其权利带来不利影响的负担行政行为称为行政执法。媒体经常曝光并为人们反感的执法方式,如钓鱼执法、选择性执法、隐蔽执法、暴力执法等行政执法方式,都与负担行政行为关联。但是,即使行政许可也可能因拒绝许可、撤销许可、注销许可等行为而侵害当事人权利,这种行为与狭义观点所称的行政执法(行政处罚、行政检查、行政强制)不同,一般不被纳入狭义的行政执法范围。从转变政府职能,科学合理界定政府与市场、政府与社会的关系,构建职责明确、职能优化、高效便民、人民满意的政府治理体系角度来看,宜从广义观点使用行政执法概念。这样不仅可以把行政处罚、行政检查、行政强制等典型的负担行政行为纳入讨论视野,也可以把因拒绝许可、撤销许可、注销许可等行政许可类负担行为纳入研究范围,还可以对当前正在进行的所有行政审批行为和公共服务等改革一并进行研究,从而全面反映当下如火如荼开展的政府改革,并为之提供理论借鉴。

二、综合执法内涵厘定

(一)理论观点

与行政执法的多种理解一样,综合执法的含义也有不同认识。

1. 关于综合执法的称谓

有观点直接称为行政综合执法。[1] 有观点称为综合行政执法。[2] 有观点认为,综合执法亦称综合行政执法,或行政综合执法。[3]

2. 关于综合执法与相对集中行政处罚权的关系

有观点认为,综合执法与相对集中行政处罚权同义。“在实际工作中,人们又用‘综合执法’来简称‘相对集中行政处罚权’,正因此,人们普遍认为1996年《行政处罚法》是我国第一次以法律形式确认了综合执法,标志着我国新一轮行

---

〔1〕 参见罗许生:《行政综合执法研究》,西南政法大学2016年硕士学位论文,第3页。

〔2〕 参见中国行政管理学会课题组:《推进综合执法体制改革:成效、问题与对策》,载《中国行政管理》2012年第5期。

〔3〕 参见刘道筠:《行政综合执法界说》,载《中南民族大学学报(人文社会科学版)》2007年第1期。

政执法体制探索的开始。”[1]但亦有观点认为,综合执法与相对集中行政处罚权并非一回事。国务院法制办[2]曾在相对集中行政处罚权试点工作复函中使用“城市管理综合执法”指代相对集中行政处罚权,但在2000年7月后,国务院法制办决定不再使用“城市管理综合执法”概念,而统一使用“相对集中行政处罚权”概念。[3] 作为行政执法体制改革的一种模式,综合执法最初是与相对集中行政处罚权在同一意义上使用的。现在,综合执法的含义已经超出了相对集中行政处罚权的范围,还包括与行政处罚权有关的行政强制措施权、行政检查权等,但不可否认的是,综合执法最主要的内容仍然是相对集中行政处罚权,这也可以从2021年修订的《行政处罚法》第18条规定中得到一定程度的证明,该条将综合行政执法与相对集中行政处罚权并列使用,表明二者内容的高度相关性。

3. 关于综合执法与联合执法

有学者认为,在《行政处罚法》实施以前,综合执法与联合执法相同。所谓综合执法,在《行政处罚法》实施以前,主要是指一些地方城市进行的联合执法或者委托执法的实践。这种综合执法是与《行政处罚法》关于相对集中行政处罚权的要求不相符合的。[4] 但在《行政处罚法》《行政许可法》相继规定相对集中行政处罚权、相对集中行政许可权后,综合执法的概念已经与联合执法有了本质区别。

4. 关于综合执法的范围

有观点认为,综合执法是行政检查权和行政处罚权的综合。如行政综合执法,是指一个行政主体依据一定的法律程序在合理的管理幅度范围内集中行使几个行政机关法定行政检查、行政处罚等职权的行政执法制度。[5] 有观点认

---

〔1〕 曾峻:《相对集中行政处罚权与中国行政执法体制的改革:以城市管理为例》,载《政治学研究》2003年第4期。

〔2〕 2018年3月,根据第十三届全国人民代表大会第一次会议批准的国务院机构改革方案,将国务院法制办公室的职责整合,重新组建中华人民共和国司法部,不再保留国务院法制办公室。

〔3〕 参见王毅:《相对集中行政处罚权制度发展研究——以城市管理领域为例》,载《法学》2004年第9期。

〔4〕 参见王毅:《相对集中行政处罚权制度发展研究——以城市管理领域为例》,载《法学》2004年第9期。

〔5〕 参见刘道筠:《行政综合执法界说》,载《中南民族大学学报(人文社会科学版)》2007年第1期。

为,综合执法是行政处罚、行政许可等行政职权的综合。如行政综合执法,是一个行政主体综合行使多个行政主体法定职权的行政执法制度。狭义的综合执法仅指依据《行政处罚法》与《行政许可法》成立的综合执法,即一个行政机关行使有关行政机关的行政处罚权、行政许可权。[1] 综合执法是将分散于多个行政机关或同一行政机关内多个执法机构的相关行政执法权通过法定方式整合后交由一个行政执法机关统一行使的执法模式。[2]

(二)立法含义

梳理我国立法文件中使用"综合执法"概念的时间及场景,可以发现综合执法在我国立法文件中的含义演变过程。目前,我国法律中作为行政执法体制改革基本制度加以明确规定的,是2021年修订通过的《行政处罚法》。[3] 这是我国法律第一次明确将综合行政执法制度规定为一项基本的行政处罚体制改革制度,并且,该法明确将相对集中行政处罚权规定为综合行政执法制度。但在此之前,综合执法制度已经在其他规范性文件中出现,只是其含义在不同的历史时期并不完全一致。

《行政处罚法》颁布之前的综合执法——联合执法。这一阶段主要是指1996年《行政处罚法》颁布之前。有观点认为,综合执法改革最早起步于1996年《行政处罚法》颁布施行后进行的"相对集中行政处罚权"试点工作。[4] 但通过检索发现,早在《行政处罚法》颁布之前,"综合执法"概念已经在立法文件中出现。不过,这时的综合执法实质是联合执法,即不同的行政执法机关分别或共同实施执法行为。1992年9月5日铁道部制定发布的部门规章《铁路实施中华人民共和国传染病防治法细则》中就已经使用"综合执法"概念了。该细则第65条规定:"部属各单位,在落实《传染病防治法》、《实施办法》及本细则的过程

---

〔1〕 参见罗许生:《行政综合执法研究》,西南政法大学2016年硕士学位论文。

〔2〕 参见谭安富:《市场监管综合执法改革的模式构建与进路优化》,中南财经政法大学2018年博士学位论文。

〔3〕 《行政处罚法》(2021年)第18条规定,国家在城市管理、市场监管、生态环境、文化市场、交通运输、应急管理、农业等领域推行建立综合行政执法制度,相对集中行政处罚权。

〔4〕 参见中国行政管理学会课题组:《推进综合执法体制改革:成效、问题与对策》,载《中国行政管理》2012年第5期。

中,要注意贯彻卫生行政执法和综合执法的原则,发挥现有执法机构的人、财、物优势。”此处的综合执法含义,主要是指不同执法机构的联合执法,与行政执法体制改革意义上的综合执法不同。1995 年 8 月 28 日,国家教委办公厅《关于印发〈关于开展加强教育执法及监督试点工作的意见〉的通知》中两处使用“综合执法”概念。但从该文件使用的场景可知,“综合执法”是指不同机关通过不同的途径分别对教育纠纷进行处理,从而发挥协同处理效果的活动。[1] 可见,在《行政处罚法》之前,综合执法主要是指不同执法机关的联合执法,与一个行政机关行使其他行政机关的综合执法具有本质不同。

《行政处罚法》颁布之后的综合执法——相对集中行政处罚权。此一阶段主要是指 1996 年 3 月—2000 年 7 月。1996 年 3 月 17 日通过的《行政处罚法》第 16 条规定了相对集中行政处罚权制度。1996 年 7 月 1 日,建设部印发《关于贯彻实施〈中华人民共和国行政处罚法〉的通知》指出:“建设系统行业多、执法任务重,部和各级建设行政主管部门都要研究适应建设系统特点的行政执法体制,支持地方人民政府或地方建设系统对执行相对集中处罚权的执法队伍的建设工作,在大中城市探索建立综合执法与专业执法队伍相结合的执法体制。”1996 年 9 月 4 日,国家技术监督局印发《关于贯彻实施〈中华人民共和国行政处罚法〉的意见》指出:“必须坚持以技术监督部门的名义统一执法,标准化、计量、产品质量综合执法,切实提高执法办案的有效性。”1996 年 9 月 22 日,建设部修订的《城建监察规定》(已失效)第 5 条规定,城建监察队伍的组织形式、编制等确定的原则之一是综合执法。1997 年 3 月 7 日,国务院法制局给北京市人民政府办公厅的复函,标题就是“关于在北京市宣武区开展城市管理综合执法试点工作的复函”。[2] 上述文件中所称综合执法主要是指相对集中行政处罚权。有的地方性立法明确将综合执法界定为相对集中行政处罚权。如《乌鲁木齐市城市管理行政综合执法条例》(2011 年)第 2 条规定,城市管理行政综合执法,

---

〔1〕《国家教委办公厅关于印发〈关于开展加强教育执法及监督试点工作的意见〉的通知》规定,要在各级党委、政府统一组织和协调下,推进政府及其有关部门的教育执法工作,强化政府教育法制监督职能;配合公安、司法机关积极对教育案件进行依法查处和审判,通过仲裁、司法途径裁处教育纠纷,充分发挥综合执法的效用。

〔2〕王毅:《相对集中行政处罚权制度发展研究——以城市管理领域为例》,载《法学》2004 年第 9 期。

是指市、区(县)人民政府依法设立的城市管理行政综合执法机关,集中行使相关行政机关的全部或者部分行政处罚权的行为。

《行政处罚法》颁布之后的综合执法——包括行政检查、行政处罚、行政许可等在内的综合执法。此一阶段主要是指 2000 年 7 月以后至今。2002 年 9 月 17 日,中央编办印发《关于清理整顿行政执法队伍实行综合行政执法试点工作的意见》中的综合行政执法,主要是指在监督检查、实施处罚职能方面,要改变多头执法的状况,组建相对独立、集中统一的行政执法机构。2004 年 3 月 22 日,国务院发布《全面推进依法行政实施纲要》,其中在深化行政执法体制改革部分,提出:"继续开展相对集中行政处罚权工作,积极探索相对集中行政许可权,推进综合执法试点。"此处的综合执法至少包括行政处罚权、行政许可的综合。2013 年 11 月,中国共产党十八届三中全会通过《中共中央关于全面深化改革若干重大问题的决定》(以下简称《全面深化改革决定》)在论述深化行政执法体制改革时使用的"综合执法",不仅包括行政处罚权,还应包括行政许可权、行政检查权,甚至部分行政强制权。[1]《文化市场综合行政执法管理办法》(2011 年)第 2 条规定的文化市场综合行政执法是指行政处罚权、行政检查权和部分行政强制权的综合,即负担行政行为的综合执法。[2] 在 2018 年中办、国办联合印发的深化市场监管、交通运输、生态环境保护等领域综合行政执法改革的指导意见系列文件中,综合行政执法均指行政处罚以及与行政处罚相关的行政检查、行政强制等执法职能的整合。[3] 2019 年中办、国办印发《关于推进基层整合审批服务执法力量的实施意见》提出,积极推进基层综合行政执法改革,组建统一的综合行政执法机构,按照有关法律规定相对集中行使行政处罚权。从该党内法规可以看出,此处的综合执法是指相对集中行政处罚权。但从

---

〔1〕《全面深化改革决定》提出,深化行政执法体制改革。整合执法主体,相对集中执法权,推进综合执法,着力解决权责交叉、多头执法问题,建立权责统一、权威高效的行政执法体制。

〔2〕《文化市场综合行政执法管理办法》第 2 条规定,文化市场综合行政执法是指文化市场综合行政执法机构(以下简称综合执法机构),依照国家有关法律、法规、规章的规定,对公民、法人或者其他组织的文化经营活动进行监督检查,并对违法行为进行处理的具体行政行为。从该办法第 23 条、第 24 条、第 25 条来看,本办法所称的综合执法除包括行政处罚外,还包括行政检查和行政强制。

〔3〕2018 年中办、国办发布了《深化市场监管综合执法改革意见》、《交通运输综合执法改革意见》和《生态环境综合执法改革意见》。

地方落实该党内法规的情况看，基层综合执法不仅包括相对集中行政处罚权，还包括集中行使与行政处罚权相关的行政强制措施和监督检查权。[1]

（三）本书界定

从上述梳理可以看出，综合执法，在不同的场景下有不同的含义。但当下所称综合执法，亦有一定意义的共识存在。笔者认为，所谓综合执法，亦称综合行政执法，是指由一个行政主体依法行使原由两个以上行政主体行使的行政执法权的执法制度。

1. 综合执法称谓问题

相对于立法、司法而言，执法是行政机关执行法律的活动，因此，执法即行政执法。无论执法的内容对相对人是授益还是负担，都不影响执法是行政机关执行法律活动的定性。在此意义上，综合执法就是综合行政执法。从语言表达的精练和规范角度来看，“综合行政执法”可以准确地表达综合执法的本质和内涵。而“行政综合执法”中的“行政”如果是指行政机关或行政主体的话，则显多余。因为执法本来就是行政机关的执法。如果“行政”指的是行政权，即行政权综合基础上的执法，虽然解释上也可以说得通，但由于综合执法本质上就是行政权的综合，加此限定语亦属累赘。故，综合执法本质上是综合行政执法，称“综合行政执法”较为妥帖。

综合行政执法与机构改革和执法依据修改之间的关系。以《行政处罚法》相对集中行政处罚权为主要基础的综合执法，本质上是一个行政机关行使原由两个以上行政机关行使的行政处罚权。如果原由两个以上行政机关行使的行政处罚权，在相关立法修改时均作出调整，将其行政处罚的执法主体资格直接规定由同一个行政机关行使，即行政执法主体由原来依据《行政处罚法》获得相对集中的行政处罚权，而变为依据相关单行立法直接获得原由两个执法主体行使的执法事项的执法主体资格，这时，由于行政执法主体资格的获得和执法活动，并不以《行政处罚法》规定的相对集中行政处罚权和综合执法条款为依据，

[1] 如江苏省委办公厅、省政府办公厅印发的《关于推进基层整合审批服务执法力量的实施方案》（2020年）。

不符合一个行政主体行使原由两个以上行政主体行使的行政处罚权的综合执法要件，这种执法属于普通的单一执法制度。故，综合行政执法制度会随着相关单行立法的修改而失去综合执法的“综合”特征，从而转化为单一执法制度。

2. 综合执法不是联合执法

联合执法主体之间不存在行政权的让渡或移转，但综合执法是一个行政主体行使原由其他行政主体行使的行政权，是行政权力的让渡或移转。联合执法是多个执法主体的物理联合，即物理空间距离的结合，包括执法主体的物理距离拉近，如一起参与执法，共同出现在执法现场；也包括多个执法主体共同在一份法律文书上署名。联合执法是解决单个执法部门难以独立应对复杂行政现象时出现的执法手段，该手段仅是几个执法部门联合在一起执法。联合执法时，有时遇到问题仅由一个执法部门出具法律文书（如行政处罚或行政强制决定书），联合执法的其他部门仅与出具法律文书的部门一起到执法现场，以便给相对人造成事实上的“压力”，使其配合执法活动，但并不在法律文书上署名。很多临时的综合整治活动，都采取这种执法方式。其实，此种执法本质上仍是法律文书上署名的机关的独立执法，因为此时执法行为的法律责任由文书上署名的主体承担。有时，联合执法部门也会共同出具法律文书，即一个法律文书上有多个联合执法部门的署名。如宜良县城市管理综合行政执法局、宜良县公安局、宜良县市场监督管理局、匡远街道办事处印发的《关于关闭发达过渡农贸市场的通告》，是4个执法机关共同署名发布。[1] 此时，法律责任由文书上署名的机关共同承担。

3. 综合执法与相对集中行政处罚权的关系

在《行政处罚法》出台后的一段时间，有观点和部分文件将综合执法与相对集中行政处罚权同等看待，替代使用。但由于二者涉及的执法权范围明显不同，自2000年7月后，规范性文件逐渐对综合执法与相对集中行政处罚权区分使用。笔者认为，《行政处罚法》关于相对集中行政处罚权的规定可以被视为综合执法制度起源的最初法律依据。但综合执法制度的外延明显广于相对集中

---

〔1〕《关于关闭发达过渡农贸市场的通告》，载搜狐网2018年2月7日，https://www.sohu.com/a/221557837_229835。

行政处罚权。因此，不宜将二者混淆使用。

综合行政执法的权力范围包括集中行使的行政处罚权以及与行政处罚权有关的行政检查、行政强制措施权。集中行使的行政处罚权有时无法单独实现行政目的，需要其他执法手段配合，如需要通过行政监督检查核实相对人是否按照要求进行了整改，是否需要采取行政强制措施以制止即时的违法行为；有时集中行使的行政处罚权本身也需要其他执法手段的辅助，如需要通过监督检查以发现是否存在应受处罚的违法行为，需要通过采取行政强制措施保障行政处罚权的顺利行使。于是，与集中行使行政处罚权有关的行政检查权、行政强制措施权也开始集中行使，综合行政执法的权力内容逐渐扩大，如《行政强制法》第 17 条第 2 款规定了集中行使行政强制措施权。[1] 中办、国办发布的关于深化市场监管、交通运输、生态环境保护综合行政执法改革的指导意见系列党内法规中，均提出由综合执法队伍统一行使与行政处罚"相关"的行政检查、行政强制权。[2] 相对集中行政处罚权制度已经演变为综合行政执法制度。需要注意的是，根据《行政强制法》第 17 条，行使相对集中行政处罚权的行政机关可以实施法律、法规规定的与行政处罚权有关的行政强制措施，但不能实施相关的行政强制执行权力。而综合行政执法改革实践中，有些改革存在突破这一限制将行政强制执行权也纳入综合行政执法范围的问题。如《生态环境保护综合行政执法事项指导目录（2020 年版）》（2020 年）将《防治海洋工程建设项目污染损害海洋环境管理条例》第 48 条规定的行政强制执行纳入了综合行政执法事项范围。[3]

---

〔1〕《行政强制法》第 17 条第 2 款规定，依据《中华人民共和国行政处罚法》的规定行使相对集中行政处罚权的行政机关，可以实施法律、法规规定的与行政处罚权有关的行政强制措施。

〔2〕2018 年中办、国办发布了《深化市场监管综合执法改革意见》、《交通运输综合执法改革意见》和《生态环境综合执法改革意见》。

〔3〕《生态环境保护综合行政执法事项指导目录（2020 年版）》第 60 项，事项名称是"对海洋工程建设项目造成领海基点及其周围环境被侵蚀、淤积或者损害等行为的行政强制"。对应的实施依据是《防治海洋工程建设项目污染损害海洋环境管理条例》第 48 条。该条规定，建设单位违反本条例规定，有下列行为之一的，由县级以上人民政府海洋主管部门责令停止建设、运行，限期恢复原状；逾期未恢复原状的，海洋主管部门可以指定具有相应资质的单位代为恢复原状，所需费用由建设单位承担，并处恢复原状所需费用 1 倍以上 2 倍以下的罚款：(1)造成领海基点及其周围环境被侵蚀、淤积或者损害的；(2)违反规定在海洋自然保护区内进行海洋工程建设活动的。其中的"代为恢复原状"是行政强制执行中的代履行，并非行政强制措施。

相对集中行政处罚权是综合行政执法最核心的制度。在实行综合执法的各种权力中，相对集中行政处罚权是核心权力。集中行使的行政检查权和行政强制措施权均与集中行使的行政处罚权“有关”，以集中行使的行政处罚权为前提，依附于集中行使的行政处罚权。相对集中行政处罚权是决定集中行使行政检查权、行政强制措施权的重要依据。“从一定程度上说，行政监督检查权和相应的行政强制措施权是附属于行政处罚权的。行政处罚权集中之后，原有关行政机关为履行行政处罚权而具有的行政监督检查权和相应的行政强制措施权也当然随之转移。”[1]在有关行政执法体制改革的党内法规或国家立法中，综合行政执法常常与相对集中行政处罚权制度并列使用。如《中共中央关于完善社会主义市场经济体制若干问题的决定》(2003年)提出，改革行政执法体制，相对集中行政处罚权，推进综合执法试点。《行政处罚法》第18条第1款，第一次以法律形式将综合行政执法制度与相对集中行政处罚权两个概念并列使用。相对集中行政处罚权对于综合行政执法制度的重要性可见一斑。

4. 综合执法是行政处罚权、行政检查权、行政强制权等侵益性执法权力的综合，也包括行政许可等授益性执法权力的综合

如前所述，本书对行政执法采纳广义观点，相应地，对综合行政执法也采纳广义观点，即综合行政执法既包括负担或侵益性行政执法权的综合，也包括行政许可等授益性行政执法权力的综合。只是由于负担行政行为对行政相对人权益影响较大，无论是行政执法体制改革的文件还是学者研究多聚焦于负担行政行为的综合执法。本研究亦不例外，即以负担行政行为的综合执法为主要探讨对象，但相关理论与观点同样适用于授益行政执法权的综合执法。根据论述内容，后文所述综合执法有时也包括授益行政行为。

5. 综合执法权的权力来源

一般认为，综合执法的法律依据是《行政处罚法》关于相对集中行政处罚权的规定。1996年通过的《行政处罚法》第16条被认为是相对集中行政处罚权制度的法律依据。该条规定了实施相对集中行政处罚权制度的决定机关。2021年修订的《行政处罚法》进一步明确了综合行政执法和相对集中行政处罚

---

〔1〕 青锋:《行政处罚权的相对集中:现实的范围及追问》,载《行政法学研究》2009年第2期,第14页。

权的适用领域,同时对决定机关进行了修改。结合本次修订,有两个问题值得思考:综合行政执法和相对集中行政处罚权的适用领域是由法律、法规或规章等规定,还是由各级人民政府决定?[1]综合行政执法和相对集中行政处罚权的行使主体,即一个行政机关行使有关行政机关的行政处罚权,除了由国务院或省级人民政府决定,可否由法律、法规或规章等直接规定,或由其关于适用领域的规定中推导出来?

综合行政执法和相对集中行政处罚权适用领域的确定主体。从 1996 年《行政处罚法》第 16 条的规定来看,国务院或其授权的省级人民政府有权决定在哪些领域推行相对集中行政处罚权或适用综合行政执法。国务院印发的《关于进一步推进相对集中行政处罚权工作的决定》(以下简称《相对集中处罚权推进决定》)更明确了国务院或其授权的省级人民政府是相对集中行政处罚权适用领域的决定主体。[2] 但 2021 年修订的《行政处罚法》第 18 条第 1 款直接规定了综合行政执法的适用领域。这是否意味着综合行政执法适用领域必须由法律规定?笔者认为,答案应当是否定的。

综合行政执法是对分散、单一的行政执法体制的改革,谁有权决定在哪些执法领域推行综合行政执法,需要结合特定单一行政执法权的授权依据进行判断。如果某领域行政执法体制是由法律规定的,那么,法律可以将该种单一的行政执法体制,改变为综合行政执法体制。如 1993 年制定的《农业法》没有对农业行政执法体制作出统一安排,仍是分散、单一的行政执法体制,即由种植业、畜牧业、渔业、农垦、乡镇企业、饲料工业和农业机械化等行政主管机关依据相关法律进行行政执法。但 2002 年《农业法》修订时,增加了农业综合行政执法的规定(第 87 条第 3 款)。[3] 2021 年《行政处罚法》第 18 条第 1 款也是通过

---

〔1〕 根据我国法律,乡镇人民政府一般不具有行政执法权,也无权就行政执法体制问题作出调整。2021 年修订的《行政处罚法》第 24 条规定的仅是乡镇人民政府可以被授权行使行政处罚权。因此,书中探讨的综合行政执法体制改革适用领域等相关问题的决定主体,仅指县级以上各级人民政府,不包括乡镇人民政府、街道办事处。

〔2〕 《相对集中处罚权推进决定》(国发〔2002〕17 号)规定,需要在城市管理领域以外的其他行政管理领域相对集中行政处罚权的,省、自治区、直辖市人民政府依照行政处罚法第十六条的规定,也可以决定在有条件的地方开展这项工作。

〔3〕 《农业法》第 87 条第 3 款规定,县级以上地方人民政府农业行政主管部门应当在其职责范围内健全行政执法队伍,实行综合执法,提高执法效率和水平。

法律确定综合行政执法适用领域的典型例子。如果某领域分散、单一的行政执法体制是由行政法规或地方性法规规定的，则法律、行政法规可以对原行政法规、地方性法规规定的行政执法体制作出改变，相同主体制定的地方性法规或位阶较高的地方性法规也可以将该种执法体制修改为综合行政执法体制。同理，如果某领域分散、单一的行政执法体制是部门规章或地方政府规章规定的，则法律、行政法规、相同主体制定的部门规章或地方政府规章，以及位阶较高的地方政府规章也可以作出上述改变。但根据立法权限，我国行政执法体制基本是由单行法律规定的，低位阶的规范性文件较少规定行政执法体制，因此，相对集中行政处罚权、相对集中行政许可权等方面的综合行政执法才由《行政处罚法》《行政许可法》加以规定。

相关立法可以直接规定综合行政执法适用领域，但并不能否定人民政府在确定综合行政执法适用领域事项上的权力，即综合行政执法的适用领域属于各级人民政府的职权范围。我国行政各领域的执法体制基本是由单行法律规定的，如《土地管理法》规定了土地行政执法体制，《环境保护法》规定了环境保护行政执法体制，要想改变法律规定的分散、单一行政执法体制，必须由相同位阶的规范性文件作出改变。因此，1996 年出台的《行政处罚法》第 16 条授权国务院或省级人民政府可以决定一个行政机关行使有关行政机关的行政处罚权。在《行政处罚法》的授权下，具体在哪些行政领域相对集中行政处罚权，属于县级以上各级人民政府管理的行政工作方面的具体操作事项，根据《立法法》第 11 条规定，该事项不属于法律保留的事项范围，无须法律专属调整。但不能由此推导出综合执法适用领域事项当然属于各级人民政府的职权范围。对此，尚需要寻求其他法律依据。关于国务院的职权范围，《宪法》第 89 条有明确规定。关于地方各级人民政府的职权，《宪法》第 107 条规定了县级以上地方各级人民政府对各种行政工作的管理权。这些行政工作基本都涉及行政执法体制问题，都属于国务院或县级以上地方各级人民政府的职权范围。因此，在《行政处罚法》授权下，国务院和县级以上地方各级人民政府有权确定适用综合行政执法的行政领域。虽然《相对集中处罚权推进决定》将相对集中行政处罚权适用范围的决定权与行使主体的决定权同等看待，但这应该解释为，国务院为减少改革阻力，确保改革成效，顺利推进改革而规定的保障措施。此时，应区分实然状态与应然权力。

综上所述,《行政处罚法》第 18 条第 1 款关于综合行政执法适用领域的规定,仅是对既有改革探索的确认,是对各级人民政府管理行政执法工作职权的立法表达,并不意味着综合行政执法适用领域的确定属于法律保留事项,并不改变县级以上各级人民政府在综合行政执法适用领域方面本应享有的职权。同时,《行政处罚法》第 18 条第 1 款关于综合行政执法适用领域的立法采用了例示性规定,在立法列举的领域后面采用了“等领域”表述,充分尊重了县级以上各级人民政府依据宪法所享有的综合行政执法适用领域确定方面的职权。

有权确定综合行政执法的适用领域,是否有权决定一个行政机关行使有关行政机关的行政处罚权?即国务院或县级以上地方各级人民政府有权确定综合行政执法适用领域,是否意味着也有权决定一个行政机关行使有关行政机关的行政处罚权?答案应当是肯定的。也就是说,无论是综合行政执法的适用领域,还是综合行政执法权行使主体,均属于行政管理工作的事项范围,根据《宪法》和《地方各级人民代表大会和地方各级人民政府组织法》的规定,这些事项属于县级以上各级人民政府的职权范围。因此,县级以上人民政府有权就其管理区域内的综合行政执法适用领域和综合执法权行使主体作出决定。但从《行政处罚法》(2021 年)的规定来看,立法机关将综合行政执法权的行使机关决定权只授权国务院或省级人民政府决定。这种规定可以减少改革阻力,保证行政执法体制改革的统一、高效,充分发挥单一制国家结构和自上而下改革模式的优势。

另一个值得思考的问题是,除了《行政处罚法》规定的国务院或省级人民政府可以决定有关行政处罚权的综合行政执法权行使主体,法律、法规、规章是否有权直接规定综合行政执法权行使主体?就法律而言,从全国人大及其常委会的地位来看,作为国家立法机关,其有权作出综合执法方面的立法安排,即在《行政处罚法》规定的相对集中行政处罚权决定程序外,法律可以另行规定综合执法制度,包括综合行政执法权行使主体的规定。但从实际情况来看,目前为止,除《行政处罚法》外,有直接规定某领域实行综合执法的法律,如《农业法》第 87 条,尚没有直接规定综合执法权行使主体决定程序或决定机关的法律。《农业法》虽然规定在农业行政主管部门职责范围内实行综合执法,但如果一个行政机关行使有关行政机关的行政处罚权时，仍需要按照《行政处罚法》规定的批准程序，由国务院或省级人民政府批准。除了法律外，法规、规章不能违背《行政处罚法》关于综合行政执法权行使主体决定机关的规定（第 18 条第 2 款），作出不同的制度安排。当然，为了规范综合行政执法的具体工作，法律、法规或规章可以就综合行政执法工作进行专门立法，如 2011 年文化部就文化市场综合执法制定了《文化市场综合行政执法管理办法》，2012 年四川省就城市管理综合执法制定了地方性法规《四川省城市管理综合行政执法条例》。但是，这些专门立法并不排斥《行政处罚法》关于相对集中行政处罚权行使主体的决定程序，即一个行政机关行使有关行政机关的行政处罚权时，仍需要经过国务院或省级人民政府决定。

三、跨部门综合执法含义阐释

跨部门综合执法是综合执法的一种形式，是对综合执法理论认识的深化，是综合执法实践发展的必然选择，是行政执法体制改革发展的大势所趋。

（一）理论观点

由于跨部门综合执法概念出现较晚，学术界对该制度的研究成果较少。在中国知网学术期刊数据库中，截至 2024 年 1 月 5 日，以“跨部门综合执法”为篇名进行检索，仅有 3 篇相关文章，以“跨部门综合执法”为关键词进行检索，仅有 1 篇论文；在中国知网学位论文数据库中，以“跨部门综合执法”为题名和关键词分别进行检索，均没有发现相关论文。如果以“跨部门综合执法”作为主题进行检索，在中国知网学术期刊数据库中有 33 篇学术论文，在中国知网学位论文数据库中有 22 篇学位论文。

现有成果关于跨部门综合执法概念，有不同表述或认识。有观点认为，“综合执法是单部门综合执法，是由一个行政机关行使多个行政机关或法律法规授权的组织法定职权的行政执法制度，跨部门综合执法是联合多个职能部门开展的综合执法”[1]。该观点容易使人将跨部门综合执法误认为是联合执法。有

〔1〕 胡皇印：《推进跨部门综合执法正当时》，载《人民法治》2015 年第 7 期。

观点认为，“综合执法包括部门综合执法、跨部门跨领域综合执法和区域综合执法。跨部门跨领域综合执法和区域综合执法，实质是在不同行政机关之间相对集中行政处罚权，没有不同行政机关之间的相对集中行政处罚权，便不称其为跨部门跨领域的或区域性的综合执法。而部门综合执法，并不存在不同行政机关之间的相对集中行政处罚权，只涉及同一行政机关内部由不同机构实际行使的行政处罚权向一个机构归并的内部分工调整”〔1〕。该观点将跨部门综合执法中的“部门”等同于“行政机关”，将跨部门综合执法视为不同行政机关之间的相对集中行政处罚权，同时，该观点将跨部门综合执法与跨领域综合执法或区域性综合执法等同看待。这种将“部门”与行政机关等同的观点亦有待商榷。有观点认为，“从20世纪90年代开始的城管相对集中行政处罚权改革，是最早推进跨部门综合执法的领域”〔2〕。“目前跨部门综合执法的主要形式是相对集中行政处罚权。”〔3〕从相对集中行政处罚权的法律规定和执法实践来看，有些相对集中行政处罚权是跨部门综合执法，有些可能只是部门内综合执法，因此，上述观点并未清晰地指出跨部门综合执法的本质特征。有观点从部门内与跨部门区分的角度提出，“部门内综合执法模式和跨部门综合执法模式是综合执法最核心和最重要的两种类型”。“‘跨部门’的‘部门’应该定义为中央主管部门，而不应该错误地理解为地方政府组成部门。”“‘跨部门’的前提是原部门必须保留，而划转和整合的仅是原部门的部分执法权，如果原部门被合并或者撤销，就是简单的合并部门而不是跨部门。”〔4〕笔者赞同这样的界定，将在下文详述。

（二）立法用语

跨部门综合执法是综合执法改革发展到一定阶段的产物。1996年《行政处罚法》规定的相对集中行政处罚权，没有明确相对集中的标准，仅规定一个行政机关行使“有关”行政机关的行政处罚权。但何谓“有关”，并无法律规定或相

〔1〕马太建：《论相对集中行政处罚权与综合执法的关系》，载《法治现代化研究》2018年第6期。
〔2〕王敬波：《相对集中行政处罚权改革研究》，载《中国法学》2015年第4期。
〔3〕张家浩：《综合行政执法改革试点的困境与对策》，载《行政科学论坛》2017年第3期。
〔4〕邱煌辉：《我国自然资源综合执法模式研究》，华侨大学2020年硕士学位论文，第12页。

关解释。能否跨部门综合执法仍不明确。但从国务院关于相对集中行政处罚权工作的两个文件来看〔1〕，城市管理领域的相对集中行政处罚权，自开始就已经实行跨部门综合执法了。〔2〕但"跨部门综合"执法概念的出现较晚。最先提出这一概念的文件是2008年农业部印发的《关于全面加强农业执法扎实推进综合执法的意见》。不过，这一文件是在规定综合执法的范围时，从限制和否定跨部门综合的角度提出该概念的。〔3〕2014年6月4日，国务院印发《关于促进市场公平竞争维护市场正常秩序的若干意见》，提出"推进城市管理、文化等领域跨部门、跨行业综合执法"〔4〕。2014年10月，《全面推进依法治国决定》提出"有条件的领域可以推行跨部门综合执法"。〔5〕这时，跨部门综合执法制度已经由部分领域的改革实践上升到党和国家政策。该党内法规也奠定了跨部门综合执法的基本制度与理论框架。2015年5月8日，商务部市场秩序司印发《关于开展商务行政执法有关情况调查的通知》中，明确提出了商务部门开展执法工作的主要模式有部门内综合执法、部门内分散执法或跨部门综合执法等。2015年12月27日，中共中央、国务院发布了《法治政府建设实施纲要（2015—2020年）》。在改革行政执法体制部门，该党内法规重申了"支持有条件的领域推行跨部门综合执法"。2016年2月，中共中央、国务院发布《关于进一步加强城市规划建设管理工作的若干意见》，提出了城市管理领域推行跨部门综

〔1〕国务院办公厅印发《关于继续做好相对集中行政处罚权试点工作的通知》（国办发〔2000〕63号）和《相对集中处罚权推进决定》（国发〔2002〕17号）。

〔2〕如城市管理综合执法机构可以行使环境保护、工商行政、公安机关交通管理等部门的行政处罚权。

〔3〕2008年农业部印发《关于全面加强农业执法扎实推进综合执法的意见》（农政发〔2008〕2号）在规定扎实推进农业综合执法的原则时，提出："综合的范围在现行体制内进行。综合执法在本级农业部门的职责范围内进行，不跨部门综合。畜牧兽医、水产、农机部门单独设置的，在各自职责范围内实行综合。"

〔4〕《关于促进市场公平竞争维护市场正常秩序的若干意见》（国发〔2014〕20号）规定，解决多头执法。整合规范市场监管执法主体，推进城市管理、文化等领域跨部门、跨行业综合执法，相对集中执法权。市场监管部门直接承担执法职责，原则上不另设具有独立法人资格的执法队伍。一个部门设有多支执法队伍的，业务相近的应当整合为一支队伍；不同部门下设的职责任务相近或相似的执法队伍，逐步整合为一支队伍。清理取消没有法律法规依据、违反机构编制管理规定的执法队伍。

〔5〕《全面推进依法治国决定》规定，推进综合执法，大幅减少市县两级政府执法队伍种类，重点在食品药品安全、工商质检、公共卫生、安全生产、文化旅游、资源环境、农林水利、交通运输、城乡建设、海洋渔业等领域内推行综合执法，有条件的领域可以推行跨部门综合执法。

合执法。[1] 2016年4月，中办、国办印发《关于进一步深化文化市场综合执法改革的意见》，提出文化市场综合执法改革的总体目标，其中包括“进一步整合文化市场执法权，加快实现跨部门、跨行业综合执法”。2018年，中共中央发布的《深化党和国家机构改革方案》提出“继续探索实行跨领域跨部门综合执法”[2]。2019年，《中共中央关于坚持和完善中国特色社会主义制度　推进国家治理体系和治理能力现代化若干重大问题的决定》重申“继续探索实行跨领域跨部门综合执法”。[3]

（三）本书界定

从上述理论研究成果来看，对于何谓跨部门综合执法并未取得共识，甚至在何谓部门综合执法、综合执法问题上也有不同认识。行政执法改革实践越来越频繁地提倡跨部门综合执法，但至今亦未有任何法律或规范性文件对跨部门综合执法的含义进行界定或解释，因此，无论是从理论研究还是从实践需求看，有必要对跨部门综合执法的含义进行科学严谨的界定。而在厘清了行政执法和综合执法的含义后，理解跨部门综合执法概念的核心就是正确把握“跨部门”中的“部门”的含义。

1. 部门的词源学释义

部门，按照现代汉语词典的解释，是指组成某一整体的部分或单位。[4] 在英语中，部门有不同的用法，主要的英语单词有department、ministry、branch、section等词，在一定意义上都具有部门的含义。但各词在表述部门时又有差别。

---

〔1〕 2016年，中共中央、国务院发布《关于进一步加强城市规划建设管理工作的若干意见》提出，改革城市管理体制。明确中央和省级政府城市管理主管部门，确定管理范围、权力清单和责任主体，理顺各部门职责分工。推进市县两级政府规划建设管理机构改革，推行跨部门综合执法。

〔2〕 2018年，中共中央发布的《深化党和国家机构改革方案》在深化行政执法体制改革方面提出：继续探索实行跨领域跨部门综合执法，建立健全综合执法主管部门、相关行业管理部门、综合执法队伍间协调配合、信息共享机制和跨部门、跨区域执法协作联动机制。

〔3〕 2019年，中国共产党十九届四中全会决定《中共中央关于坚持和完善中国特色社会主义制度　推进国家治理体系和治理能力现代化若干重大问题的决定》提出：深化行政执法体制改革，最大限度减少不必要的行政执法事项。进一步整合行政执法队伍，继续探索实行跨领域跨部门综合执法，推动执法重心下移，提高行政执法能力水平。

〔4〕 参见中国社会科学院语言研究所词典编辑室编：《现代汉语词典》（第6版），商务印书馆2012年版，第115～116页。

Department,按照布莱克法律词典的解释,有三层含义:一是指一个更大的整体之组成部门(一个法律部门);二是指一个国家的领土分区;三是指政府(一个立法上的权力部门)的主要分支或部门。具体而言,指美国联邦政府行政分支的组成部门,其负责人为总统的内阁成员。[1] Ministry,在英国主要是指政府的部门之一,部长向议会负责。[2] Branch,是指一个公共机构的分支,横向的扩展,或组成部门(政府的行政、立法、司法分支)。[3] Section,指部门,处,科,股,组。[4]

2. 与"部门"有关的法律概念

为了明确跨部门综合执法中"部门"的含义,有必要对与部门有关的概念进行认真梳理。

在法律上,与部门有关的法律概念主要有国家机构、国家机关、行政机构、行政机关、组成部门、工作部门、直属机构等。

所谓国家机构,是一个国家的所有国家机关的总称或者概称,国家机关是构成国家机构的具有独立宪法地位和法律地位的具体单位。[5] 国家机构是集合名词,国家机关在我国宪法中是指国家机构的基本构成单位,也可以说分别指中央国家机构和地方国家机构的基本组成单位。[6] 我国《宪法》第三章共84个条文规定了国家机构。我国的国家机构包括立法机关、行政机关、审判机关、检察机关、军事机关、监察机关等。具体而言,我国的国家机构有全国人民代表大会、中华人民共和国主席、国务院、中央军事委员会、地方各级人民代表大会和地方各级人民政府、民族自治地方的自治机关、监察委员会、人民法院和人民检察院。

所谓行政机构,是指各级人民政府为实现一定行政任务而设立的行政组织。有学者将国务院行政机构定义为,国务院为实现对某一行政事务的管理而

[1] See Bryan A. Garner, *Black's Law Dictionary*, Eighth Edition, West Publishing Co. ,2004, p.468.
[2] 参见薛波:《元照英美法词典》,法律出版社2003年版,第917页。
[3] See Bryan A. Garner, *Black's Law Dictionary*, Eighth Edition, West Publishing Co. ,2004, p.199.
[4] 参见薛波:《元照英美法词典》,法律出版社2003年版,第1234页。
[5] 参见胡锦光、韩大元:《中国宪法》,法律出版社2018年版,第313页。
[6] 参见童之伟:《宪法学研究须重温的常识和规范——从监察体制改革中的一种提法说起》,载《法学评论》2018年第2期。

依法设置的、行使法定职权,并有一定机构和编制的行政组织。[1] 按照《国务院行政机构设置和编制管理条例》第6条规定,国务院行政机构根据职能分为办公厅、组成部门、直属机构、办事机构、组成部门管理的国家行政机构和国务院议事协调机构。虽然按照《地方各级人民政府机构设置和编制管理条例》规定,下级人民政府有权自主设置行政机构和进行编制管理工作[2],无须按照上级行政机构的设置设立业务对口的行政机构,但基于各级人民政府行政职能和行政管理任务的相似性,各级人民政府行政机构的类型具有相似性。国务院行政机构具有不同的行政管理职能。而区分这些具有不同职能的行政机构对于确定跨部门综合执法中的"部门"具有重要意义。《国务院行政机构设置和编制管理条例》第6条根据职能对国务院行政机构进行了类型划分。其中,具有行政管理职能的行政机构是国务院组成部门、国务院直属机构、国务院组成部门管理的国家行政机构,其他要么不具有行政管理职能,如国务院办公厅;要么不具有独立的行政管理职能,如国务院办事机构;要么仅在特殊或者紧急的情况下,经国务院同意,可以规定临时性的行政管理措施,如国务院议事协调机构。在具有行政管理职能的国务院行政机构中,履行国务院基本行政管理职能的是国务院组成部门,主管国务院的某项专门业务的是国务院直属机构,主管特定业务的是国务院组成部门管理的国家行政机构。除上述国务院行政机构外,国务院于1999年12月28日分别在香港和澳门设立了中央人民政府驻香港特别行政区联络办公室(简称香港中联办)、中央人民政府驻澳门特别行政区联络办公室(简称澳门中联办),这两个机构也属于国务院行政机构。[3]

行政机构的内设机构是否是行政机构。从行政机构的独立性特点可知,内设机构不是行政机构。因为内设机构不具有独立性,而行政机构是承担一定行政任务的独立的行政组织。从法律规定来看,内设机构亦不是行政机构,而只是行政机构内部设立的不具有独立主体资格的部门或机构。从《国务院行政机

---

〔1〕 参见任进:《国务院行政机构的若干问题》,载《行政法学研究》2002年第3期。
〔2〕 《地方各级人民政府机构设置和编制管理条例》第7条规定,县级以上各级人民政府行政机构不得干预下级人民政府行政机构的设置和编制管理工作,不得要求下级人民政府设立与其业务对口的行政机构。
〔3〕 参见任进:《国务院行政机构的若干问题》,载《行政法学研究》2002年第3期。

构设置和编制管理条例》的规定来看,国务院的行政机构按照职能分类,不包括内设机构。国务院行政机构可以设立司、处两级内设机构。因此,行政机构不包括内设机构,内设机构不是行政机构。《地方各级人民政府机构设置和编制管理条例》(2007 年)第 13 条也对行政机构与内设机构进行了区分。

3. 跨部门综合执法中"部门"的含义

跨部门综合执法中的"部门"是指中央人民政府的行政机构,还是指地方人民政府的行政机构?部门是指各级人民政府的组成部门还是包括组成部门、直属机构在内的所有行政机构?这些问题的澄清对于界定跨部门综合执法具有重要的意义。

跨部门综合执法中的"部门"应指国务院(中央人民政府)的行政机构。按照《地方各级人民政府机构设置和编制管理条例》第 7 条的规定,县级以上各级人民政府行政机构与下级人民政府行政机构的设置并非完全对应。如果以地方各级人民政府的行政机构设置作为确定是否跨部门综合执法的依据,则在地方层面属于跨部门综合执法的情形,在中央人民政府层面,可能属于部门内综合执法。因此,在研究跨部门综合执法制度时,首先要确定跨部门综合执法中的部门是中央人民政府的行政机构还是地方各级人民政府的行政机构。笔者认为,跨部门综合执法中的部门应指国务院的行政机构。主要理由如下:第一,综合执法的主要目的之一是减少执法队伍种类。而将跨部门综合执法中的部门界定为国务院的行政机构相较于界定为地方各级人民政府的行政机构,更能体现减少执法队伍种类的力度和范围。第二,跨部门综合执法改革,与中国的大多数改革一样,是自上而下推行的行政执法体制改革方式。中央在提出并倡导跨部门综合执法改革制度时,应是以中央人民政府的行政机构为参照系使用跨部门概念的。如果中央在使用"跨部门"概念时,以地方各级人民政府的行政机构为部门的界定标准,那么,就可能出现在地方人民政府层面属于跨部门综合执法,但在中央人民政府层面可能属于部门内综合执法的情形,这时,就会出现制定并推行该项制度的主体与地方政府主体对于"跨部门"概念理解的内在矛盾。第三,地方各级人民政府行政机构设置并不统一,如果以地方各级人民政府行政机构作为判断是否跨部门综合执法中"部门"的标准,则各地跨部门综合执法的判断标准也可能不统一,这不利于跨部门综合执法制度的相互交流与借鉴。

跨部门综合执法中的“部门”是指国务院的组成部门和具有行政管理职能的直属机构。国务院组成部门依法分别履行国务院基本的行政管理职能。国务院组成部门包括各部、各委员会、中国人民银行和审计署。按照 2018 年《深化党和国家机构改革方案》,目前国务院组成部门共 26 个。跨部门综合执法中的“部门”宜解释为履行国务院基本的行政管理职能的组成部门。在国务院基本的行政管理职能外,国务院还有一些专门业务,也属于行政管理职能。为了对这些专门业务进行管理,国务院设立了直属机构主管专门业务。国务院的基本行政管理职能和专门业务都属于行政管理职能,故将跨部门综合执法中的“部门”解释为国务院的组成部门和直属机构可以体现政府的基本行政管理职能和专门业务方面的行政管理职能。国务院办事机构不具有独立的行政管理职能,不具有执法权,不属于跨部门综合执法中的部门。国务院组成部门管理的国家行政机构虽然主管特定业务,具有行政管理职能,但其属于国务院组成部门管理,可以将其归入组成部门范围内。国务院议事协调机构承担跨国务院行政机构的重要业务工作的组织协调任务,一般不具有行政管理职能。因此,议事协调机构不属于跨部门综合执法中的部门范畴。

4. 跨部门综合执法的含义

在厘定了相关核心概念后,跨部门综合执法的含义亦随之确定。所谓跨部门综合执法,是指由一个行政机关以自己的名义行使原分属两个以上部门行政机关行使的行政执法权,并由该行政机关独立承担法律责任的执法制度。

跨部门综合执法制度的核心是相对集中行政处罚权,但不限于此。其还包括相对集中行政许可权、相对集中与行政处罚相关的行政强制措施权和行政检查权等。跨部门综合执法权的适用领域,主要是城市管理、市场监管、生态环境、文化市场、交通运输、应急管理、农业等领域。这是《行政处罚法》明确列举的适用领域。除上述列举外,其他领域如有必要和可能也可以推行综合执法。

从当下实行综合执法的各领域来看,目前各地各领域开展的综合执法基本属于跨部门综合执法。如 2018 年 12 月 4 日,中办、国办发布的《关于深化生态环境保护综合行政执法改革的指导意见》(以下简称《生态环境综合执法改革意见》)规定,生态环境保护综合行政执法整合环境保护和国土、农业、水利、海洋等部门相关污染防治和生态保护执法职责。因此,后文在论述跨部门综合行政执法时,有时也用综合行政执法或综合执法指代。

四、跨部门综合执法权的界定

(一)跨部门综合执法权的概念

所谓跨部门综合执法权,是指由一个行政主体相对集中行使原由两个以上部门的主体分别行使的执法权而形成的一种综合执法权。跨部门综合执法权是一种集合性权力,是综合执法主体所享有的各种执法权力的总称。这种权力包括行政处罚权、行政检查权、行政强制措施权等。

(二)跨部门综合执法权的主体

并非所有的行政执法主体都可以成为跨部门综合执法权的行使主体。第一,跨部门综合执法权的主体是行政主体。跨部门综合执法是将其他行政主体的行政执法权交由一个行政主体行使,或者将两个以上部门的行政执法权交由一个新组建的行政主体行使。只有具有行政主体资格,才能够以自己的名义行使行政执法权。第二,跨部门综合执法权的主体资格必须由有权机关批准。根据《行政处罚法》第 18 条的规定,综合执法权行使主体是由国务院或者省、自治区、直辖市人民政府根据综合执法的需要决定的。如果不按照《行政处罚法》的规定由国务院或者省、自治区、直辖市人民政府决定,一个行政执法主体无权行使其他行政主体的执法权。在我国行政执法体制改革与经济社会发展过程中,有些地方的经济开发区为了实现“一枚印章管审批、一支队伍管执法”目标,成立了城管综合执法局,由其在经济开发区管辖区内实施跨部门综合执法。无论这种改革的初衷多么美好,如果执法主体不符合《行政处罚法》关于行政处罚实施主体和管辖的规定,则该种行政执法就不具有合法性。第三,跨部门综合执法权的主体必须具有行使相应执法权限的能力。这些能力既包括具有相应执法资格和相应素质的执法人员,也包括具有履行特定执法职能所要求的设施设备。

(三)跨部门综合执法权的权力内容

跨部门综合执法权涉及的行政权主要是行政处罚权。除此之外,还包括与行政处罚权相关的行政检查权、行政强制措施权。因此,《行政处罚法》第 18 条就成了跨部门综合执法权的主要法律依据。该条第 1 款规定,国家在城市管理、市场监管、生态环境、文化市场、交通运输、应急管理、农业等领域推行建立综合行政执法制度,相对集中行政处罚权。该条也说明相对集中行政处罚权是综合行政执法制度的主要内容。《行政强制法》第 17 条规定,依据《中华人民共和国行政处罚法》的规定行使相对集中行政处罚权的行政机关,可以实施法律、法规规定的与行政处罚权有关的行政强制措施。这说明行政强制措施权的相对集中行使是以相对集中行政处罚权为前提的,即只有相对集中行政处罚权的行使机关才可以行使原本由其他行政机关行使的与相对集中行使的行政处罚权有关的行政强制措施权。行政检查权是附随于行政主体行政处罚权的一种固有权限,是保证行政处罚权限顺利实施的手段之一。因此,相对集中行使行政处罚权的行政主体当然拥有与实施行政处罚权相关的行政检查权。

(四)跨部门综合执法权行使的法律后果

跨部门综合执法权的行使主体以自己的名义独立行使行政执法权,并以自己的名义独立承担法律责任。原属其他部门的行政执法权一旦转移到综合执法机构后,该项执法权力的原属主体就不再拥有此项权力,综合执法机构就拥有了该项执法权。综合执法主体有权以自己的名义独立行使该项权力,同时,其也独立承担该项权力所导致的相应法律后果,如作为行政复议被申请人、行政诉讼被告、国家赔偿义务主体等。

第二节　跨部门综合执法权的产生与发展现状

跨部门综合执法是适应全面依法治国建设和全方位保障相对人合法权益需要而出现的行政执法模式。跨部门综合执法权是这种模式下产生的各种行政执法权力的集合,是由一个行政主体相对集中行使其他部门的行政执法权力而形成的一种综合性执法权力。这种综合性执法权力是法治国家建设发展到一定阶段和程度,适应现实需求应运而生的。

一、跨部门综合执法权的产生背景

(一)市场经济发展到一定阶段的必然要求

市场经济的建立与发展要求符合其特性和本质的行政执法体制。市场经济是主要通过市场配置社会资源的一种经济方式。它与主要通过行政权配置社会资源的计划经济方式相对应。市场经济本质上是一种规则之治,即市场主体遵循一定的规则,按照市场规律开展市场活动,从而实现由市场这只"看不见的手"配置社会资源的制度。这些规则包括市场主体准入、经营范围划定、经营行为开展、经营纠纷解决等规则。在市场主体准入、经营范围划定、经营行为监管、违法行为处罚等事项上,行政权要通过严格执法确保市场主体的行为符合规则,从而维护健康、有序的市场秩序。同时,由于垄断、外部效应、信息不完全、市场调节在收入公平分配和公共物品有效配置方面的缺陷等原因导致市场失灵,[1]需要"看得见的政府之手"进行干预和调节,行政执法权就是政府干预和调节的有力手段。但与完善社会主义市场经济体制、建设社会主义政治文明以及依法治国的客观要求相比,依法行政还存在不少差距,主要是:行政体制与发展社会主义市场经济的要求还不适应,依法行政面临诸多体制性障碍。[2] 综合行政执法改革就是破除这些体制性障碍的举措之一。[3] 如中办、国办在《关于深化市场监管综合行政执法改革的指导意见》(以下简称《深化市场监管综合执法改革意见》)中明确把深化市场监管综合行政执法改革、完善市场监管执法体制视为建立统一开放竞争有序现代市场体系的内在要求,是推进国家治理体系和治理能力现代化的重要任务,是满足人民日益增长的美好生活需要的必然选择。2019 年国务院制定的《优化营商环境条例》明确将在相关领域推行综合

---

[1] 参见李翀:《现代西方经济学原理》,中山大学出版社 2003 年版,第 245～249 页。

[2] 《全面推进依法行政实施纲要》(国发〔2004〕10 号)第 1 条。

[3] 《全面推进依法行政实施纲要》(国发〔2004〕10 号)第 19 条。

行政执法,视为优化营商环境的重要举措之一。[1] 2020年5月11日,《中共中央、国务院关于新时代加快完善社会主义市场经济体制的意见》提出,健全执法对市场经济运行的保障机制。深化行政执法体制改革,根据不同层级政府的事权和职能,优化配置执法力量,加快推进综合执法。2021年修订的《行政处罚法》也明确国家在市场监管领域推行建立综合行政执法制度(第18条)。这充分说明市场监管领域完善的综合行政执法制度,是市场经济健康发展的必然要求。

(二)法治政府建设的必然趋势

作为法治建设的重要组成部分,行政执法权是保证立法机关的意志在社会生活中得以实现的重要手段。从中国共产党十一届三中全会开创性地提出社会主义法制建设的"十六字方针"[2],到党的十八大报告提出法治建设的新"十六字方针"[3],无不把行政执法作为重要内容加以规定。随着法治建设的逐步推进,人们对依法行政的要求越来越高,行政执法体制改革提上日程,综合行政执法作为行政执法体制改革的重要形式应运而生。跨部门综合执法作为综合行政执法的高阶形式亦被提倡。

作为行政执法体制改革的综合执法实践,早在1996年《行政处罚法》规定相对集中行政处罚权之前就已经开始探索了。有观点认为,1992年建设部颁布《城建监察规定》对于城建监察的定义、行政主管部门、范围、人员资格、执法行为规范进行了统一,城建监察大队执行城市规划、城市市政工程设施、城市公用事业、城市市容环境卫生、城市园林绿化5项行政处罚权,这是城市管理领域实施集中行政处罚权的雏形。[4] 而1996年《行政处罚法》出台后,作为综合行政

---

〔1〕《优化营商环境条例》第2条规定,本条例所称营商环境,是指企业等市场主体在市场经济活动中所涉及的体制机制性因素和条件。第57条第2款规定,国家统筹配置行政执法职能和执法资源,在相关领域推行综合行政执法,整合精简执法队伍,减少执法主体和执法层级,提高基层执法能力。

〔2〕党的十一届三中全会报告提出:为了保障人民民主,必须加强社会主义法制,使民主制度化、法律化,使这种制度和法律具有稳定性、连续性和极大的权威,做到有法可依,有法必依,执法必严,违法必究。其中,"有法可依,有法必依,执法必严,违法必究"被称为社会主义法制建设的十六字方针。

〔3〕党的十八大报告提出:全面推进依法治国。法治是治国理政的基本方式。要推进科学立法、严格执法、公正司法、全民守法,坚持法律面前人人平等,保证有法必依、执法必严、违法必究。其中,"科学立法、严格执法、公正司法、全民守法"被认为法治建设的新十六字方针。

〔4〕参见王敬波:《相对集中行政处罚权改革研究》,载《中国法学》2015年第4期。

执法的主要表现形式，相对集中行政处罚权从实践探索上升到法律规定。继而，行政执法体制改革及作为其主要形式的综合行政执法作为依法行政和法治建设的重要内容和主要举措，反复出现在依法行政和法治建设的主要文件中。

1999 年，《国务院关于全面推进依法行政的决定》指出依法行政“在很大程度上对依法治国基本方略的实行具有决定性的意义”。同时，该文件指出，“改革进入攻坚阶段……许多问题迫切需要用法律手段来解决……新形势对各级政府和政府各部门依法行政提出了新的更高要求”。在全面推进依法行政的具体要求中，该文件指出，“要以政府机构改革为契机，理顺行政执法体制……继续积极推进相对集中行政处罚权的试点工作，并在总结试点经验的基础上，扩大试点范围”。这说明，相对集中行政处罚权作为行政执法体制改革的重要内容，已经成为法治政府建设的内在和必然要求。

2004 年，《全面推进依法行政实施纲要》提出，经过十年左右的时间，基本实现建设法治政府的目标，其中就包括权责明确、行为规范、监督有效、保障有力的行政执法体制基本建立。在具体的建设举措上，《全面推进依法行政实施纲要》提出了继续开展相对集中行政处罚权工作，积极探索相对集中行政许可权，推进综合执法试点。要减少行政执法层次，适当下移执法重心；对与人民群众日常生活、生产直接相关的行政执法活动，主要由市、县两级行政执法机关实施。

2008 年，国务院印发《关于加强市县政府依法行政的决定》也将改革行政执法体制作为重要内容加以规定。具体的改革举措包括适当下移行政执法重心，减少行政执法层次。对与人民群众日常生活、生产直接相关的行政执法活动，主要由市、县两级行政执法机关实施。继续推进相对集中行政处罚权和综合行政执法试点工作，建立健全行政执法争议协调机制，从源头上解决多头执法、重复执法、执法缺位问题。

2010 年，国务院《关于加强法治政府建设的意见》亦提出，完善行政执法体制和机制。继续推进行政执法体制改革，合理界定执法权限，明确执法责任，推进综合执法，减少执法层级，提高基层执法能力，切实解决多头执法、多层执法和不执法、乱执法问题。

2014 年，《全面推进依法治国决定》不仅提出了综合执法，还对综合执法进行了分类，明确提出了领域内综合执法和跨部门综合执法的概念。2015 年通过的党内法规《法治政府建设实施纲要(2015—2020 年)》(中发〔2015〕36 号)重申了上述规定。2021 年通过的《法治中国建设规划(2020—2025 年)》提出,深化行政执法体制改革,统筹配置行政执法职能和执法资源,最大限度减少不必要的行政执法事项。进一步整合行政执法队伍,继续探索实行跨领域跨部门综合执法。

综上所述,建设法治政府必然要求改革行政执法体制,而改革行政执法体制的主要举措之一是综合行政执法改革。作为综合行政执法的一种形式,跨部门综合执法已经成为相关领域推进行政执法体制改革、建设法治政府的主要手段。因此,有条件领域的跨部门综合执法权改革是法治政府建设的必然趋势。

(三)服务型政府建设的必然结果

所谓服务型政府,是指在公民本位、社会本位理念的指导下,在整个社会民主秩序的框架下,通过法定程序,按照公民意志组建起来的以为公民服务为宗旨并承担着服务责任的政府。〔1〕 服务型政府建设要求改革行政执法体制。

革除行政执法体制的弊端始终是改革的原动力。学者在论述我国行政执法体制改革时,也对原有行政执法体制的问题进行了梳理。如有学者认为,"我们行政执法体制存在的问题,主要是主体、职责、监督问题,即行政执法主体不合法和执法主体混乱的情况还不同程度地存在;行政执法权在横向上交叉较为严重,部门之间职责不清,在纵向上划分不明确,上下级行政机关执法重叠的现象较为严重;行政机关的内部监督制约机制还不够完善等"〔2〕。有学者认为,当前行政执法的突出问题可以归纳为:执法不到位,执法不作为问题突出;执法不能经常化;执法不公,随意性大;执法环节过多,审批发证过度,办事难十分突出;执法职责交叉重复或空白,"九龙治水"现象十分突出,"权力收到上面、责任推到下面""看得见的管不了,管得了的看不见"。〔3〕 有学者认为,在现阶段的行政执法体制中,还存在着政策制定职能与监管处罚职能不分、监督处罚职能

〔1〕 参见刘熙瑞:《服务型政府——经济全球化背景下中国政府改革的目标选择》,载《中国行政管理》2002 年第 7 期。

〔2〕 青锋:《关于深化行政执法体制改革的几点思考》,载《行政法学研究》2006 年第 4 期。

〔3〕 周继东:《深化行政执法体制改革的几点思考》,载《行政法学研究》2014 年第 1 期。

与技术检验职能不分等现象；在实际行政执法工作中，还不同程度地存在着多重执法、多头执法、执法扰民、执法损民、重权轻责、以执法谋私利等问题，影响了行政执法的公正性和统一性，干扰了正常的公共秩序和市场经济秩序，并导致了不正之风和腐败行为的发生，严重损害了政府在人民群众中的诚信形象。[1] 上述这些弊端与服务型政府服务人民的价值目标背道而驰，也使行政执法体制备受诟病。

改革行政执法体制，实行综合执法是解决上述问题的重要路径。在干预行政方面，相对集中行政处罚权是行政处罚体制改革的重要成果。它将分散于不同行政主体之间的行政权集中由一个行政主体行使，这样可以避免多头执法、执法扰民等突出问题，解决"九龙治水"，提高执法效能。在给付行政方面，《行政许可法》第 25 条规定了相对集中行政许可权制度[2]，这是对《行政处罚法》关于相对集中行政处罚权立法规定的借鉴。"相对集中行政许可权要能实现有助于行政体制改革、促进行政机关正确行使行政权力和方便行政相对人申请、获得行政许可的价值。"[3] 无论是相对集中行政处罚权，还是相对集中行政许可权，都旨在实现为民服务的宗旨，都是建设服务型政府的重要成果。

二、跨部门综合执法权的横向拓展

跨部门综合执法最初主要是政府不同部门之间的横向集中行政处罚权。行政处罚权的跨部门综合执法正式起源于相对集中行政处罚权制度，其法律依据是 1996 年《行政处罚法》第 16 条。相对集中行政处罚权制度是综合行政执法的一种主要形式，但并非所有的相对集中行政处罚权制度均属于跨部门综合执法。是否属于跨部门综合执法，需要根据被综合的行政处罚权是否分属不同行政部门来决定。最早实行跨部门综合行政执法的领域是城市管理领域，之后跨部门综合执法开始向其他行政管理领域拓展。

下面主要介绍城市管理、市场监管、文化市场等领域的跨部门综合执法，借

---

〔1〕 参见郑传坤：《建设服务型政府与行政执法改革》，载《行政法学研究》2004 年第 1 期。

〔2〕 《行政许可法》第 25 条规定，经国务院批准，省、自治区、直辖市人民政府根据精简、统一、效能的原则，可以决定一个行政机关行使有关行政机关的行政许可权。

〔3〕 徐继敏：《相对集中行政许可权的价值与路径分析》，载《清华法学》2011 年第 2 期。

以窥视跨部门综合执法权的发展状况。

（一）城市管理领域跨部门综合执法

从20世纪90年代开始的城管相对集中行政处罚权改革，是最早推进跨部门综合执法改革的领域。[1] 根据《相对集中处罚权推进决定》，城市管理领域可以集中行使的行政处罚权比较广泛，主要包括市容环境卫生管理、城市规划管理、城市绿化管理、市政管理、环境保护管理、工商行政管理、公安交通管理，以及省、自治区、直辖市人民政府决定调整的城市管理领域的其他行政处罚权。[2] 2017年，住房城乡建设部发布的《城市管理执法办法》第8条规定了城市管理执法的行政处罚权范围，即依照法律法规和国务院有关规定确定，包括住房城乡建设领域法律法规规章规定的行政处罚权，以及环境保护管理、工商管理、交通管理、水务管理、食品药品监管方面与城市管理相关部分的行政处罚权。地方性立法中，经常明确列举城市管理综合执法所涉及的部门及相应的职责权限。如《深圳经济特区城市管理综合执法条例》（2019年）第9条在规定综合执法的职责范围时，明确列举了执法所涉及的具体职责事项。[3] 从国务院的规范性文件、住房城乡建设部的部门规章到地方立法，都表明城市管理领域集中行使的行政处罚权属于典型的跨部门综合执法权。

城市管理领域跨部门综合执法制度的建立与发展。作为相对集中行政处罚权的主要领域，城市管理领域相对集中行政处罚权制度实施得较早，发展也

---

〔1〕 参见王敬波：《相对集中行政处罚权改革研究》，载《中国法学》2015年第4期。

〔2〕 《相对集中处罚权推进决定》（国发〔2002〕17号）规定，城市管理领域可以集中行使的行政处罚权，主要包括：市容环境卫生管理方面法律、法规、规章规定的行政处罚权，强制拆除不符合城市容貌标准、环境卫生标准的建筑物或者设施；城市规划管理方面法律、法规、规章规定的全部或者部分行政处罚权；城市绿化管理方面法律、法规、规章规定的行政处罚权；市政管理方面法律、法规、规章规定的行政处罚权；环境保护管理方面法律、法规、规章规定的部分行政处罚权；工商行政管理方面法律、法规、规章规定的对无照商贩的行政处罚权；公安交通管理方面法律、法规、规章规定的对侵占城市道路行为的行政处罚权；省、自治区、直辖市人民政府决定调整的城市管理领域的其他行政处罚权。

〔3〕 《深圳经济特区城市管理综合执法条例》（2019年）第9条规定，综合执法的职责范围主要包括城市管理、林业管理、道路管理、户外广告管理、环境保护管理、畜禽屠宰管理、文化市场管理方面的部分事项，以及法律、法规、规章规定或者国务院、省、市人民政府决定的其他职责。该规定已经被《深圳市人民代表大会常务委员会关于暂时停止适用〈深圳经济特区城市管理综合执法条例〉〈深圳经济特区规划土地监察条例〉有关规定的决定》（2021年）暂时停止适用。

较充分。《行政处罚法》于1996年10月1日实施,1997年3月7日,国务院法制办就向北京市人民政府办公厅发送了《关于在北京市宣武区开展城市管理综合执法试点工作的复函》(国法函〔1997〕12号),同意北京市人民政府办公厅在《关于开展城市管理综合执法试点工作的函》中提出的试点方案,在宣武区城市管理监察大队组建并开展综合执法试点工作。[1] 相对集中行政处罚权制度在城市管理领域拉开帷幕。1999年,《国务院关于全面推进依法行政的决定》(国发〔1999〕23号)对相对集中行政处罚权工作的开展提出了明确要求:"继续积极推进相对集中行政处罚权的试点工作,并在总结试点经验的基础上,扩大试点范围。"2000年,《国务院办公厅关于继续做好相对集中行政处罚权试点工作的通知》(以下简称《相对集中处罚权试点通知》)就积极稳妥地推进相对集中行政处罚权试点工作作出部署。[2] 2002年8月22日,《相对集中处罚权推进决定》首先总结了《行政处罚法》实施以来相对集中行政处罚权制度的实施情况,[3]然后就进一步推进相对集中行政处罚权工作作出了相关决定和部署。2002年9月17日,《中央编办关于清理整顿行政执法队伍实行综合行政执法试点工作意见的通知》指出,在城市管理等领域合并组建综合行政执法机构。[4] 2004年3月22日,国务院《全面推进依法行政实施纲要》在深化行政执法体制改革部分,提出继续开展相对集中行政处罚权工作,积极探索相对集中行政许

[1] 参见江凌、张水海:《相对集中行政处罚权制度:发展历程、实施情况与基本经验——城管执法体制改革12年回顾》,载《行政法学研究》2008年第4期。

[2] 《相对集中处罚权试点通知》(国办发〔2000〕63号)就积极稳妥地推进相对集中行政处罚权试点工作作出部署,主要内容包括:进一步提高对实行相对集中行政处罚权制度重大意义的认识;继续抓好现有试点城市的试点工作;积极稳妥地扩大试点范围;把试点的经验运用于市、县机构改革,进一步理顺市、县行政管理体制。

[3] 《相对集中处罚权推进决定》(国发〔2002〕17号)总结了《行政处罚法》实施以来相对集中行政处罚权制度的实施情况:"自1997年以来,按照国务院有关文件的规定,23个省、自治区的79个城市和3个直辖市经批准开展了相对集中行政处罚权试点工作,并取得了显著成效,对深化行政管理体制改革、加强行政执法队伍建设、改进行政执法状况、提高依法行政水平,起到了积极的作用。实践证明,国务院确定试点工作的阶段性目标已经实现,进一步在全国推进相对集中行政处罚权工作的时机基本成熟。"

[4] 《中央编办关于清理整顿行政执法队伍实行综合行政执法试点工作意见的通知》(国办发〔2002〕56号,已失效)指出,调整合并行政执法机构,实行综合行政执法。一个政府部门下设的多个行政执法机构,原则上归并为一个机构。在此基础上,重点在城市管理、文化市场管理、资源环境管理、农业管理、交通运输管理以及其他适合综合行政执法的领域,合并组建综合行政执法机构。

可权，推进综合执法试点。经过自上而下地积极推动，城管领域跨部门综合行政执法已经在全国全面展开。2013 年 11 月《全面深化改革决定》[1]和 2014 年 11 月《全面推进依法治国决定》[2]均就理顺城管执法体制、加强城管综合执法机构建设提出了要求。2015 年 12 月，《中共中央、国务院关于深入推进城市执法体制改革改进城市管理工作的指导意见》（以下简称《城市执法体制改革意见》）提出了推进城市执法体制改革改进城市管理工作的总体目标。[3] 至此，城市管理领域跨部门综合执法改革的时间表和路线图已经明确。

（二）市场监管领域跨部门综合执法

1. 市场监管领域跨部门综合执法的起始

市场监管领域的综合行政执法改革晚于城市管理领域。有观点认为，2008 年我国开始进行食品药品监督管理局的地方政府分级管理体制改革，这一改革可以说是市场监管综合执法改革的起始。[4] 有观点认为，自 2013 年起，综合执法改革推进至市场监管领域，各地在省市、区县层面展开市场监管综合执法模式探索。[5] 但笔者在北大法宝法律法规数据库中，在"全文"搜索框中输入"市场监管综合执法"，可以发现至少自 2007 年开始就有地方规范性文件中提到市场监管综合执法。如 2007 年 3 月 20 日，《河北省人民政府关于加强政府自身

---

[1] 2013 年 11 月 12 日，党的十八届三中全会通过的《全面深化改革决定》指出：深化行政执法体制改革。整合执法主体，相对集中执法权，推进综合执法，着力解决权责交叉、多头执法问题，建立权责统一、权威高效的行政执法体制。减少行政执法层级，加强食品药品、安全生产、环境保护、劳动保障、海域海岛等重点领域基层执法力量。理顺城管执法体制，提高执法和服务水平。

[2] 2014 年 10 月 23 日，党的十八届四中全会通过的《全面推进依法治国决定》指出：推进综合执法，大幅减少市县两级政府执法队伍种类，重点在食品药品安全、工商质检、公共卫生、安全生产、文化旅游、资源环境、农林水利、交通运输、城乡建设、海洋渔业等领域内推行综合执法，有条件的领域可以推行跨部门综合执法。完善市县两级政府行政执法管理，加强统一领导和协调。理顺行政强制执行体制。理顺城管执法体制，加强城市管理综合执法机构建设，提高执法和服务水平。

[3] 《中共中央、国务院关于深入推进城市执法体制改革改进城市管理工作的指导意见》提出的推进城市执法体制改革改进城市管理工作的总体目标是："到 2017 年年底，实现市、县政府城市管理领域的机构综合设置。到 2020 年，城市管理法律法规和标准体系基本完善，执法体制基本理顺，机构和队伍建设明显加强，保障机制初步完善，服务便民高效，现代城市治理体系初步形成，城市管理效能大幅提高，人民群众满意度显著提升。"

[4] 参见盛永胜：《我国市场监管综合执法改革研究》，南京大学 2016 年硕士学位论文，第 26 页。

[5] 参见李若兰：《市场监管综合执法改革探索》，载《中国国情国力》2018 年第 3 期。

建设推进政府管理创新的意见》(冀政〔2007〕27号)提出推进市场监管综合执法。[1] 2009年4月27日,《中共广州市委、广州市人民政府关于加快"信息广州"建设的意见》(穗字〔2009〕5号)提出,加强市场监管信息系统建设,建立健全企业信用档案数据库,推行全过程电子监控,建立统一的市场监管综合执法信息平台,提升协同监管能力。《焦作市信息化发展"十二五"规划》(2011年)、《南京市"十二五"智慧城市发展规划》都提出,推动建立统一的市场监管综合执法信息平台。2012年6月6日,《上海市工商行政管理局、上海市浦东新区人民政府关于深化工商行政管理改革创新进一步推进浦东创新驱动、转型发展的实施意见》(沪工商办〔2012〕200号)提出建立市场监管综合执法模式。

2. 市场监管领域跨部门综合执法的发展

2013年以后,国务院规范性文件开始明确提到市场监管综合执法。2013年9月18日,国务院印发了《中国(上海)自由贸易试验区总体方案》,在深化行政管理体制改革部分,提出:"建立集中统一的市场监管综合执法体系,在质量技术监督、食品药品监管、知识产权、工商、税务等管理领域,实现高效监管,积极鼓励社会力量参与市场监督。"2014年7月8日,《国务院关于促进市场公平竞争维护市场正常秩序的若干意见》在改革监管执法体制部分,提出解决多头执法和消除多层重复执法的具体任务,主要是通过建立并完善综合行政执法制度予以实现。[2] 2015年9月30日,《国务院关于苏州工业园区开展开放创新

---

〔1〕 在该搜索结果中,时间最早的规范性文件是2003年4月26日呼和浩特市人民政府出台的《呼和浩特市人民政府办公厅关于防控非典时期加强市场供应和监督管理工作的紧急通知》(呼政办发〔2003〕35号)。该文件指出,市规范和整顿市场经济秩序指挥部要积极领导各分指挥部的工作,由工商部门牵头,抽调物价、卫生、药监、质量技术监督、粮食,城管、公安等部门人员,组成市场监管综合执法队,并在市主要农副产品市场、大型集贸市场、市场和超市设立监督岗,加大对食品、副食品、蔬菜等市场的巡查、监控力度,严厉打击不法行为,全力保护人民群众的合法权益。该文件中的"市场监管综合执法队"应指联合执法,而非本书研究的综合执法。

〔2〕 《国务院关于促进市场公平竞争维护市场正常秩序的若干意见》(国发〔2014〕20号)规定,解决多头执法的具体任务是:整合规范市场监管执法主体,推进城市管理、文化等领域跨部门、跨行业综合执法,相对集中执法权。市场监管部门直接承担执法职责,原则上不另设具有独立法人资格的执法队伍。一个部门设有多支执法队伍的,业务相近的应当整合为一支队伍;不同部门下设的职责任务相近或相似的执法队伍,逐步整合为一支队伍。消除多层重复执法的具体任务,除了明确规定中央政府、省、自治区政府和市县政府市场监管部门的职权划分,还提出加快县级政府市场监管体制改革,探索综合设置市场监管机构,经济发达、城镇化水平较高的乡镇,根据需要和条件可通过法定程序行使部分市场执法权。

综合试验总体方案的批复》原则同意江苏省人民政府和商务部请示的《苏州工业园区开展开放创新综合试验总体方案》。该方案提出加强市场监管领域跨部门、跨行业综合执法。〔1〕 2017 年 1 月 12 日，国务院发布了《"十三五"市场监管规划》，在总结"十二五"时期特别是党的十八大以来市场监管的成效与问题时，对市场监管综合执法改革进展进行了总结，并提出"十三五"全面完成市场监管综合执法体制的目标。〔2〕

3. 市场监管领域跨部门综合执法的深化

2018 年，是深化市场监管综合行政执法改革的元年。市场监管综合执法改革已经从国务院层面上升到中共中央和国务院共同决策层面，改革也逐渐进入深水区。这一年先后出台了 4 部重要的党内法规。2018 年 2 月 28 日，《中共中央关于深化党和国家机构改革的决定》提出完善市场监管和综合执法体制改革的具体要求。〔3〕 3 月 21 日，中共中央印发《深化党和国家机构改革方案》，就市场监管和执法体制改革作出顶层设计，决定组建国家市场监督管理总局，提出进一步推进市场监管综合执法、成立市场监管综合执法机构的方案。〔4〕 7 月 30 日，中办、国办发布《国家市场监督管理总局职能配置、内设机构和人员编制规

〔1〕《国务院关于苏州工业园区开展开放创新综合试验总体方案的批复》（国函〔2015〕151 号），方案提出："深化行政执法体制改革，整合规范行政执法主体，建立集中统一的市场监管综合执法体系，在质量技术监督、食品药品监管、知识产权、工商、税务等领域加强跨部门、跨行业综合执法，实现高效监管，构建政府负责、行业自律、社会监督、公众参与的综合监管体系。"

〔2〕《"十三五"市场监管规划》（2017 年）指出："市场监管体制改革取得初步成效。针对权责交叉、多头执法等问题，推进行政执法体制改革，整合执法主体，相对集中执法权，推进综合执法。各地积极探索综合执法改革，优化执法资源，形成监管合力，提高基层监管效率。"同时，该文件提出了"十三五"市场监管规划的主要目标，即"权威高效的市场监管体制机制基本建立。市场监管综合执法体制改革全面完成，市场监管格局进一步完善，形成统一规范、权责明确、公正高效、法治保障的市场监管和反垄断执法体系。信用监管、大数据监管以及多元共治等新型监管机制进一步完善。"

〔3〕《中共中央关于深化党和国家机构改革的决定》（中国共产党十九届三中全会，2018 年）提出："完善市场监管和执法体制，深化行政执法体制改革，统筹配置行政处罚职能和执法资源，相对集中行政处罚权，整合精简执法队伍，解决多头多层重复执法问题。一个部门设有多支执法队伍的，原则上整合为一支队伍。推动整合同一领域或相近领域执法队伍，实行综合设置。减少执法层级，推动执法力量下沉。"

〔4〕《深化党和国家机构改革方案》（中共中央，2018 年）提出："进一步推进市场监管综合执法，……将国家工商行政管理总局的职责，国家质量监督检验检疫总局的职责，国家食品药品监督管理总局的职责，国家发展和改革委员会的价格监督检查与反垄断执法职责，商务部的经营者集中反垄断执法以及国务院反垄断委员会办公室等职责整合，组建国家市场监督管理总局，作为国务院直属机构……组织市场监管综合执法工作，承担反垄断统一执法……"

定》。11 月 26 日,中办、国办专门就市场监管综合行政执法改革出台文件——《深化市场监管综合执法改革意见》,就深化市场监管综合行政执法改革作出了重要部署。这是市场监管领域综合行政执法改革的里程碑文件,它确定了深化市场监管综合行政执法改革的总体要求、改革任务和组织实施,提出了深化市场监管综合行政执法改革的总体目标。[1] 至此,市场监管领域综合行政执法改革进入一个崭新的阶段。

(三)文化市场跨部门综合执法

文化市场跨部门综合执法,主要是指由文化市场跨部门综合执法机构统一行使文化、文物、出版、广播电视、电影、旅游市场行政执法职责。

1. 文化市场跨部门综合行政执法改革的试点

1996 年 4 月 15 日,国务院印发的《关于贯彻实施〈中华人民共和国行政处罚法〉的通知》(国发〔1996〕13 号)提出,积极探索建立有利于提高行政执法的权威和效率的行政执法体制。1999 年 12 月 29 日,上海市出台政府规章《上海市文化领域行政执法权综合行使暂行规定》(2000 年 1 月 1 日—2005 年 1 月 1 日),该规章 2000 年 1 月 1 日实施,这是上海市文化领域综合执法试点工作的开始。2001 年 2 月 12 日,《上海市国民经济和社会发展第十个五年计划纲要》提出加强和完善文化市场综合执法。2001 年 6 月 19 日,江苏省委、省政府发布《江苏省 2001—2010 年文化大省建设规划纲要》提出建立文化市场综合执法队伍,加强对文化市场的监控和管理。2001 年 8 月 15 日,《国务院办公厅关于进一步整顿和规范文化市场秩序的通知》(国办发〔2001〕59 号)提出,各地区、各有关部门要采取切实措施,大力推进文化市场综合执法工作。之后,各地均在出台整顿和规范文化市场秩序的地方工作文件中提出,大力推进文化市场综合执法工作,如河南省、浙江省、青海省、黑龙江省、甘肃省、山东省等。2004 年 9 月,中共中央办公厅、国务院办公厅转发了中央宣传部、中央编办、财政部、文化

---

〔1〕《深化市场监管综合执法改革意见》提出,到 2020 年年底,基本建立统一、权威、高效的市场监管综合执法体制。其提出了六项改革任务:整合市场监管执法职能和执法队伍;减少执法层级,推进执法力量下沉;加强市场监管执法队伍建设;严格规范市场监管执法行为;创新市场监管执法方式;强化市场监管执法保障。

部、国家广电总局、新闻出版总署、国务院法制办关于在文化体制改革综合性试点地区建立文化市场综合执法机构的意见，决定在北京、上海、重庆、广东、浙江、深圳、沈阳、西安、丽江9个地区进行文化市场综合执法的改革试点工作，要求各文化体制改革综合性试点地区建立文化市场综合执法机构，并明确上海等已经实行文化市场综合执法的地区要按照有关精神不断加以完善。[1] 这是文化市场综合行政执法机构建设的重要文件，各地开始按照该文件建立文化市场综合执法机构。

2. 文化市场跨部门综合行政执法改革的发展

2016年，《关于进一步深化文化市场综合执法改革的意见》总结了文化市场综合执法改革的发展历程。[2] 2006年9月13日，《国家"十一五"时期文化发展规划纲要》确定了未来5年文化发展的指导思想、方针原则和目标任务，提出要加强文化市场综合执法队伍建设，加快整合现有文化、文物、广播影视、新闻出版行政执法队伍，组建统一、高效的文化市场综合执法机构。开展文化执法人员培训，建设廉洁公正、作风优良、业务精通、素质过硬的执法队伍。2010年前，基本完成以城市为主体的文化市场综合执法机构的组建。2009年9月，文化部发布《关于加强文化市场综合执法制度建设的通知》，提出了文化市场综合执法制度建设的工作目标。[3] 2009年9月26日，国务院办公厅发布《文化产业振兴规划》，其中提出，大力推动行政管理体制改革和政府职能转变，建立统一高效的文化市场综合执法机构。2011年10月18日，党的十七届六中全会通过《中共中央关于深化文化体制改革推动社会主义文化大发展大繁荣若干重大问题的决定》，在创新文化管理体制部分，提出健全文化市场综合行政执法机

〔1〕参见李武祥：《文化市场综合执法模式研究》，国防科技大学2006年硕士学位论文，第20页。

〔2〕《关于进一步深化文化市场综合执法改革的意见》（2016年）指出，2004年以来，文化市场综合执法改革由试点逐步向全国推开，各直辖市和市、县两级基本完成文化（文物）、新闻出版广电（版权）等文化市场领域有关行政执法力量的整合，组建文化市场综合执法机构，提升了执法效能，规范了市场秩序，推动了优秀文化产品的生产和传播，促进了社会效益和经济效益的有机统一。

〔3〕《关于加强文化市场综合执法制度建设的通知》（2009年）提出的文化市场综合执法制度建设的工作目标是：第一步，2010年年底之前，尽快制定实施一批迫切需要的综合执法基本制度；第二步，2013年年底之前，构建起统一规范、科学完备的综合执法制度体系，完善综合执法运行机制，做到职责清晰、管理规范、执行顺畅、监督有力，为保障国家文化安全、规范文化市场秩序、促进文化市场健康繁荣发展提供制度保证。

构,推动副省级以下城市完善综合文化行政责任主体。2011 年 12 月 19 日,文化部发布《文化市场综合行政执法管理办法》,旨在规范文化市场综合行政执法行为,加强文化市场管理,维护文化市场秩序,保护公民、法人和其他组织的合法权益,促进文化市场健康发展。2011 年 12 月 29 日,中办、国办印发《国家"十二五"时期文化改革发展规划纲要》,重申健全文化市场综合行政执法机构,推动副省级以下城市完善综合文化行政责任主体。

3. 文化市场跨部门综合行政执法改革的深化

2015 年 10 月 3 日,中共中央发布《关于繁荣发展社会主义文艺的意见》,提出依法管理文化市场,深化文化市场综合行政执法改革。2016 年 4 月,中办、国办《关于进一步深化文化市场综合执法改革的意见》明确提出了加快实现跨部门、跨行业综合执法的总体目标。[1] 该文件对文化市场跨部门综合执法改革目标作出了规定,同时,指明了实现这一目标的重点任务,明确了跨部门综合执法的事项范围。2017 年 5 月,中办、国办发布《国家"十三五"时期文化发展改革规划纲要》重申,深化文化市场综合行政执法改革,理顺执法机构与有关行政管理部门之间的关系,全面落实行政执法责任制。2018 年 3 月 21 日,中共中央印发《深化党和国家机构改革方案》,明确提出"整合组建文化市场综合执法队伍。将旅游市场执法职责和队伍整合划入文化市场综合执法队伍,统一行使文化、文物、出版、广播电视、电影、旅游市场行政执法职责"。至此,文化市场跨部门综合执法改革进入新的历史阶段。

除了上述跨部门综合执法,生态环境、交通运输、应急管理、农业等领域的跨部门综合执法改革工作也开展得如火如荼。如 2018 年 11 月 26 日,中办、国办发布《关于深化交通运输综合行政执法改革的指导意见》(中办发〔2018〕63 号,以下简称《交通运输综合执法改革意见》),就深入推进交通运输领域综合行政执法改革作出部署。《生态环境综合执法改革意见》就深化生

〔1〕《中共中央办公厅、国务院办公厅关于进一步深化文化市场综合执法改革的意见》(2016 年)提出了进一步深化文化市场综合执法改革的总体目标:通过深化改革,建设文化市场综合执法法律法规支撑体系;形成权责明确、监督有效、保障有力的文化市场综合执法管理体制;建设一支政治坚定、行为规范、业务精通、作风过硬的文化市场综合执法队伍;进一步整合文化市场执法权,加快实现跨部门、跨行业综合执法。

态环境保护领域综合行政执法改革、整合组建生态环境保护综合执法队伍作出部署。

三、跨部门综合执法权的纵向延伸

（一）跨部门综合执法权面向的改变：基层综合行政执法

基层综合行政执法是跨部门综合执法权发展的崭新阶段，是跨部门综合执法权纵向延伸的结果。2019 年 1 月 31 日，《中共中央办公厅、国务院办公厅关于推进基层整合审批服务执法力量的实施意见》（2019 年）提出行政执法力量下沉到基层，由乡镇人民政府和街道办事处作为行政执法主体的实施意见。[1]这是综合执法由单纯的横向综合模式转向纵向综合执法模式的标志，也是跨部门综合执法权发展的全面深化阶段。

跨部门综合执法权最初面向的是同一政府不同职能部门或不同行政执法机关之间行政执法权的横向移转。跨部门综合执法制度的设计初衷是通过重构行政执法机关之间的权限，实现行政执法权横向上的科学配置。该制度的最早法律依据是 1996 年出台的《行政处罚法》第 16 条。该条规定的相对集中行政处罚权无论是从立法目的还是从制度内涵上，都可以推导出相对集中行政处罚权是解决行政执法机关横向的执法权移转，而非纵向的执法权下移问题。首先，从立法目的来看，相对集中行政处罚权制度的设立目的，是为了“解决多头执法、职责交叉、重复处罚、执法扰民和行政执法机构膨胀等问题”[2]。这些问题是行政执法机关之间横向上职责权限配置存在的问题。其次，从制度内涵来看，解决上述问题的思路是，“一个行政机关行使有关行政机关的行政处罚权”。从《行政处罚法》第 16 条所处的位置来看，该条处于第三章“行政处罚的实施机关”之下，按照体系解释方法，第 16 条中“一个行政机关”与“有关行政机关”均

---

〔1〕《关于推进基层整合审批服务执法力量的实施意见》（2019 年）。该意见指出，推进行政执法权限和力量向基层延伸和下沉，强化乡镇和街道的统一指挥和统筹协调职责。整合现有站所、分局执法力量和资源，组建统一的综合行政执法机构，按照有关法律规定相对集中行使行政处罚权，以乡镇和街道名义开展执法工作，并接受有关县级主管部门的业务指导和监督，逐步实现基层一支队伍管执法。

〔2〕《相对集中处罚权推进决定》（国发〔2002〕17 号）。

应指行政处罚的实施机关。而根据该法第20条关于行政处罚管辖的规定，行政处罚的实施机关必须是县级以上地方人民政府具有行政处罚权的行政机关。由此可以推导出，第16条规定的“一个行政机关”与“有关行政机关”均指县级以上地方人民政府具有行政处罚权的行政机关，不包括乡镇和街道。[1] 这一点也可以从2018年之前国家有关综合行政执法的法律、法规和政策文件中得到反映。在2018年之前，法律、法规或国家有关政策文件在提到相对集中行政处罚权或综合行政执法时，均未包含将不同部门的行政执法权下移交给乡镇、街道统一行使的表述或相关使用方法。如中央关于全面推进依法治国的纲领性文件《全面推进依法治国决定》，提到综合执法时，没有涉及执法力量下到基层的内容。[2] 即便到了2018年，中共中央办公厅和国务院办公厅先后出台关于深化市场监管、交通运输、生态环境保护领域综合行政执法的三部重要党内法规，但都是在横向层面使用相对集中行政处罚权和综合执法概念，不包含将执法权下移至乡镇、街道的内容，如《深化市场监管综合执法改革意见》[3]，是将基层综合行政执法队伍作为县级市场监管局派出机构，而非由乡镇、街道作为综合执法机关。因此，相对集中行政处罚权制度以及综合行政执法制度最初均是横向面向的，与当前进行的基层综合行政执法改革没有必然联系。

（二）基层综合行政执法改革的地方实践

《行政处罚法》于1996年10月1日实施后，地方政府就开始了基层综合行政执法的探索。1997年1月15日颁布的《上海市街道办事处条例》第10条规

---

〔1〕 相同观点，参见王敬波：《相对集中行政处罚权改革研究》，载《中国法学》2015年第4期。

〔2〕 《全面推进依法治国决定》(2014年)提到综合执法时，表述为：“推进综合执法，大幅减少市县两级政府执法队伍种类，重点在食品药品安全、工商质检、公共卫生、安全生产、文化旅游、资源环境、农林水利、交通运输、城乡建设、海洋渔业等领域内推行综合执法，有条件的领域可以推行跨部门综合执法。”

〔3〕 《深化市场监管综合执法改革意见》(中办发〔2018〕62号)在提到减少执法层级，推进执法力量下沉时，表述为：“按照构建简约高效基层管理体制的要求，整合市场监管领域在乡镇(街道)的站所力量和资源，组建统一的市场监管综合行政执法队伍，负责基础性监管工作，依法行使行政处罚权，作为县(市、区)市场监管局派出机构，以县(市、区)市场监管局领导和管理为主，建立健全纳入乡镇(街道)统一指挥协调的工作机制，其主要负责人考核任免应征求乡镇(街道)党(工)委意见。”

定,街道办事处设立的街道监察队具有行政执法主体资格,可以自己的名义对辖区内对违反市容、环境卫生、环境保护、市政设施、绿化等城市管理法律、法规规定,以及违法建筑、设摊、堆物、占路等行为,实施行政处罚。[1] 同年8月5日发布的《武汉市街道办事处条例》第8条规定,街道组建的市容监察队,有权以自己的名义实施行政处罚。2000年10月20日发布的《哈尔滨市街道办事处条例》(已失效)规定,街道办事处设立的城市管理监察队伍具有行政执法主体资格。这一阶段的基层行政执法实践是地方政府积极回应基层社会管理需求的实践探索,为后续改革积累了经验。但不可否认的是,上述实践有违《行政处罚法》的规定。根据《行政处罚法》,街道办事处作为县、区人民政府的派出机关,不符合"县级以上地方人民政府具有行政处罚权的行政机关"这一法定要求。[2] 这一阶段的改革缺乏合法性根据。2014年10月23日,《全面推进依法治国决定》明确提出,实现立法和改革决策相衔接,做到重大改革于法有据。2016年9月14日,《上海市街道办事处条例》修订时,将街道监察队执法条款予以删除。2018年修订的《武汉市街道办事处条例》也将市容监察队的行政执法条款予以删除。至此,基层行政执法改革重新回到《行政处罚法》确定的执法体制。这一时期的基层行政执法可以说是符合实际需求和改革的发展方向的,但在适用法律依据时,还应当更确实充分。

(三)基层综合行政执法改革的国家探索

2008年3月3日,《中共中央、国务院印发关于深化行政管理体制改革的意

---

〔1〕《上海市街道办事处条例》(1997年)第10条规定,街道办事处设立街道监察队。街道监察队由街道办事处领导,并接受有关行政主管部门的业务指导和监督。街道监察队在辖区内对违反市容、环境卫生、环境保护、市政设施、绿化等城市管理法律、法规规定,以及违法建筑、设摊、堆物、占路等行为,应当责令改正,并可以依法对单位处以警告、一千元以下的罚款,对个人处以警告、五十元以下的罚款;有权暂扣违法物品、违法所得,拆除违法建筑。对超越处罚权限的,街道监察队应当移送区的有关行政主管部门处理。当事人对街道监察队的处罚决定或者管理措施不服的,可以依法向区的有关行政主管部门申请行政复议或者直接向人民法院提起行政诉讼。

〔2〕《行政处罚法》第20条规定,行政处罚由违法行为发生地的县级以上地方人民政府具有行政处罚权的行政机关管辖。

见》提出，提升地方特别是基层政府提供公共服务的能力，[1]但没有明确提出基层乡镇、街道行政执法资格的问题。2009年12月31日，《中共中央、国务院关于加大统筹城乡发展力度　进一步夯实农业农村发展基础的若干意见》提出，继续推进扩权强县改革试点，推动经济发展快、人口吸纳能力强的镇行政管理体制改革，根据经济社会发展需要，下放管理权限，合理设置机构和配备人员编制。2010年，中央编办、中央农办、国家发展改革委、公安部、民政部、财政部共同发布《关于开展经济发达镇行政管理体制改革试点工作的通知》，提出继续下放经济社会管理权限。2016年12月，中办、国办印发《关于深入推进经济发达镇行政管理体制改革的指导意见》，把赋予经济发达镇行政执法主体资格并实行综合执法作为改革任务加以规定。[2]但要想实现这一任务，还必须有法律依据。因此，该文件同时提出，“加强相关立法，为经济发达镇扩大经济社会管理权限提供法律依据”。这说明虽然中央文件提出将赋予经济发达镇行政执法主体资格作为改革任务，但在相关法律尤其是《行政处罚法》修改前，镇级人民政府还不具有一般意义上的行政处罚主体资格。2017年2月，中办、国办印发的《关于加强乡镇政府服务能力建设的意见》提出，下放有关行政执法事项至乡镇政府，探索乡镇综合执法。[3]从该文件亦不能导出乡镇人民政府的行政执法主体资格。各地在推进这项改革工作时，对于乡镇政府是否具有行政执法主体资格也有不同理解和做法。如2018年6月20日，山东省委办公厅、省政府办公厅发布的《关于推广经济发达镇改革试点经验深入推进乡镇（街道）行政管理体

[1]《关于深化行政管理体制改革的意见》提出，健全基层社会管理体制；地方政府要确保中央方针政策和国家法律法规的有效实施，加强对本地区经济社会事务的统筹协调，强化执行和执法监管职责，做好面向基层和群众的服务与管理；按照财力与事权相匹配的原则，科学配置各级政府的财力，增强地方特别是基层政府提供公共服务的能力。

[2]《关于深入推进经济发达镇行政管理体制改革的指导意见》，在改革任务部分提出：“省（自治区、直辖市）政府可以将基层管理迫切需要且能够有效承接的一些县级管理权限包括行政审批、行政处罚及相关行政强制和监督检查权等赋予经济发达镇，制定目录向社会公布，明确镇政府为权力实施主体。”“整合现有的站、所、分局力量和资源，由经济发达镇统一管理并实行综合行政执法。”

[3]《关于加强乡镇政府服务能力建设的意见》提出：“按照权力下放、权责一致的原则，除法律法规规定必须由县级以上政府及其职能部门行使的行政强制和行政处罚措施，以及行政许可事项外，对直接面向人民群众、量大面广、由乡镇服务管理更方便有效的各类事项依法下放乡镇政府，重点扩大乡镇政府在农业发展、农村经营管理、安全生产、规划建设管理、环境保护、公共安全、防灾减灾、扶贫济困等方面的服务管理权限。”“推进乡镇行政执法改革。推动行政执法重心下移，探索乡镇综合执法有效形式，开展综合执法工作。”

制改革的实施意见》就将乡镇街道的综合执法界定为联合执法，这说明山东的该项改革注意到了《行政处罚法》关于行政处罚执法体制的规定，在法律没有改变的情况下，其无权直接规定乡镇街道执法机构的行政执法主体资格。但有的地方在推进这项改革时，明确指出了镇级综合执法机构具有行政执法主体资格。如四川省人民政府办公厅印发的《关于深入推进经济发达镇行政管理体制改革的实施意见》[1]，吉林省委办公厅、省政府办公厅印发的《关于深入推进经济发达镇行政管理体制改革的实施意见》[2]。亦有地方在规范性文件中对乡镇执法机构是否具有行政执法主体资格并不明确表态，而仅重复中央文件的相关规定，如 2018 年 10 月 19 日，甘肃省委办公厅、省政府办公厅发布的《关于深入推进经济发达镇行政管理体制改革试点的实施意见》。这一阶段的基层行政执法改革工作的探索主要是强调行政执法重心下移，强化基层乡镇政府的职责，赋予其对设在乡镇的行政执法队伍的站、所、分局力量和资源进行整合、管理。由于《行政处罚法》及单行法律规定的行政执法体制没有修改，这一时期地方开展的乡镇街道行政执法改革尚有诸多模糊之处，如乡镇街道执法机构是否具有行政执法主体资格，各地做法明显不同。从重大改革于法有据的要求来看，这一时期乡镇执法机构的行政执法主体和责任主体仍然应当是原有的县级以上人民政府具有行政执法权的行政主体，而非乡镇基层人民政府或其执法机构。但这样不可避免出现乡镇政府对执法队伍的管理权力与执法责任错位现象，严重影响乡镇政府对执法队伍管理的有效性，无法改变基层职责与权限脱节导致的"看得见的管不着，管得着的看不见"现象，基层执法改革需要继续探索。这一时期的基层行政执法改革可以说是依法进行探索，看到了改革的发展方向，但囿于法律规定，无法进行符合实际需求和具有实际效果的改革。不可

---

〔1〕 2018 年 8 月 1 日，四川省人民政府办公厅发布的《关于深入推进经济发达镇行政管理体制改革的实施意见》（川办发〔2018〕56 号）指出："整合现有站、所、分局力量和资源，综合设置行政执法机构，代表镇政府统一履行上级政府赋予的除限制人身自由外的行政处罚权，以及与行政处罚权相关的行政强制措施权和监督检查权。"

〔2〕 2018 年 9 月 18 日，吉林省委办公厅、省政府办公厅发布的《关于深入推进经济发达镇行政管理体制改革的实施意见》，明确规定，按照依法行政和重心下移的要求，整合现有的站、所（分局）力量和资源，组建经济发达镇综合行政执法机构，实现一支队伍管执法。执法单位可以镇政府名义具体实施赋予的行政处罚权以及与行政处罚权相关的行政强制措施权和监督检查权，做到执法有据，努力实现只要"看得见"，就能"管得着"。

否认的是,这一时期中央的重视和一系列国家文件的颁布,为基层综合行政执法改革的深化奠定了坚实的基础。

(四)基层综合行政执法改革的法治化发展

如果说前期基层综合行政执法改革中,基层综合执法机构的主体地位没有中央文件或国家法律明确规定的话,那么,2019 年 1 月中办、国办印发《关于推进基层整合审批服务执法力量的实施意见》和 2021 年 1 月修订的《行政处罚法》则分别是明确基层综合执法机构具有行政执法主体资格的中央文件和国家法律。《关于推进基层整合审批服务执法力量的实施意见》第一次以中央文件的形式规定了乡镇、街道的行政执法主体资格。[1] 这个文件澄清了基层综合行政执法改革中有关执法主体资格的模糊规定,统一了不同认识,为深化基层综合执法改革提供了政策依据。但仅有上述意见仍不能为基层综合行政执法机构的主体地位赋予合法性[2],法律修改势在必行。作为行政处罚的基本法,《行政处罚法》于 2021 年 1 月修订时,专门就乡镇、街道执法主体资格和执法权限作出了规定。[3] 这一修改彻底解决了基层综合行政执法改革的核心问题,扫清了关键障碍,使基层综合行政执法改革在经历多年探索后,真正步入法治化轨道。

---

〔1〕《关于推进基层整合审批服务执法力量的实施意见》规定,整合现有站所、分局执法力量和资源,组建统一的综合行政执法机构,按照有关法律规定相对集中行使行政处罚权,以乡镇和街道名义开展执法工作,并接受有关县级主管部门的业务指导和监督,逐步实现基层一支队伍管执法。

〔2〕有观点认为,《关于推进基层整合审批服务执法力量的实施意见》可以认为是国务院的授权,国务院授权乡镇人民政府和街道办事处可以行使区县人民政府相关职能部门的行政处罚权。(参见金国坤:《基层行政执法体制改革与〈行政处罚法〉的修改》,载《行政法学研究》2020 年第 2 期,第 66 页)这种观点值得商榷。因为从《行政处罚法》关于相对集中行政处罚权的规定来看,国务院等决定主体行使的决定权应是一种具体的权力,即针对特定的申请主体就拟集中的具体行政处罚权作出的决定。该决定仅对申请主体和拟被集中的特定处罚权有效。而《关于推进基层整合审批服务执法力量的实施意见》是一种规范性文件,并非针对特定主体和特定权力。国务院单独或参与制定的规范性文件,即使有对基层授权的表述,也不符合《行政处罚法》关于相对集中行政处罚权的具体授权立法旨意。因此,《关于推进基层整合审批服务执法力量的实施意见》不能产生国务院同意一个行政机关行使有关行政机关行政处罚权的效力。

〔3〕《行政处罚法》第 24 条规定,省、自治区、直辖市根据当地实际情况,可以决定将基层管理迫切需要的县级人民政府部门的行政处罚权交由能够有效承接的乡镇人民政府、街道办事处行使。

第三节　跨部门综合执法权发展中的问题

自1996年《行政处罚法》规定相对集中行政处罚权制度以来,综合执法改革始终处于不断探索过程中。从各地已经开展的改革中,可以发现跨部门综合执法权在发展中面临着诸多问题。

一、跨部门综合执法权配置原则不明

跨部门综合执法权配置原则缺少明确、统一的规定。现有规范性文件对跨部门综合执法权配置原则规定前后不一,理论研究亦见仁见智。“随着改革的深入,传统的条块分割的行业管理与跨部门综合执法之间的矛盾越发突出,横向上行政处罚权跨部门集中的原则不清导致城管机关权限无序扩张,居于权力链条末端的处罚权与居于前端的许可权严重脱节。”[1]

2002年,《相对集中处罚权推进决定》提出,要按照权力和利益彻底脱钩、权力和责任密切挂钩的原则,调整市、区政府有关执法部门的职责权限。这是最初提出的相对集中处罚权原则。但从行政执法权综合行使角度来看,这个原则并非综合执法所特有的原则,分散的执法体制也应遵守权力和利益脱钩、权力和责任挂钩原则。2014年,《全面推进依法治国决定》提出,深化行政执法体制改革。根据不同层级政府的事权和职能,按照减少层次、整合队伍、提高效率的原则,合理配置执法力量。此处提出的行政执法权综合的原则是“减少层次、整合队伍、提高效率”。学者对综合行政执法权配置原则也有不同认识。如有学者将《行政处罚法》(1996年)第16条视为行政处罚权调整配置的原则。[2]有学者认为,城管跨部门集中行政处罚权的原则主要有如下几点:特定的专属管辖不宜集中、围绕核心事务整合职能、集中的事项之间应具有关联性、职能的专业性与综合执法的关系、精简和效能原则、“一事不再罚”原则与相对集中行

〔1〕 王敬波:《相对集中行政处罚权改革研究》,载《中国法学》2015年第4期。
〔2〕 参见青锋:《行政处罚权的相对集中:现实的范围及追问》,载《行政法学研究》2009年第2期。

政处罚权、城管职能范围与其法律地位相适应。[1] 在行政执法体制改革深入推进的当下,有必要明确跨部门综合执法权配置原则。

二、跨部门综合执法权配置标准模糊

跨部门综合执法权配置条件、标准与模式均存在问题。关于跨部门综合执法权配置条件和配置模式的问题,将在下文论述。此处仅探讨跨部门综合执法权配置标准的问题。

跨部门综合执法权配置标准是影响跨部门综合行政执法权范围和该制度健康发展的重要因素。《行政处罚法》第 16 条规定,被相对集中行使的行政处罚权是"有关行政机关的行政处罚权"。此处的"有关"就是法律规定的综合的标准。但该标准过于模糊,无法起到确定综合执法范围的作用,极易造成"实践混乱"和"新的权力交叉"。[2]

跨部门综合执法权配置标准模糊,直接导致实践中各地集中行使的处罚权范围大小不一。《相对集中处罚权试点通知》对城市管理领域可以集中行使的行政处罚权事项采取了列举规定的方式。[3] 但由于没有对何谓"相关"作出权威的、可操作性的定性描述,各地在城管领域行政执法改革实践中,除了坚持上述通知列举的集中行使行政处罚权事项,还扩大了集中行使的行政处罚权事项范围。如《青岛市城市管理相对集中行政处罚权条例》(2020 年)规定集中行使的处罚权范围,除上述通知列举的范围外,还包括城市供热、供(节)水、燃气管理、物业管理等方面的行政处罚权,《宁波市城市管理相对集中行政处罚权实施办法》(2013 年修改)除上述通知列举的范围外,还增加了河道管理、建设工程质量和建设工程安全生产管理、工程建设管理、停车场管理等方面的行政处罚

[1] 参见王敬波:《相对集中行政处罚权改革研究》,载《中国法学》2015 年第 4 期。

[2] 彭志芳:《关于相对集中行政处罚权有关问题的思考》,载《河北法学》2005 年第 1 期。

[3] 《关于继续做好相对集中行政处罚权试点工作的通知》(国办发〔2000〕63 号)规定,在城市管理领域可以集中行使的行政处罚权,主要包括:(1)市容环境卫生管理、规划管理、城市绿化管理、市政管理、环境保护管理等方面法律、法规、规章规定的全部或者部分行政处罚权;(2)工商行政管理方面法律、法规、规章规定的对无照商贩的行政处罚权;(3)公安交通管理方面法律、法规、规章规定的对侵占道路行为的行政处罚权。集中行使行政处罚权的行政机关还可以履行法律、法规、规章或者省、自治区、直辖市和城市人民政府规定的其他职责。但是,国务院部门垂直领导的行政机关行使的行政处罚权以及限制人身自由的行政处罚权不得由集中行使行政处罚权的行政机关行使。

权。“如果不对整合职能的范围进行限制，难以避免职能无序扩张的状况，甚至可能造成职能的泛化，以至于成为‘二政府’。”〔1〕因此，需要对综合执法改革中执法权配置标准进行明确。有学者提出，“在集中处罚权的过程中，不能脱离核心职能，必须在核心职能的基础上，根据职能间关联度高低依次整合相关职能”〔2〕。笔者认为，这一建议具有合理性。横向综合执法时，考虑到执法能力和执法效能，应当对集中行使的行政职能的“相关性”作出限定，至于如何科学、合理地限定需要深入研究。另外，在基层综合行政执法的场合，按照《行政处罚法》（2021 年）第 24 条的规定，基层集中行使的行政处罚权之间的关系，似乎已经逸出了该法第 18 条规定的“有关”的范围，值得继续研究。

三、跨部门综合执法权运行机制不健全

跨部门综合执法权改革已经进行了多年的探索，但相关运行机制并不健全。

（一）跨部门综合执法权依法行使的保障机制不健全

在跨部门综合执法权运行机制方面，综合执法主体在行使综合执法权过程中如何保障综合执法权行使的合法性、合理性，需要认真加以研究。尤其是乡镇、街道基层综合行政执法改革后，建立怎么样的权力运行机制才能确保基层综合执法权行使的合法性、合理性是迫切需要回答的课题。

（二）跨部门综合执法主体与原行政事务主管部门之间的权限争议解决机制缺失

在跨部门综合执法中，综合执法主体与被集中的处罚权原行政主管部门之间的权力界限存在模糊、交叉或衔接不畅的问题。

〔1〕 王敬波：《相对集中行政处罚权改革研究》，载《中国法学》2015 年第 4 期。
〔2〕 王敬波：《相对集中行政处罚权改革研究》，载《中国法学》2015 年第 4 期。

1. 以负担行政行为为主要内容的行政执法权被综合后，综合执法主体与行政执法权原行政主管部门之间的执法权限有时模糊不清

以违章建筑的行政执法为例，《城乡规划法》第 64 条规定，规划主管部门对于违反规划建设的行为，可以采取责令停止建设、限期改正、罚款、限期拆除、没收等执法手段。[1]《西安市城市管理综合行政执法条例》(2021 年)第 8 条规定，城管综合行政执法部门的执法权力内容为行政处罚权及与之有关的行政强制；该条例第 10 条规定，城管执法部门具有下列执法职责：(二)依据城乡规划和建筑市场管理方面法律、法规、规章的规定，查处未经批准擅自修建临街建筑物、构筑物等行为及建筑施工中影响市容环境的行为，配合资源规划主管部门拆除违法建筑。那么，西安市城管执法部门在查处未经批准擅自修建临街建筑物、构筑物等行为时，其执法权限具体包括哪些内容，就会出现模糊不清的情况。罚款、没收是行政处罚，属于城管综合行政执法部门的执法权限，但责令停止建设、限期改正、限期拆除是否属于城管综合行政执法部门的执法权限，并不清晰。从行为的性质来看，责令停止建设、限期改正属于行政命令，[2]不属于第 8 条所列的综合执法权力范围。限期拆除的性质一直存在争议。《土地管理法》(2019 年)第 83 条将“责令限期拆除”视为行政处罚[3]，但国务院法制办公室印发的《关于“责令限期拆除”是否是行政处罚行为的答复》(2000 年)则认为，城乡规划法中的“责令限期拆除”与责令改正或限期改正违法行为的性质相同，不属于行政处罚。这样，限期拆除与责令停止建设、限期改正一样，都属于行政命令，不属于城管综合执法的权力范围。《行政处罚法》第 28 条规定，行政

---

[1]《城乡规划法》第 64 条规定，未取得建设工程规划许可证或者未按照建设工程规划许可证的规定进行建设的，由县级以上地方人民政府城乡规划主管部门责令停止建设；尚可采取改正措施消除对规划实施的影响的，限期改正，处建设工程造价百分之五以上百分之十以下的罚款；无法采取改正措施消除影响的，限期拆除，不能拆除的，没收实物或者违法收入，可以并处建设工程造价百分之十以下的罚款。

[2] 参见姜明安主编：《行政法与行政诉讼法》，北京大学出版社、高等教育出版社 2015 年版，第 259～261 页。

[3]《土地管理法》(2019 年)第 83 条规定，依照本法规定，责令限期拆除在非法占用的土地上新建的建筑物和其他设施的，建设单位或者个人必须立即停止施工，自行拆除；对继续施工的，作出处罚决定的机关有权制止。建设单位或者个人对责令限期拆除的行政处罚决定不服的，可以在接到责令限期拆除决定之日起十五日内，向人民法院起诉；期满不起诉又不自行拆除的，由作出处罚决定的机关依法申请人民法院强制执行，费用由违法者承担。

机关实施行政处罚时,应当责令当事人改正或者限期改正违法行为。西安城管综合执法部门是否有责令当事人改正或限期改正违法行为的权力,《西安市城市管理综合行政执法条例》与《行政处罚法》的规定就出现了不一致之处。另外,根据西安市的上述条例,当相对人不履行限期拆除决定,行政机关强制执行拆除决定时,西安市城管综合执法部门应配合资源规划主管部门拆除违法建筑。按照《行政强制法》第 17 条规定,实施相对集中行政处罚权的机关有权实施与行政处罚权有关的行政强制措施权,但法律并未将行政强制执行权授予集中行使行政处罚权的行政机关。因此,《西安市城市管理综合行政执法条例》授予城管综合执法部门"配合资源规划主管部门拆除违法建筑"的规定涉嫌违反上位法,其第 8 条城管综合执法部门执法权限包括与行政处罚有关的"行政强制"的规定,不当地扩大了相对集中行使行政强制权的内容,应当限缩为行政强制措施。其他地方有关综合执法的权限设置,与西安城管综合执法的情况类似,都或多或少存在综合执法主体与行政执法权原行政主管部门之间的执法权限模糊不清的现象。

2. 以行政审批为主要内容的执法权被综合后,综合执法主体与行政执法权原行政主管部门及相关部门的关系不畅,权限交叉

首先,在相对集中行政许可权领域,集中行使行政许可权的机关如何与原行政事务主管机关沟通协调及明确权限边界,值得探索。如有人总结了行政审批局实际运行中存在的突出矛盾,主要包括:改革的合法性依据不足;割裂了审批与监管的内在联系;对于骗取登记行为的处理,是属于登记机关自我纠错,还是属于监督管理内容,争议愈演愈烈;吊销营业执照职能由谁履行;行政复议管辖权模糊不清等。[1] 有人在研究江苏行政审批局改革时,指出改革存在的短板主要有:顶层设计需进一步完善,如上下级关系迫切需要理顺、相关法律法规修改滞后等;信息系统孤岛现象依然存在,包括纵向信息、横向信息不顺畅、电子文书格式与纸质文书不一致;事项的审批与监管责任需进一步加强衔接,包括审批与监管责任难以衔接等。[2] 其次,行政审批权相对集中后,行政审批局在

---

〔1〕 参见盛小伟、魏磊:《关于相对集中市场主体设立登记的调查与思考》,载《中国工商报》2018 年 12 月 6 日,第 3 版。

〔2〕 参见江海洋等:《行政审批局改革亟待破解的突出问题》,载《唯实》2019 年第 4 期,第 40 ~41 页。

办理相关企业登记审批业务时,仍沿用市场监管局的国家工商信息登记系统办理相关审批业务,致使承担法律责任的主体与责任形成原因不一致,违反权责一致原则。如行政审批局因使用市场监管局的国家工商信息登记系统导致的不予审批行为而产生的行政复议或诉讼结果只能由行政审批局承担。如李某诉徐州市泉山区行政审批局不予受理公司设立登记申请纠纷案。[1] 在被告履行公司设立登记审批职责时,使用的是市场监管局的国家工商登记系统,申请人需要在该系统填写的内容是系统提前设定的,被告并无变动的权力,并且,如果不填写某项目,系统中的审批程序就无法推进下一步。本案系统要求填写企业的联系电话;法定代表人(负责人)的固定电话、移动电话;财务负责人的固定电话、移动电话等。但本案原告以法定代表人没有移动电话为由不填写法定代表人移动电话项目,致使系统中的审批程序无法推进,被告作出不予受理通知书。

3. 以行政处罚等负担行政行为为主要执法权力的综合执法主体与被综合的行政执法事务原主管部门的权限衔接不畅

首先,综合行政执法改革,综合的主要是行政处罚权和与行政处罚权有关的行政强制措施权,而行政许可权及与行政许可有关的管理权并不在综合的范围内。"但没有管理权就会使执法权运行经常不畅。"[2] 虽然有些地方立法明确规定,行政机关实施行政许可时,该许可事项对应的行政处罚如果属于综合行政执法范围的,许可机关应及时将许可决定通报给综合行政执法部门。[3] 但除了通报许可决定外,执法权与许可权的分离,不可避免会导致与许可权有关的其他行政管理权在两个机关之间的衔接不畅问题。如对是否遵守行政许可的管理、对许可事项和权利的解释、行使暂扣或吊销许可证处罚权时与许可机关的沟通机制等问题,都是对执法机关与许可机关衔接机制的挑战。其次,关于行政监督检查权的配置问题。在实行综合行政执法的领域或部门,综合执法机关一般被授予相对集中行政处罚权,以及与集中行使的行政处罚权有关的行

---

〔1〕 参见徐州市中级人民法院(2021)苏03行终161号行政判决书。

〔2〕 杨小军:《深入推进城管执法体制改革研究》,载《行政法学研究》2016年第5期。

〔3〕 如《西安市城市管理综合行政执法条例》(2021年)第33条、《贵阳市综合行政执法办法》(2020年修改)第28条。

政监督检查权、行政强制权，如中办、国办发布的关于深化市场监管、交通运输、生态环境保护综合行政执法改革的指导意见系列党内法规中，均将综合执法的权力内容规定为统一行使行政处罚权以及与行政处罚相关的行政检查、行政强制权。[1] 执法权限综合后，原行政机关或其他行政机关能否行使被综合的执法权，相关立法或党内法规一般规定集中行使的行政处罚权、行政强制权由综合执法主体行使后，其他主体不能行使该项权力，但对与行政处罚权有关的行政检查权是否能由其他主体与综合执法主体共同享有和行使，则没有明确规定。如《浙江省城市管理相对集中行政处罚权条例》仅规定行政处罚权集中行使后，原主管部门不得继续行使，但未涉及行政检查权行使问题。[2] 《生态环境综合执法改革意见》明确规定综合执法的权力包括行政处罚权及与之相关的行政检查权和行政强制权，但在规定上述权力综合行使后，其他部门是否还可以行使这些权力时，则只规定了相关部门不再行使行政处罚权和行政强制权，没有涉及行政检查权。[3] 从该指导意见似乎可以推导出，施行综合执法后，行政检查权仍可以由综合执法主体以外的其他主体享有和行使。亦有学者认为："获得行政处罚权的机构，应获得监督检查权，但这不意味着行业主管部门就失去监督检查权。"[4]很多地方政府和城管执法机构"既让审批权机关监督检查，也让城管执法机构监督检查"[5]。这种情况的结果是，综合执法在解决多头执法、职权交叉重复和执法扰民等积弊的同时[6]，又产生了新的多头执法、职权交叉重复和执法扰民问题。[7]

---

〔1〕 2018年，中办、国办发布了《深化市场监管综合执法改革意见》、《交通运输综合执法改革意见》和《生态环境综合执法改革意见》。

〔2〕 《浙江省城市管理相对集中行政处罚权条例》第9条规定，由执法部门集中行使的行政处罚权，原行政管理部门不得再行使；继续行使的，其作出的行政处罚决定无效。

〔3〕 《生态环境综合执法改革意见》规定，整合后，生态环境保护综合执法队伍以本级生态环境部门的名义，依法统一行使污染防治、生态保护、核与辐射安全的行政处罚权以及与行政处罚相关的行政检查、行政强制权等执法职能。除法律法规另有规定外，相关部门不再行使上述行政处罚权和行政强制权。

〔4〕 刘国乾：《效能导向的综合执法改革原理与操作》，载《法学家》2020年第6期。

〔5〕 杨小军：《深入推进城管执法体制改革研究》，载《行政法学研究》2016年第5期。

〔6〕 《相对集中处罚权试点通知》（国办发〔2000〕63号）指出，实行相对集中行政处罚权制度，对于解决行政管理中长期存在的多头执法、职权交叉重复和行政执法机构膨胀等问题，提高行政执法水平和效率，降低行政执法成本，建立"精简、统一、效能"的行政管理体制，都有重要意义。

〔7〕 参见彭志芳：《关于相对集中行政处罚权有关问题的思考》，载《河北法学》2005年第1期。

基于上述权限模糊、交叉或衔接不畅问题，应该建立权限争议解决机制。但目前主要采取一事一议的个案协调处理方式解决，并未建立制度化的权限争议解决机制。

（三）跨部门综合执法主体与原行政事务主管部门之间的沟通与协调机制不畅

除权限争议解决机制外，跨部门综合执法主体与原行政事务的上级和同级行政主管部门之间的对接与沟通协调机制尚未有效建立。我国的行政执法体制纵向上仍然属于行业主管部门领导或指导下的“条条”管理模式。这可以从单行法规定的主管机关表述中得到佐证。如《城乡规划法》关于县级以上各级人民政府城乡规划主管部门对城乡规划管理工作的职责规定。[1] 在实行综合行政执法的情况下，综合执法主体与被综合的行政处罚所涉事项的上级及同级行政主管机关均会发生业务联系。如何处理综合执法主体与这些机关的关系值得研究。上级行政主管部门将相关任务向下级布置时，可能并未区分执法权与许可权或管理权，这时需要对上级下达的任务进行重新梳理与分配，然后，根据任务的性质分配给相应权限的机关，包括综合执法主体和该事项的同级行政主管部门。这样的上下级对接机制尚未建立。

（四）跨部门综合执法权有效行使的配套保障机制不完善

在综合执法权运行保障方面，虽然跨部门综合执法权运行的保障机制并非运行机制本身，但亦值得研究。跨部门综合执法权与行政决策权、监督权的相互制约与协调机制有待确立，跨部门综合执法人员的准入机制、培训机制和考核机制并不完善，跨部门综合执法绩效评估机制缺失，综合执法公共财政保障机制有待加强。限于本课题研究主旨，跨部门综合执法权运行保障机制不在本书研究范围。

---

〔1〕《城乡规划法》第11条规定，国务院城乡规划主管部门负责全国的城乡规划管理工作，县级以上地方人民政府城乡规划主管部门负责本行政区域内的城乡规划管理工作。

本章小结

本章着重探讨了跨部门综合执法权的概念,梳理了跨部门综合执法权的产生历程与发展状况,分析了跨部门综合执法权的创新发展。

厘清跨部门综合执法权的概念十分必要。自从1996年《行政处罚法》规定相对集中行政处罚权以来,综合行政执法的概念就被不断提及。直到2021年修订的《行政处罚法》明确使用"综合行政执法"概念,综合行政执法作为一项重要的改革制度才登堂入室,进入"法眼"。在之前政策文件、单行立法或地方性立法中虽也时有使用"综合行政执法"概念,但这些都无法与开创了综合行政执法制度的《行政处罚法》相提并论。跨部门综合执法也多次出现在中央文件中,但对其含义没有明确的界定。因此,作为本课题研究的开篇,首先探讨行政执法、综合行政执法、跨部门综合行政执法以及跨部门综合行政执法权等的概念,对于明确讨论对象,界定研究范围,具有重要意义。

对于跨部门综合执法的产生历程和发展状况的探讨,则是从发展史的角度研究跨部门综合执法权的前世今生,以便为制度创新提供借鉴。而跨部门综合执法权的发展创新则反映了跨部门综合执法改革的最新进展与开拓创新。

跨部门综合执法改革中执法权配置以及运行机制存在的问题,构成了本课题研究的重要论域和研究旨趣。

第三章　跨部门综合执法权配置的基本原则

自相对集中行政处罚权制度实施以来，行政执法权综合配置应遵循的原则，即行政处罚权及与行政处罚权有关的行政检查权、行政强制措施权集中行使应遵循的原则，一直是困扰学界与实务界的重要问题。在跨部门综合执法背景下，这一问题显得尤为突出。从行政执法体制改革实践来看，行政执法权的跨部门综合配置应遵循的基本原则，主要包括依法配置原则、整体性原则、效能原则、便民原则等。

第一节　依法配置原则

一、依法配置原则的含义与必要性

所谓依法配置，是指行政执法权相对集中行使必须依法进行，即一个行政机关行使有关行政机关的行政执法权必须由有权机关依照法律规定的条件、程序作出决定。它解决的是跨部门综合行政执法改革的法律依据问题。

跨部门综合执法权依法配置的必要性。行政执法权由哪个部门行使，属于行政组织法的调整对象。所谓行政组织法，有广义和狭义之分。广义的行政组织法，是指“所有有关行政手段的法”，包括“以行政主体的组织的存在方式为考察对象的是行政组织法（狭义的），以人的手段为考察对象的是公务员法，以物的手段为考察对象的是公物法"[1]。狭义的行政组织法,仅指行政机关组织法,通常包括如下内容:国家行政机关的性质和法律地位,国家行政机关的组成及结构,国家行政机关的职权,国家行政机关设立、变更、撤销的程序,国家行政机关的基本活动原则和制度。[2] 跨部门综合执法涉及一个行政机关行使有关行政机关的行政执法权,这种行政机关职责权限的变动属于行政机关组织法的调整对象。"国家对行政的组织,或说行政组织权的行使、行政组织的形成,必须受到法律的约束,这是依法组织原则的核心所在。"[3]"公共行政组织受制于法治原则首先是人民主权的要求和体现。""公共行政组织必须由人民代表机关制定的法律予以授权和限制,其活动必须以促进与保障人权为其宗旨,政府必须对公众负责。"[4]我国各级人民政府的职权由《宪法》《国务院组织法》《地方组织法》等规定。各级人民政府职权范围内的某项具体行政工作由哪个行政机关负责,主要通过单行法律中的组织规范予以规定。如《宪法》第 89 条第 6 项和第 107 条第 1 款分别规定了国务院和县级以上地方各级人民政府具有领导、管理城乡建设的职权,但具体由各级人民政府的哪一个组成部门负责城乡规划管理工作,则由《城乡规划法》第 11 条规定。[5] 该条即为组织规范。[6] 在组织规范规定的基础上,单行法律授权行政主管部门具体的行政执法权力,如行政处罚权、行政强制措施权等,此即根据规范。行政执法权的综合行使是将一个行政机关的执法权划转给其他行政机关行使,主要涉及行政机关职权变动,本质上属于组织规范的内容调整。因此,行政执法权的综合行使,包括跨部门综合执法改革,属于行政组织法范畴,应当依法进行。

---

〔1〕 [日]盐野宏:《行政组织法》,杨建顺译,北京大学出版社 2008 年版,第 2 页。

〔2〕 参见姜明安:《行政法》,北京大学出版社 2017 年版,第 139~141 页。

〔3〕 应松年、薛刚凌:《行政组织法研究》,法律出版社 2002 年版,第 62 页。

〔4〕 姜明安、沈岿:《法治原则与公共行政组织》,载《行政法学研究》1998 年第 4 期。

〔5〕 《城乡规划法》第 11 条规定,国务院城乡规划主管部门负责全国的城乡规划管理工作。县级以上地方人民政府城乡规划主管部门负责本行政区域内的城乡规划管理工作。

〔6〕 组织规范,使某自然人的行为的效果归属于行政主体的规范;规制规范,以某行政机关进行某行政活动为前提,为了确保其公正而设置的规范;根据规范,是指为进行某种行政活动而存在组织规范,进而,在此基础上,在进行该行为时成为特别根据的规范。参见[日]盐野宏:《行政法》,杨建顺译,法律出版社 1999 年版,第 52~53 页。

二、依法配置的"法"的范围

跨部门综合执法权依据何种法配置?这与拟综合的行政执法事务的重要性有关。"行政组织设置中的重要问题属于法律保留事项。"[1]对法律保留事项的调整只能通过法律进行。假如某一行政事务已经由法律调整,对该事务的局部调整原则上仍需要通过法律进行,如通过修改法律或由相同位阶的其他法律加以调整。我国行政执法体制主要由各领域单行法律加以规定,如《环境保护法》第10条规定了国务院、地方各级人民政府环境保护行政主管部门对全国、本行政区域内的环境保护工作实施统一监督管理。对各单行法律规定的行政执法权行使主体的改变,需要通过修改法律或制定相同位阶的法律加以改变。通过修改法律调整行政执法模式的立法例,如《农业法》第87条。[2] 但这种调整也是在1996年《行政处罚法》规定相对集中行政处罚权之后所作的修改,难以将农业综合行政执法的推行完全归因于《农业法》。而对我国单行法律规定的行政执法权行使主体的改变,主要以《行政处罚法》规定的相对集中行政处罚权为依据。这是在原则上保持原有行政执法体制不变的基础上,对涉及某一行政事务的具体执法权力进行调整划转,由其他相关行政机关行使,从而实现综合行政执法目的。因此,行政执法权的跨部门综合行使依据主要是《行政处罚法》规定的相对集中行政处罚权。除此以外,单行法律、行政法规也可以成为跨部门综合执法的依据。[3]

根据立法的效力位阶关系,下位法不能改变上位法关于行政执法权行使主体的规定。我国行政执法权行使主体主要是由单行法律或行政处罚的基本法律——《行政处罚法》加以规定的,行政法规、地方性法规或行政规范性文件不能改变法律的规定。但各地在推行行政执法体制改革的过程中,不时出现违反法律规定的改革举措。例如,1997年1月15日颁布的《上海市街道办事处条

[1] 应松年、薛刚凌:《行政组织法研究》,法律出版社2002年版,第65页。

[2] 《农业法》第87条第3款规定,县级以上地方人民政府农业行政主管部门应当在其职责范围内健全行政执法队伍,实行综合执法,提高执法效率和水平。这是对1993年《农业法》规定的单一行政执法体制的改变。

[3] 《行政处罚法》第23条规定,行政处罚由县级以上地方人民政府具有行政处罚权的行政机关管辖。法律、行政法规另有规定的,从其规定。

例》第10条规定,街道办事处设立的街道监察队具有行政执法主体资格,可以自己的名义对辖区内违反城市管理法律、法规规定,以及违法建筑、设摊、堆物、占路等行为实施行政处罚。2000年10月20日发布的《哈尔滨市街道办事处条例》规定,街道办事处设立的城市管理监察队伍具有行政执法主体资格。这两部地方性法规授予街道办事处设立的监察队行政执法主体的资格,违反了单行法律或《行政处罚法》关于行政执法主体层级的规定,不具有合法性。2016年《上海市街道办事处条例》修订时,将街道监察队执法条款予以删除。《哈尔滨市街道办事处条例》也于2010年10月15日废止。

党内法规或党的其他政策文件能否作为跨部门综合行政执法权配置依据?我国的行政管理体制改革主要采取自上而下、由上级推动模式。有关行政执法体制改革的重大事项都是中共中央作出决定,由中共中央办公厅和国务院办公厅负责落实。2014年,《全面推进依法治国决定》明确提出,推进综合执法,有条件的领域可以推行跨部门综合执法。之后,多个中央文件都重申了推行跨部门综合执法的要求。如《法治政府建设实施纲要(2015—2020年)》(中发〔2015〕36号)、《深化市场监管综合执法改革意见》、《关于坚持和完善中国特色社会主义制度 推进国家治理体系和治理能力现代化若干重大问题的决定》(2019年)、《法治中国建设规划(2020—2025年)》(2021年)等。这些中央文件,多数属于党内法规,是指导国家改革和建设的重要文件。但党内法规与国家法律不同,其发挥作用的场域不同于国家法律。党内法规属于"软法",其对于依法治国的作用主要表现在以下三个方面:一是规范执政党党组织和党员的行为;二是规范执政党行使相关公权力,为执政党的执政行为——党管干部、党管军队、党管意识形态等直接提供"法"的依据;三是为实现执政党领导国家的地位和作用,直接或以党政联合发文的形式就国家经济、政治、社会、文化、生态环境等事务作出规定,推动国家相应事业的改革、创新和发展。[1] 即使在执政党领导国家的领域,执政党的党内法规也不直接调控具体社会关系,而是由立法机关将执政党的政策落实为法律,再通过法律进行调整,以实现依法治国的目标和要求。《全面推进依法治国决定》对于党内法规的作用有明确的表述:

---

〔1〕 参见姜明安:《论党内法规在依法治国中的作用》,载《中共中央党校学报》2017年第4期。

“党内法规既是管党治党的重要依据,也是建设社会主义法治国家的有力保障。”“依法执政,既要求党依据宪法法律治国理政,也要求党依据党内法规管党治党。”这是对党内法规性质和作用领域的定位。因此,党内法规或执政党的其他政策文件不能成为跨部门综合执法权配置的直接依据。依法行政原则要求执法的依据必须是具有法律效力的国家法,是“硬法”而非“软法”。

三、依法配置原则的具体要求

依法配置原则有实体和程序两个方面的要求。

(一)依法配置原则实体方面的要求

1. 行政执法权综合的决定主体由法律规定

行政执法活动必须依法进行,执法主体由法律规定。我国单行法律和行政处罚、行政强制的基本法对行政执法主体已经明确规定。从《行政处罚法》第23条规定来看,行政处罚的执法主体已经由行政处罚的基本法律加以明确,法律、行政法规可以规定例外。《行政强制法》对行政强制措施的执行主体也作了统一规定。各领域单行法律对行政执法主体作出具体规定。要想改变单行法律或行政处罚、行政强制的基本法规定的行政执法主体,必须依法改变。《行政处罚法》(第18条第2款)、《行政强制法》(第17条第2款)分别作了行政处罚权和行政强制措施权集中行使的规定。从上述规定来看,以行政处罚权为主要内容的行政执法权集中行使的决定机关是国务院或省级人民政府。这是横向行政执法权综合行使的规定。从《行政处罚法》第24条规定来看,行政处罚权下放至基层乡镇人民政府、街道办事处行使,也可能形成基层综合行政执法(该问题将在后文专门论述)。行政处罚权下放至基层的决定主体是省、自治区、直辖市。此处的省、自治区、直辖市,从字面含义来看,包括省级党委、省级人大及其常委会和省级人民政府。作为地方权力机关,省级人大及其常委会可以通过立法或决定的形式将县级人民政府部门的行政处罚权下放至基层乡镇人民政府和街道办事处。而省级人民政府也享有行政处罚权下放基层的决定权。由于行政处罚权属于人民政府的行政事项范围,由省、自治区、直辖市人民政府享有行政处罚权下放的决定权更为适宜,也更符合效率原则。省级人民政府既可以通过决定也可以通过规章授权的形式将行政处罚权下放至基层。那么，省级党委是否享有行政处罚权下放基层的决定权？2018 年党和国家机构改革后，负责综合行政执法体制改革的各级机构编制管理机关，由原归各级人民政府管理，划归党委组织部门管理，[1]能否据此认为省级党委具有行政处罚权下放基层的决定权？或者，党委编制部门与政府在综合执法改革问题上是一种什么关系？笔者认为，从执政党的权力作用领域来看，执政党一般决定国家的大政方针和改革方向，在改革方向确定后，具体的改革举措和行政权的组织方式，由行政机关根据管理需要确定。因此，在综合执法改革方向确定后，具体如何配置不同部门或同一部门内不同执法事项的行政执法权，应由行政机关决定。编制部门应为此种配置决定提供支持和保障。[2] 从这个角度来说，《行政处罚法》第 24 条中关于行政处罚权下放基层的决定主体——“省、自治区、直辖市”，不包括省级党委。

2. 行政执法权综合的标准和权力范围符合法律规定

由于行政检查权、行政强制措施权的集中行使是以相对集中行使的行政处罚权为依据的，因此，行政执法权综合的标准实际就是相对集中行使行政处罚权的标准。《行政处罚法》虽然没有明确规定集中行使的行政处罚权之间的关系，但“有关”这一不确定的法律概念仍然是法律为集中行使行政处罚权设定的标准。只是由于对“有关”标准的解释缺乏统一认识，有些领域的综合执法主体承担的执法事项过多，执法事项之间的关联性不强，使综合执法改革不仅不能提高行政执法效能，反而降低执法效能，阻碍改革目的实现。另外，关于综合执法权的权力范围问题。从目前关于综合执法的法律来看，综合执法权的权力范围主要是相对集中行政处罚权和与集中行使的行政处罚权有关的行政强制措施权。从行政法理和有关行政执法改革的党内法规文件来看，与相对集中行政处罚有关的行政检查也在综合执法的权力范围内。因此，综合执法的权力范围

---

[1] 2018 年 3 月 21 日，中共中央印发《深化党和国家机构改革方案》，规定中央组织部统一管理中央机构编制委员会办公室。

[2] 中央机构编制委员会办公室（简称中央编办）的职责之一是，研究拟定行政管理体制与机构改革的总体方案，审核党中央各部门、国务院各部门和省级机构改革方案，指导、协调地方各级行政管理体制和机构改革以及机构编制管理工作。

主要包括行政处罚权及与行政处罚有关的行政检查、行政强制措施权。从《行政强制法》的规定来看,行政强制执行权不在相对集中行使的范围内。

(二)依法配置原则程序方面的要求

《行政处罚法》没有规定相对集中行政处罚权的程序。从法律规定来看,相对集中行政处罚权既可以由国务院或省级人民政府依职权直接决定,也可以由下级人民政府提出申请,由国务院或省级人民政府就申请作出决定。但实际操作中,通常由中办、国办联合发文或国务院发文就执法体制改革问题作出重要部署,然后,由下级机关向国务院或省级人民政府提出申请,再由国务院或省级人民政府作出是否准予实施相对集中行政处罚权的决定。《行政处罚法》实施后,国务院办公厅就推进相对集中行政处罚权改革工作出台了两部重要文件:《相对集中处罚权试点通知》《相对集中处罚权推进决定》。后一部文件明确体现国务院自上而下推进改革的程序:国务院出台推进改革的文件—地方政府申请改革试点—国务院批准。[1] 同时,该文件也要求建立省、自治区、直辖市人民政府决定开展相对集中行政处罚权工作的具体程序。这些程序主要包括:(1)拟开展相对集中行政处罚权的城市人民政府就本地区特定领域行政执法工作深入调研;(2)依法提出调整行政处罚权的具体方案;(3)相对集中行政处罚权工作方案必须由本级人民政府常务会议讨论决定;(4)形成会议纪要;(5)以政府名义上报所在的省、自治区人民政府审批。[2]

四、依法配置原则的争议问题

(一)依法配置与先行先试的关系

先行先试,又称先行试验,既是一种工作方法,又是我国改革开放过程中的

〔1〕《相对集中处罚权推进决定》(国发〔2002〕17号)记载:国务院对贯彻实施行政处罚法确立的相对集中行政处罚权制度十分重视,多次下发文件作出具体部署。自1997年以来,按照国务院有关文件的规定,23个省、自治区的79个城市和3个直辖市经批准开展了相对集中行政处罚权试点工作。

〔2〕如湖北省人民政府印发的《关于在宜昌市夷陵区开展相对集中行政处罚权工作的批复》(鄂政函〔2018〕80号),就是对宜昌市人民政府《转报夷陵区关于在全区开展相对集中行使行政处罚权工作的请示》的批复。

一项重要政策。作为一种具体的工作方法时，主要适用于科学技术领域。如《造林技术规程（试行）》（1982年）第54条规定，对不同类型地区的具体方法，要先行试验，并经科学技术部门认定后，再行推广。作为一种重要的方针政策时，其主要适用于社会治理领域，尤其是改革开放领域，作为激发社会主体积极性和热情，打破既有的体制机制束缚，探索改革开放经验，而提倡的一项政策。“从发生学的角度来讲，‘先行先试’是在我国改革开放的过程中，在权力运作的伸缩与权力内涵变迁中直接或者间接地产生的，是我国渐进式改革的产物。”〔1〕作为一项改革政策，1984年国家体改委印发的《关于印发〈城市经济体制改革试点工作座谈会纪要〉的通知》提出了在“试点城市先行试验”改革设想和初步方案的要求。〔2〕虽然之后“先行试验”仍不时出现在各类规范性文件中，但“先行先试”概念逐渐成为这一政策的主要概念，被广泛使用。在北大法宝法律法规数据库中检索发现，自2006年国务院印发的《关于推进天津滨海新区开发开放有关问题的意见》（国发〔2006〕20号）中使用先行先试概念后，〔3〕“先行先试”概念出现在各类规范性文件中的频次逐年增多，2016年达到高峰，这一年共有175件规范性文件使用了这一概念。〔4〕

先行先试与法治的关系。有观点认为，既然是改革，就是要突破法治，敢为天下先，甚至有观点提出“良性违宪论”。〔5〕但随着改革的深入，人们对于改革与法治的关系有了新的认识。有观点认为，“先行先试”不应突破法治原则。〔6〕2014年，《全面推进依法治国决定》明确阐述了先行先试与法治的关系。“实现

---

〔1〕王广辉、胡朋：《论先行先试权评估的缘起、标准与方法》，载《河南师范大学学报（哲学社会科学版）》2013年第1期。

〔2〕国家体改委印发《关于印发〈城市经济体制改革试点工作座谈会纪要〉的通知》（体改试字〔1984〕17号，1984年5月10日）提出，搞好城市的改革试点，需要相应地扩大试点城市的权利和责任……国家提出的改革设想和初步方案，试点城市可先行试验，还应该从自身实际情况出发，大胆进行改革的探索。

〔3〕国务院印发《关于推进天津滨海新区开发开放有关问题的意见》（国发〔2006〕20号）提出，在金融企业、金融业务、金融市场和金融开放等方面的重大改革，原则上可安排在天津滨海新区先行先试。

〔4〕自2006—2020年，中央法规层面使用“先行先试”概念的规范性文件数量分别是：175件，3件，4件，2件，39件，65件，79件，79件，92件，134件，175件，137件，116件，102件，98件。

〔5〕参见郝铁川：《论良性违宪》，载《法学》1996年第4期。

〔6〕参见肖明：《“先行先试”应符合法治原则》，载《法学》2009年第10期。

立法和改革决策相衔接,做到重大改革于法有据、立法主动适应改革和经济社会发展需要。实践证明行之有效的,要及时上升为法律。实践条件还不成熟、需要先行先试的,要按照法定程序作出授权。对不适应改革要求的法律法规,要及时修改和废止。”由此可以看出,先行先试必须有授权依据,必须依法进行。

综合行政执法作为行政执法体制改革的一项重要举措,必须依法进行。在法律空白之处,如果必须先行先试的,也必须有依法定程序作出的授权依据,不能借改革容许先行先试之由而使改革陷于合法性危机。

(二)依法配置与非重大改革是否必须依法的关系

有观点认为,重大改革于法有据,只要求重大的改革才需要有法的依据,如果不是重大改革则不需要有法的依据,可以突破法的束缚,先行先试。这种观点并不正确。第一,重大改革于法有据,主要强调对经济社会发展影响重大、关乎人民群众切身利益的改革必须有法律依据。不能借口是重大改革,就可以不受法律拘束或没有法律依据。第二,重大改革于法有据,并不意味着非重大改革可以没有法律依据。根据举重以明轻的解释规则,重大改革需要于法有据,非重大改革更应当于法有据。《全面推进依法治国决定》指出了全面依法治国的必要性和重要性[1],在此背景下,所有改革都必须依法进行。这是依法治国的要求和体现。第三,我国已经具备了为改革提供法律依据的条件。2011 年 3 月,中国特色社会主义法律体系已经形成。该法律体系对我国社会生活的各领域各方面均有规范和调整,并且,形成了新的依法治国十六字方针:“科学立法、严格执法、公正司法、全民守法。”新时代的改革不仅在主要方面有了国家法律规定,在法律空白或不适应改革需要的情况下,也可以通过法律的立、改、废、释,为改革提供法律依据。因此,不能由“重大改革于法有据”推导出非重大改革可以于法无据的命题。

---

〔1〕《全面推进依法治国决定》指出:“依法治国,是坚持和发展中国特色社会主义的本质要求和重要保障,是实现国家治理体系和治理能力现代化的必然要求。全面深化改革、完善和发展中国特色社会主义制度,提高党的执政能力和执政水平,必须全面推进依法治国。”

第二节　整体性原则

一、整体性原则的含义

整体性原则，是指在进行行政执法权跨部门综合配置时，应在整体政府理念下，坚持系统思维，统筹协调各行政执法部门之间、综合执法部门与行政执法权原行政主管部门、行政执法改革与机构改革、事业单位改革等改革的关系，妥善处理行政执法权跨部门综合配置问题，确保综合执法权科学配置和有效运行。

整体性原则与整体政府理念有相通之处。整体政府是后新公共管理时期，为应对结构化分权和单一职能机构导致的碎片化政府而提出的改革理念和制度模式。按照澳大利亚管理咨询委员会（Management Advisory Committee）的定义，整体政府是指“公共服务机构为了共同目标而采取跨越组织界限的合作方式，以整体政府的姿态回应所面对的特殊问题。采取的形式可以是正式的，也可以是非正式的，主要关注政策开发、项目管理和服务供应”[1]。整体性原则也要求政府职能部门在对外提供服务或从事管理时，把政府作为一个整体来回应社会需求。

整体性原则在我国的理论与制度实践。我国公共管理学者研究整体政府的成果较为多见，但行政法学者研究整体政府或以整体政府为视角的研究成果较少。截至 2024 年 1 月 17 日，通过中国知网文献数据库检索，篇名中包含“整体政府”概念的国内研究成果中，属于行政法及地方法制领域的成果仅有 3 篇学术论文，1 篇硕士学位论文。其中 3 篇学术论文分别是：在整体政府研究的基

---

〔1〕 Management Advisory Committee, Commonwealth of Australia, In Connecting Government: Whole of Government Responses to Australia's Priority Challenges, 2004, p. 4. 转引自孙迎春：《澳大利亚整体政府改革与跨部门协同机制》，载《中国行政管理》2013 年第 11 期。

础上提出重塑行政主体理论[1]，区域执法协同机制研究[2]，基于整体政府跨部门协同治理理论，研究内部审计指导监督机制[3]。尽管数量不多，但说明行政法学者已经开始利用整体政府理论研究行政法问题。除了理论研究，我国有关改革的政策文件中也有关于整体性原则的体现。如《全面深化改革决定》规定，全面深化改革必须更加注重改革的系统性、整体性、协同性。[4]《交通运输综合执法改革意见》提出的"统筹配套协调原则"与整体性原则内涵高度一致。[5] 另外，《生态环境综合执法改革意见》提出的"统筹协调推进"原则也与整体性原则类似。[6]

二、整体性原则下行政执法事项的统筹配置

跨部门综合配置执法权时，必须统筹考虑各领域、各部门所承担行政职责的相互关系。根据《行政处罚法》规定，相对集中行使的行政处罚权所反映的行政职责之间必须具有相关性。在不同职能部门所承担的行政职责之间，如何进行综合执法，需要统筹考虑各领域、各部门行政职责之间的关联性。

跨部门行政执法权的统筹配置主要体现在如何围绕综合执法机关的职责属性进行职责的整合、归并、裁撤和优化。一般情况下，根据行政职责所属行政领域或职能部门即可进行执法权的综合。如《行政处罚法》第 18 条第 1 款所列城市管理、市场监管、生态环境、文化市场、交通运输等领域。属于上述各领域

[1] 参见王敬波：《面向整体政府的改革与行政主体理论的重塑》，载《中国社会科学》2020 年第 7 期。

[2] 参见周悦丽：《整体政府视角下的京津冀区域执法协同机制研究》，载《首都师范大学学报（社会科学版）》2017 年第 4 期。

[3] 参见刘明亮、许敏：《构建新时代内部审计指导监督机制的研究——基于整体政府跨部门协同治理理论》，载《审计月刊》2021 年第 5 期。

[4] 《全面深化改革决定》（2013 年）规定，全面深化改革的总目标是完善和发展中国特色社会主义制度，推进国家治理体系和治理能力现代化。必须更加注重改革的系统性、整体性、协同性，加快发展社会主义市场经济、民主政治、先进文化、和谐社会、生态文明，让一切劳动、知识、技术、管理、资本的活力竞相迸发，让一切创造社会财富的源泉充分涌流，让发展成果更多更公平惠及全体人民。

[5] 《交通运输综合执法改革意见》提出，加强改革政策措施的配套衔接，将深化交通运输综合行政执法改革与机构改革、"放管服"改革、事业单位改革等统筹谋划，联动推进，使各项改革配套衔接、互相促进，增强改革总体效应。

[6] 《生态环境综合执法改革意见》（2018 年）指出，坚持统筹协调推进。与相关领域机构改革同步实施，与"放管服"改革、省以下生态环境机构监测监察执法垂直管理制度改革等有机衔接，落实生态环境保护"一岗双责"，统筹安排，协调推进，提升改革整体效能。

的行政执法事项,职责紧密相关,可以名正言顺地实施综合执法。大多数情况下,可以对行政执法事项的共同属性进行判断,从而根据该共同属性确定综合执法。但有些情况下,在不同行政机关的执法事项之间如何确定由哪个机关进行综合执法值得研究。

在规范竞合情况下,行政执法权的跨部门统筹配置。以占用道路无证摆摊经营为例。无证摊贩占用道路摆摊经营行为违反市场监管[1]、公安交通[2]、市政管理[3]等领域的管理规范,市场监管、公安道路交通、城市管理行政主管部门均有权对无证摊贩占道经营行为进行查处。虽然根据《行政处罚法》规定,规范竞合时应选择罚款数额高的规范进行处罚,[4]但由于不同法律规范规定的执法机关不同,罚款幅度有别,对同一违法行为的实际处罚可能存在法律规范规定的幅度高但处罚低的现象。并且,规范竞合时,如何协调不同执法机关之间的关系也是一个值得研究的问题。因此,在不同机关分别行使执法权时,单纯以法律规范规定的罚款数额高作为选择适用标准,并不适宜。统筹配置此种情况下不同机关的行政执法权,通过综合行政执法解决该类问题是最佳选择。根据整体性原则,政府可以根据执法事项的性质特点和行政执法机关的专业特长,对规范竞合事项的执法权属进行统一安排,如《相对集中处罚权试点通知》和《相对集中处罚权推进决定》均是将无证摊贩占用道路经营行为划入相对集中行政处罚权的范围。这种执法权集中行使是在执法事项由现有任一执法部门(市场监管、公安交通、市政管理)集中行使均非最佳方案的情况下,由政府将其指定由城市管理部门集中行使,这恰恰体现了在执法事项存在规范竞合无法确定由哪个机关综合执法时,政府统筹配置执法权的权力。

与跨部门统筹配置执法权相反,有些地方政府将某一行政机关的执法事项

---

〔1〕《无证无照经营查处办法》(2017年)第13条。

〔2〕《中华人民共和国道路交通安全法》第31条规定,未经许可,任何单位和个人不得占用道路从事非交通活动。

〔3〕《城市道路管理条例》(2019年)第27条第1项规定,城市道路范围内禁止下列行为:(一)擅自占用或者挖掘城市道路。第42条规定,违反本条例第二十七条规定,或者有下列行为之一的,由市政工程行政主管部门或者其他有关部门责令限期改正,可以处以2万元以下的罚款;造成损失的,应当依法承担赔偿责任。

〔4〕《行政处罚法》第29条。

根据一定的标准划分成不同部分,分别由不同行政机关进行执法。在行政执法体制改革过程中,有时会出现将同一执法事项,根据发生地点不同,分别交由不同执法机关行使的情况。如违法停放机动车问题。根据《道路交通安全法》(第5条),违法停放机动车,由县级以上地方各级人民政府公安机关交通管理部门负责执法。但有些地方规定,在人行道上违法停放机动车的行政处罚权,由综合行政执法部门或城市管理综合行政执法部门行使,如《浙江省综合行政执法事项统一目录》(浙政办发〔2020〕28号)。其实,从行政执法改革的初衷和方向来看,将原本一个行政执法机关管理的执法事项人为分割由两个行政执法机关进行管理,与减少执法队伍、整合执法事项、提高执法效率的行政执法改革的初衷和方向相背离,不符合整体政府的理念和整体性原则。有些地方在经历上述改革后,又将人行道违法停放机动车的行政处罚权重新交由公安机关交通管理部门(交通警察机关)行使,如南宁市。〔1〕

三、整体性原则下行政执法部门之间的统筹协调

跨部门综合执法是在部门之间整合优化行政执法权,从而达到执法便民、经济、高效的改革目的。但在法律、法规规定的单一执法体制背景下进行综合执法改革,综合执法机关与行政主管部门的关系一直是困扰改革的棘手问题。有些问题的解决方案至今仍在探索之中。

(一)综合行政执法中行政处罚权可以委托而与之有关的行政强制措施权不能委托行使的问题

综合行政执法最初与相对集中行政处罚权几乎同义,是以1996年《行政处罚法》第16条为法律依据的。但随着行政执法改革的深入,综合行政执法的权力范围已经不限于行政处罚权的集中行使,而包括了其他负担行政行为的综合。2011年通过的《行政强制法》(第17条)扩大了综合行政执法的权力内容,将行政强制措施的集中行使与行政处罚权的集中行使联系起来,使综合行政执

〔1〕《注意!在人行道违停机动车将改由交警处罚》,载搜狐网2019年8月7日,https://www.sohu.com/a/332879001_394177。

法的内容变为集中行使行政处罚权及与行政处罚权有关的行政强制措施权。《行政强制法》的上述规定旨在解决单纯行政处罚权难以有效实现行政执法目的的难题。但《行政强制法》规定,行政强制措施权不得委托,并且应当由行政机关具备资格的行政执法人员实施(第17条),而《行政处罚法》规定行政处罚权可以委托,并且受托组织不限于行政机关。[1] 这样就会出现集中行使的行政处罚权可以委托给具有管理公共事务职能的事业单位行使,而与行政处罚权有关的行政强制措施却不能委托的局面。这种局面不仅无法实现行政强制措施与行政处罚权一并集中行使所欲达到的综合执法目的,而且将行政执法权中的行政处罚与行政强制措施分由不同机关行使,与综合执法目的背道而驰。因此,在综合行政执法改革的背景下,需要反思《行政强制法》规定的行政强制措施不能委托的立法规定。

(二)综合行政执法中行政检查权的行使主体问题

在综合行政执法改革中,《行政强制法》规定,与集中行使的行政处罚权有关的行政强制措施可以集中行使。但与行政强制措施的集中行使不同,目前尚未有法律明确规定行政检查权的集中行使问题。综合行政执法机关与行政主管部门就综合执法事项的行政检查权配置多是由法律以外的党内法规或其他规范性文件规定的。从现有规定来看,属于综合行政执法事项的行政检查权行使主体,有以下三种情况:一是综合行政执法事项的行政检查权由综合行政执法部门与原行政管理部门共同行使。如在生态环境保护综合行政执法改革中,生态环境部门与其他相关行政主管部门均可以行使综合执法事项的行政检查权。[2]

---

[1] 《行政处罚法》第21条第1项。如《关于进一步规范和加强地方体育行政执法工作的若干意见》(国家体育总局,2021年),在完善工作机制部分指出,地方体育主管部门无专门体育行政执法机构和人员的,应当积极争取地方政府支持,将体育行政执法的相关职责纳入相对集中行政处罚权综合执法范围,也可以依法委托综合执法机构承担,建立完善有关工作机制,由综合执法机构依法行使纳入相对集中行政处罚权综合执法范围或者受委托的体育行政处罚权以及与之相关的行政检查权。

[2] 《生态环境综合执法改革意见》(2018年)在整合执法职责部分规定,整合后,生态环境保护综合执法队伍以本级生态环境部门的名义,依法统一行使污染防治、生态保护、核与辐射安全的行政处罚权以及与行政处罚相关的行政检查权、行政强制权等执法职能。除法律法规另有规定外,相关部门不再行使上述行政处罚权和行政强制权。

二是综合行政执法事项的行政检查权，仅由综合行政执法部门行使，相关行政管理部门不能再行使该事项的行政检查权。如上海市城市管理综合行政执法改革中，已由城市管理综合行政执法机关行使的行政处罚权及相关的行政检查权、行政强制权，有关行政管理部门不得再行使。[1] 三是综合行政执法事项的行政检查权，仍由相关行政管理部门行使，综合行政执法部门仅行使行政处罚权。如《浙江省综合行政执法事项统一目录(2020 年)》规定，对取水许可的监督检查权由水行政主管部门行使，对拒绝接受取水许可监督检查的行政处罚权由综合行政执法部门行使。[2] 可见，综合执法事项行政检查权的行使主体，并不统一。笔者认为，首先，从减少多头执法、重复执法、执法扰民角度考虑，任何一种权力尽量由一个部门行使是最基本的要求。将原由一个机关行使的执法权(此处主要是行政检查权)，改为两个以上的行政机关行使，与综合执法改革的目的相悖。其次，行政检查权、行政强制措施权都与相对集中行使的行政处罚权不可分离，都是行政处罚权顺利实施的保障，行政检查权、行政强制措施权与行政处罚权的紧密联系，是行政执法权整体性的重要体现。从执法权的整体性角度考虑，行政检查权宜交由综合行政执法部门行使，有关行政管理部门不宜再行使该事项的行政执法权。最后，如果因为改革需要，如综合执法部门的执法力量不足、综合执法事项的错综复杂(如许可事项的监督、检查)等原因，不宜交由综合执法部门行使行政检查权，可以根据整体政府原则，在做好衔接的前提下，将相关事项的行政检查权仍保留由有关的行政管理部门行使，但不建议综合执法部门与有关的行政管理部门共同行使行政检查权。

---

[1] 《上海市城市管理综合行政执法条例》(2021 年)第 13 条规定，已由市和区城管执法部门以及街道办事处、乡镇人民政府依法行使的城市管理相对集中行政处罚权及相关的行政检查权和行政强制权，有关行政管理部门不得再行使；有关行政管理部门履行的其他行政管理和监督职责，应当依法继续履行。

[2] 《浙江省综合行政执法事项统一目录(2020 年)》在水事管理事项代码"处罚 - 01446 - 000"中规定，水行政主管部门负责"不按照规定报送年度取水情况、拒绝接受取水许可监督检查或者弄虚作假、退水水质达不到规定要求"的监管，受理投诉、举报；对发现、移送的违法线索进行处理；需要立案查处的，将相关证据材料移送综合行政执法部门。综合行政执法部门按程序办理并将处理结果反馈水行政主管部门。

（三）综合行政执法中受理投诉、举报、对违法线索的处理、责令改正等职责的归属问题

在行政执法事项的处罚权、行政强制措施权划归综合执法部门后，与该事项有关的投诉、举报受理、违法线索的处理、责令改正等职责由综合执法部门行使还是由有关行政主管部门行使，抑或两个部门均可以行使，也是困扰改革的一个重要问题。在整体性原则指导下，改革设计部门应统筹考虑综合执法部门与有关行政管理部门谁承担上述职责更有利于提高执法效能、便利行政相对人。如果综合执法部门的执法力量不足以有效履行受理投诉、举报、对违法线索的处理、责令改正等职责，而有关行政主管部门在履行日常监管职责中，同时履行受理投诉、举报、对违法线索的处理、责令改正等职责更有利于提高执法效能，有利于维护行政相对人的合法权益，则可以将这些职责仍保留给有关行政主管部门承担。根据这一指导思想，当某执法事项的执法频率较低时，有关该事项的受理投诉、举报、对违法线索的处理、责令改正等职责，就不宜由综合行政执法部门履行。因为综合行政执法部门集中行使的执法权范围较广，执法任务较重，执法力量普遍不足，为让其有限的执法力量集中处理行政处罚等主要执法事项，可以将执法频率较低的执法事项中的非行政处罚事项（如受理投诉、举报等）合理配置给仍享有相关事项监管职责的行政管理部门。如《浙江省综合行政执法事项统一目录（2020 年）》就规定发展和改革（能源）主管部门履行受理投诉、举报、对违法线索的处理、责令改正等职责，综合行政执法部门仅履行立案查处职责。[1] 相反，如果某事项执法频率高，有关行政主管部门已不享有该事项的监管职责，则不宜将受理投诉、举报等职责保留给有关行政主管部门。如《浙江省综合行政执法事项统一目录（2020 年）》在人行道违法停放机动车的行政处罚方面，就规定有关该事项的日常巡查、受理投诉、举报等职责由综

---

〔1〕《浙江省综合行政执法事项统一目录（2020 年）》在油气管理行政处罚事项中规定了发展和改革（能源）主管部门与综合行政执法部门的职责边界清单：发展和改革（能源）主管部门负责“石油天然气管道保护”的监管，受理投诉、举报；对发现、移送的违法线索进行处理，责令改正；需要立案查处的，将相关证据材料移送综合行政执法部门。综合行政执法部门按程序办理并将处理结果反馈发展和改革（能源）主管部门。

合行政执法部门履行。[1]

四、整体性原则下综合执法改革与其他改革的统筹协同

整体性原则要求行政执法改革与政府机构改革、事业单位改革等统筹配套,协同进行。综合行政执法改革侧重于职能的优化配置,政府机构改革着眼于机构的科学设置,但机构的科学设置与职能的优化配置是一个问题的两个方面,是形式与内容、表与里的关系。因此,应统筹协调二者关系。

(一)整体性原则下跨部门综合行政执法改革与政府机构改革的统筹协同

1.跨部门综合行政执法与政府机构改革目标的一致性

综合行政执法是一个行政机关行使原由两个以上行政机关行使的行政执法权的制度,其旨在解决多头执法、重复执法、执法扰民问题。综合行政执法的核心是优化配置行政机关之间的执法职能,使其科学、合理、高效。政府机构改革要遵循“精简、统一、效能”的原则,第七届(1988 年)、第八届(1993 年)、第九届(1998 年)全国人民代表大会第一次会议《关于国务院机构改革方案的决定》,均将“精简、统一、效能”作为政府机构改革的原则。《行政法规制定程序条例》(2017 年)规定,行政法规在起草时也要遵循该原则,将相同或相近的职能规定由一个行政机关承担。[2] 2018 年,第十三届全国人民代表大会第一次会议《关于国务院机构改革方案的决定》明确将“优化职能配置,深化转职能、转

---

[1] 《浙江省综合行政执法事项统一目录(2020 年)》在人行道违法停放机动车的行政处罚事项中,规定了综合行政执法部门与公安机关交通管理部门的职责边界清单:1. 综合行政执法部门加强日常巡查,受理投诉、举报;发现人行道违法停车的,及时制止和查处,并将处理结果反馈公安机关交通管理部门。2. 公安机关交通管理部门发现人行道违法停车的,及时告知综合行政执法部门。综合行政执法部门按程序办理并将处理结果反馈公安机关交通管理部门。

[2] 《行政法规制定程序条例》(2017 年)第 12 条第 3 项。

方式、转作风，提高效率效能”作为深化党和国家机构改革的总体要求。[1] 可见，综合行政执法与政府机构改革在优化政府机构职能配置、提高效率效能方面的目标是一致的。

2. 跨部门综合行政执法中执法职责的调整方式与政府机构改革中行政职责的调整方式一致

跨部门综合执法中执法职责调整的方式主要是相对集中行政执法权。而行政执法权相对集中的方式，主要有以下三种情况：一是不新设机构，仅将行政执法职责由一个行政机关转移给另一个行政机关，执法队伍并不转变隶属关系，如将公安机关交通管理部门依法行使的人行道违法停放机动车的处罚权划转给城管部门；二是不新设机构，将行政执法职责和执法队伍由一个行政机关划转给另一个行政机关；三是两个以上行政机关的执法职责和队伍均集中到一个新设立的行政执法机构，如将环境保护和国土、农业、水利、海洋等部门相关污染防治和生态保护执法职责、队伍，划转给新成立的生态环境保护综合执法队伍。[2] 与跨部门综合执法中执法职责的调整方式相比，政府机构改革中行政职责的调整方式主要包括机构的组建、重新组建、整合组建等方式。[3] 组建，是设立新的机构；重新组建，是原来的机构名称并没有变化，但因为有了其他机构的并入，成为新的更大的机构和具有更多职能职责的机构；整合组建，是将原来分散的有着相同执法职能的机构，整合为一个综合执法职能的机构。[4] 两相比较可以看出，行政执法权相对集中方式的第一、二种情况与机构改革中的重新组建类似，第三种情况与机构改革中的整合组建相同。因此，《深化党和国家机

〔1〕 2018 年 3 月，第十三届全国人民代表大会第一次会议《关于国务院机构改革方案的决定》指出：“深化党和国家机构改革的总体要求是，全面贯彻党的十九大精神，坚持以马克思列宁主义、毛泽东思想、邓小平理论、‘三个代表’重要思想、科学发展观、习近平新时代中国特色社会主义思想为指导，适应新时代中国特色社会主义发展要求，坚持稳中求进工作总基调，坚持正确改革方向，坚持以人民为中心，坚持全面依法治国，以加强党的全面领导为统领，以国家治理体系和治理能力现代化为导向，以推进党和国家机构职能优化协同高效为着力点，改革机构设置，优化职能配置，深化转职能、转方式、转作风，提高效率效能，为决胜全面建成小康社会、开启全面建设社会主义现代化国家新征程、实现中华民族伟大复兴的中国梦提供有力制度保障。”

〔2〕 《深化党和国家机构改革方案》（2018 年）。

〔3〕 《深化党和国家机构改革方案》（2018 年）。

〔4〕 参见许耀桐：《党和国家机构改革：若干重要概念术语解析》，载《上海行政学院学报》2018 年第 5 期。

构改革方案》(中共中央,2018年)把深化行政执法体制改革作为深化党和国家机构改革方案中的八大领域改革之一[1],明确规定了综合行政执法机构的整合组建。这些都说明跨部门综合行政执法与机构改革方式的一致性。

3. 机构改革过程中综合执法特征的消失

综合行政执法是一个行政机关行使原由两个以上行政机关行使的执法权的制度。综合行政执法的典型特征是综合行政执法机关与有关行政主管机关同时存在。如果机构改革的结果是综合执法机关与有关行政主管机关合并成一个行政机关,这时原来被综合的执法职责与有关行政主管机关的执法职责就变成本源意义上的一个行政机关的多种执法职责,综合行政执法的“综合”特征就失去了存在基础。

(二)整体性原则下跨部门综合行政执法改革与事业单位改革的统筹协同

根据社会功能可将事业单位分为三类:承担行政职能事业单位、从事生产经营活动事业单位和从事公益服务事业单位。[2] 与综合行政执法改革有关联的主要是承担行政职能事业单位改革。承担行政职能事业单位是在特定历史条件下形成的。与其他行政执法机构一样,承担行政职能事业单位也存在着职责交叉、执法扰民、效能不高等问题,亟须进行改革。在承担行政职能事业单位改革中,应坚持统筹兼顾原则,注重与政府机构改革、综合行政执法体制改革、行业体制改革、政府购买服务改革等相衔接,及时完善相关配套政策,确保协同推进、平稳过渡。[3]

事业单位的行政职能来自法律、法规的授权。承担行政执法职能的事业单位改革要与综合行政执法改革统筹推进。在进行事业单位改革时,对于承担行政执法职责的事业单位,符合综合行政执法条件的,可以实施综合行政执法。《行政处罚法》第18条第2款规定中的“一个行政机关”“有关行政机关”包括

---

〔1〕《深化党和国家机构改革方案》(2018年)规定的八大领域改革包括:深化党中央机构改革、深化全国人大机构改革、深化国务院机构改革、深化全国政协机构改革、深化行政执法体制改革、深化跨军地改革、深化群团组织改革、深化地方机构改革。

〔2〕《关于分类推进事业单位改革的指导意见》(2011年3月)。

〔3〕《关于开展承担行政职能事业单位改革试点的指导意见》(中办发〔2016〕19号)。

具有行政处罚权的行政机关和法律、法规授权组织。在综合行政执法时,综合的是行政执法职责,与行使执法权的行政主体是行政机关还是事业单位没有必然联系。但在事业单位改革的大背景下,对法律、法规授权的事业单位组织承担的行政职责进行综合执法时,应当优先考虑将事业单位承担的行政职责转由行政机构承担。

承担行政职能事业单位行政职能划转后的存续。事业单位的行政职能划转给综合执法机构后,事业单位如果没有其他行政职能的,则该事业单位可以撤销;如果尚有其他行政职能,则该事业单位继续存在。

第三节　效 能 原 则

一、效能原则的含义

何谓效能?"效能",按照《现代汉语词典》的解释,是指事务所蕴藏的有利的作用。[1] 关于效能与效率、效益的关系,学者有不同观点。有学者将效能分为广义与狭义。如狭义的效能就是效率,而广义的效能既包括狭义上的提高行政效率,也包括提升行政行为理性、民主性和可接受性等意义——行政的合目的性与合规律性的统一。在此基础上,该观点将行政效能原则与依法行政原则视为行政法的两大基本原则。[2] 有学者将部门职权相对集中改革中的效率原则与效能在同一意义上使用。如推进部门行政职权相对集中改革应当遵循效率原则,对既有配置的行政职权进行分化、组合以形成行政职权相对集中状态,减少行政职权交叉,降低协调成本,整体提高行政效能。[3] 有学者认为,效能既有对效率的要求,又包含价值可预性;至于在效能与效益之间的选择,由于效能在制定法上的使用度和接受度更高,故使用效能。该观点主张,行政效能原则

[1] 参见中国社会科学院语言研究所词典编辑室编:《现代汉语词典》(第6版),商务印书馆2012年版,第1438页。

[2] 参见朱新力、唐明良等:《行政法基础理论改革的基本图谱:"合法性"与"最佳性"二维结构的展开路径》,法律出版社2013年版,第43~51页。

[3] 参见石佑启、杨治坤:《论部门行政职权相对集中》,人民出版社2012年版,第103页。

应当加入行政法一般原则行列，并认为效能原则在制度建构论维度上的规范内涵是：市场或社会自治优先原则和管理或服务制度的效益最大化原则；在法适用论维度上的规范内涵是：行政手段有效性原则和行政手段效益最大化原则。行政效能原则不能突破依法行政原则、不能拒斥正当程序原则，与比例原则、信赖保护原则有一定程度相合之处，但不可彼此替换。该原则列入行政法一般原则体系，恰是行政法平衡理论所期待的。[1]

效能与效率、效益的关系。按照现代汉语词典的解释，效率是指单位时间内完成的工作量。效益是指效果和利益。[2] 单纯从含义上似乎可以推导出，效率仅考察单位时间内成本与收益的比例，一般与价值无涉。但无论是从制度设计，还是从实践操作，对效率的考察首先要确定产出是符合要求的，即工作量是符合设计目的的，或者说产出的必须是合格产品。否则，这个工作量就无法被纳入效率的考量范围。即单位时间内产出的合格产品越多，效率越高；单位时间内产出的不合格产品越多，效率越低。因此，效率并非完全是价值无涉的。在行政法上，效率既包括投入与产出的比例，也包括产出合乎目的。从这个意义上说，行政法上的效率与效能、效益可以等同使用。德国有学者主张将行政的“效率原则”提升为宪法位阶之原则。[3] 我国有将效率与效能等同使用的观点[4]，也有将效率与效益等同使用的观点[5]。

二、行政效能概念的选择理由

尽管在含义上效能与效率、效益有诸多相同之处，但在行政机构改革或行政执法体制改革中将效能而非效率、效益作为原则仍是主流。这主要有以下两个原因。

---

〔1〕 参见沈岿：《论行政法上的效能原则》，载《清华法学》2019 年第 4 期。

〔2〕 参见中国社会科学院语言研究所词典编辑室编：《现代汉语词典》（第 6 版），商务印书馆 2012 年版，第 1438 页。

〔3〕 参见朱新力、唐明良等：《行政法基础理论改革的基本图谱：“合法性”与“最佳性”二维结构的展开路径》，法律出版社 2013 年版，第 50 页。

〔4〕 参见石佑启、杨治坤：《论部门行政职权相对集中》，人民出版社 2012 年版，第 103 页。

〔5〕 参见章志远：《我国行政法基本原则之重构》，载《太原理工大学学报（社会科学版）》2005 年第 1 期。

一是与行政效率、行政效益相比，行政效能的使用频次在制定法上是最高的。在北大法宝法律法规数据库中检索，以“全文”为检索项，以“效能”为检索词，共检索到现行有效的中央法规7889部、地方性法规136152部。但其中并非均指行政效能，有不少是指财物的效能。因此，需要在行政法语境下对“效能”“效率”“效益”进行限定。在北大法宝法律法规数据库中，以“全文”为检索项，分别以“行政效能”“行政效率”“行政效益”为检索词，可以发现现行有效的法律法规等规范性文件中使用上述三个概念的频次。经过检索，现行有效的规范性文件中，使用“行政效能”的中央法规342部、地方性法规17746部；使用“行政效率”的中央法规295部、地方性法规7635部；使用“行政效益”的中央法规为1部、地方性法规19部。[1] 从上述数据可以看出，与行政效率、行政效益相比，行政效能的使用频次更高。

二是我国制定法上作为行政体制改革或机构设置与改革的原则或要求使用时，多采用效能而非效率。法律性文件中使用效能原则的，如《行政许可法》第25条规定了相对集中行政许可权的原则是“精简、统一、效能”。[2] 第七届全国人民代表大会第一次会议《关于国务院机构改革方案的决定》(1988年)、第八届全国人民代表大会第一次会议《关于国务院机构改革方案的决定》(1993年)、第九届全国人民代表大会第一次会议《关于国务院机构改革方案的决定》(1998年)均将“精简、统一、效能”作为机构改革的原则之一。[3] 行政法规性文件中使用效能的，如《地方各级人民政府机构设置和编制管理条例》第3条将“精简、统一、效能”作为地方各级人民政府机构设置和编制管理工作遵循的原则。党内法规文件中使用“效能原则”的，如《城市执法体制改革意见》(2015年)，将精简统一效能作为城市管理执法机构综合设置的原则。《关于建立社会

[1] 此处的数据均来源北大法宝法律法规数据库。检索日期为2024年1月6日。其中，中央法规包括法律、行政法规、司法解释、部门规章、党内法规、团体规定、行业规定等规范性文件；地方性法规包括地方性法规、地方政府规章、地方规范性文件、地方司法文件、地方工作文件、行政许可批复等。

[2] 《行政许可法》第25条规定，经国务院批准，省、自治区、直辖市人民政府根据精简、统一、效能的原则，可以决定一个行政机关行使有关行政机关的行政许可权。

[3] 第九届全国人民代表大会第一次会议《关于国务院机构改革方案的决定》(1998年)规定了改革的原则：按照社会主义市场经济的要求，转变政府职能，实现政企分开；按照精简、统一、效能的原则，调整政府组织结构，实行精兵简政；按照权责一致的原则，调整政府部门的职责权限，明确划分部门之间职责分工，完善行政运行机制；按照依法治国、依法行政的要求，加强行政体系的法制建设。

主义市场经济体制若干问题的决定》(1993 年)和《关于深化行政管理体制改革的意见》(中发〔2008〕5 号)均把“精简、统一、效能”作为政府机构改革的原则。

三、行政执法权跨部门综合配置中效能原则的要求

(一)职责相关性

效能原则要求精简、整合行政执法机构或相对集中行政执法权时行政执法事项或职责之间具有“相关性”。

具有相关性的执法事项或职责相对集中行使,可以提高行政效能。我国以行业执法为主的行政执法体制以及职能划分过细的机构设置,难以避免多头执法、重复执法、执法扰民等现象的发生。“八个大盖帽(交警、工商、环卫等执法队伍)管不了一个大草帽(流动摊贩)”[1]是这种现象的生动写照。同时,职能划分过细,部门之间协调成本增加,必然导致行政效率下降。因此,通过精简、整合行政机构,或者整合行政执法队伍及其职能,由一个行政执法机构行使原由两个以上行政执法机构行使的执法权,提高行政效能。前一种情形,如国土资源局与规划局整合成立自然资源与规划局,规划行政执法机构与土地行政执法机构合并为一个行政执法机构。后一种情形在中共中央《深化党和国家机构改革方案》中深化行政执法体制改革的规定部分有典型的体现。如整合工商、质检、食品、药品、物价、商标、专利等执法职责和队伍,组建市场监管综合执法队伍。前一种情形不属于综合执法的范畴,后一种情形才属于综合行政执法。

整合不同的行政执法机构时,必须考虑各行政执法事项或其对应的行政职责的相关性。《行政处罚法》第 18 条规定,国务院或者省、自治区、直辖市人民政府可以决定一个行政机关行使有关行政机关的行政处罚权。此处的“有关”,按照文义解释,指的是两个行政机关之间的关系。而行政机关的设置和划分标准主要是其承担的不同行政职责。行政机关的一般职责主要包括保障国家安全、维护社会秩序、保障和促进经济发展、保障和促进文化进步、健全和发展社会保障与社会福利、保护和改善人类生活环境与生态环境。[2] 因此,行政处罚

〔1〕 吴湘玲:《地级市政府机构改革初探》,载《中国行政管理》1998 年第 12 期。

〔2〕 参见姜明安:《行政法》,北京大学出版社 2017 年版,第 165 ~ 167 页。

权相对集中的标准应是行政处罚权保障的行政职责之间的相关性。由于行政强制措施权、行政检查权的相对集中依附于行政处罚权,故行政执法权跨部门综合配置的标准也是行政职责的相关性。"如果将没有任何联系的事项集中在一起,由一个行政机关去实施,执法人员难以掌握,非但无助于提高行政效率,相反增加行政管理的难度。"[1]职责是否相关,可以将该职责所处领域或反映的法益是否相关作为判断标准。如《野生动物保护法》第7条第2款规定,县级以上地方人民政府林业草原、渔业主管部门分别主管本行政区域内陆生、水生野生动物保护工作。《农业法》第2条规定了"农业"的概念,本法所称农业,是指种植业、林业、畜牧业和渔业等产业,包括与其直接相关的产前、产中、产后服务。可见,林业、渔业都属于农业领域和范畴,林业行政执法、渔业行政执法与农业行政执法的职责具有相关性,可以进行综合行政执法。《农业综合行政执法事项指导目录(2020版)》也是根据"农业"的概念范畴确定农业综合行政执法的范围的。《行政处罚法》第18条第1款关于综合行政执法适用领域的列举即体现了拟被综合执法事项的领域相关性。

(二)手段妥当性

效能原则要求行政执法权的综合配置必须能够实现执法目的,即综合执法机构的配置作为实现执法目的的手段,是适合的。

行政执法权综合配置必须保证行政目的的实现,即执法权综合配置不能妨碍各行政执法权设置目的的实现,这是执法权综合配置的最基本要求。这种要求至少包括以下几个方面:一是不能将行政执法权交由不具备相应执法能力的主体行使。如专业性、技术性较强的行政执法工作,对行政执法人员或者执法装备(如检测设备)有特定的要求,需要配备具有特定素质的专业人员或特殊的专业设备,一般不适宜交由综合执法机构行使。否则,不仅不能实现综合行政执法的目的,还将使该行政执法权的设置目的处于难以实现的风险之中。二是在实行审批、监管、执法分立的地方,不宜将行政执法权交由行政审批机关或行政监管机关行使。三是被综合的行政执法权之间不能相互影响或冲突。四是

---

〔1〕 王敬波:《相对集中行政处罚权改革研究》,载《中国法学》2015年第4期。

行政执法权的综合配置不能违背法律规定的专属管辖规定。如《行政处罚法》第18条第3款规定,限制人身自由的行政处罚权只能由公安机关和法律规定的其他机关行使。在综合执法改革时,不能将限制人身自由的行政处罚权交由公安机关和法律规定的其他机关以外的机关行使。

（三）行使便宜性

在配置综合行政执法权时,可能存在不同的行政执法机关都可以行使其他行政机关执法权的情况。在不同行政机关行使综合执法权均符合职责相关性和目的妥当性的场合,最终由哪个行政机关承担综合执法职责,可以根据便宜性原则进行配置,即由最便利行使执法权的机关承担综合执法职责。便宜性体现的是效率价值。如根据《浙江省城市道路管理办法》(2019年)第37条规定,经批准挖掘城市道路的单位和个人,未按规定缴纳城市道路挖掘修复费并遵守有关规定的,由市政工程主管部门或者其他主管部门进行处罚。[1] 在2021年1月13日公布的《浙江省人民政府办公厅关于公布浙江省综合行政执法事项统一目录的通知》中,调整了《浙江省综合行政执法事项统一目录(2020年)》,将《浙江省城市道路管理办法》第37条规定的其他主管部门的行政处罚事项全部划转给综合行政执法机构行使。[2] 因为其他主管部门的行政执法事项均依赖于主要执法事项(未经批准挖掘城市道路),由主要执法事项的执法机关负责其他主管部门的这些执法事项,更为便利。

---

〔1〕《浙江省城市道路管理办法》(2019年)第31条第2款规定,经批准挖掘城市道路的单位和个人,应当按照规定缴纳城市道路挖掘修复费,并遵守下列规定:(1)按照批准的位置、面积、期限挖掘;(2)挖掘现场设置明显标识和安全防围设施;(3)按照指定的地点堆放物料;(4)不得压占检查井、消防栓、雨水口等设施;(5)涉及测量标识、地下管线、文物保护标识等设施时,应当采取保护措施,不得移位、损坏;(6)需要限制车辆行驶或者实行临时交通管制的,应当事先报经公安交通管理部门批准;(7)挖掘工程竣工后,应当及时清理现场、拆除临时设施,恢复道路功能,并通知市政工程主管部门检查验收。第37条规定,违反本办法第三十一条第一款、第二款规定的,由市政工程主管部门或者其他主管部门责令限期改正,可以处以2万元以下罚款。

〔2〕《浙江省综合行政执法事项统一目录(2020年)(2021年1月动态调整目录)》事项编码第330217259001－330217259007。

（四）执法经济性

效能原则要求行政执法权的综合配置要体现执法成本的经济性，即以尽可能小的行政成本实现尽可能大的执法效益。行政执法权跨部门综合配置不仅要保障行政执法权设置目的的高效实现，而且要在降低行政成本的基础上实现执法目的的高效实现。即，与原有的单一执法体制相比，行政执法权的跨部门综合配置在实现执法目的时必须具有经济和效率优势。“当行政机关的制度建构旨在打造政府不可回避之干预或保障责任时，应该确保所设计的管理或服务制度达到效益最大化。”[1]与便宜性体现效率价值不同，经济性体现的是效益价值。有些执法事项交由主要执法事项的主管行政机关执行时，可能更便利，但也可能因专业性、技术性原因，这些执法事项的执法成本相较于原执法机关的执法而言会有增加，这时就需要全面考虑综合行政执法的其他目的与效益价值的关系，权衡利弊，作出取舍。

第四节　便 民 原 则

一、便民原则的含义

便民原则，是指行政主体在实施行政行为时应为行政相对人提供便利。它不仅体现为给付行政中为相对人接受服务提供便利，也表现在干预行政中尽量减少相对人接受不利行政时的负担，或为其提供接受不利行政的便利。

二、我国行政法中便民原则的体现

单行法中便民原则的体现。通过在北大法宝法律法规数据库中检索发现，我国行政规范性文件中最早使用便民原则的是 1984 年司法部印发的《关于加强人民调解工作积极推进社会治安综合治理的意见》。该文件提出，从便民原

[1] 沈岿：《论行政法上的效能原则》，载《清华法学》2019 年第 4 期。

则出发在居民小组、村民小组选举调解员，形成群众性的调解网。[1] 最早将便民作为一个基本原则加以规定的是《行政复议条例》(1990 年)。[2]《行政复议法》重复了这一原则。除此之外，规定便民原则的法律还有《行政许可法》[3]、《数据安全法》[4]等。有的地方立法将高效便民原则作为确定行政执法(包括授益和负担行政行为)时限的根据，如《湖南省行政程序规定》；[5]有的地方立法将其作为行政调解的原则，如《江苏省行政程序条例》第 135 条第 2 款。[6]

作为行政法基本原则或要求的便民原则。2004 年，国务院制定的《全面推进依法行政实施纲要》(国发〔2004〕10 号)把高效便民作为依法行政原则的基本要求。[7]

从上述梳理可以看出，行政法中的便民原则主要针对服务行政、给付行政。如有观点认为，便民原则是指使民众能够方便获得行政主体提供的公共服务，其主旨在于通过改进行政主体提供公共服务的地点、方式等尽可能减少民众的成本。[8] 但在负担行政领域，便民原则仍然适用。

三、跨部门综合执法中便民原则的要求

相对集中行使行政执法权，实行综合执法，本身就是为了解决多头重复执法、执法扰民等问题而采取的改革措施。在实施跨部门综合执法过程中，从实

〔1〕 司法部印发《关于加强人民调解工作积极推进社会治安综合治理的意见》(1984 年)提出："在每个村民委员会和居民委员会都要建立人民调解委员会，并根据当地实际情况，从便民原则出发尽可能做到在居民小组、村民小组选举调解员，形成群众性的调解网。"

〔2〕《行政复议条例》(已失效)第 6 条规定，行政复议遵循合法、及时、准确和便民的原则。

〔3〕《行政许可法》第 6 条规定，实施行政许可，应当遵循便民的原则，提高办事效率，提供优质服务。

〔4〕《数据安全法》(2021 年)第 41 条规定，国家机关应当遵循公正、公平、便民的原则，按照规定及时、准确地公开政务数据。

〔5〕《湖南省行政程序规定》(2018 年)第 84 条规定，行政机关应当按照高效便民的原则和本规定的要求，具体确定本机关每项行政执法事项、非行政许可的行政审批事项、内部行政事务的办理时限，并报本级人民政府备案。

〔6〕《江苏省行政程序条例》第 135 条第 2 款规定，行政调解应当遵循合法、自愿、平等、公正、高效、便民的原则，不得损害国家利益、社会公共利益以及公民、法人或者其他组织的合法权益。

〔7〕《全面推进依法行政实施纲要》(2004 年)规定，依法行政的基本要求之一："高效便民。行政机关实施行政管理，应当遵守法定时限，积极履行法定职责，提高办事效率，提供优质服务，方便公民、法人和其他组织。"

〔8〕 参见应松年主编：《行政法与行政诉讼法》，高等教育出版社 2018 年版，第 39 页。

施条件、程序和结果，都应体现便民原则。

（一）便民原则在跨部门综合执法实施条件中的体现

相对集中行政处罚权、综合执法产生的原因之一，便是行政机关职权交叉、多头重复执法、执法扰民现象严重。“从试点工作情况看，实行相对集中行政处罚权的领域，应当是那些多头执法、职责交叉、执法扰民问题比较突出，严重影响执法效率和政府形象的领域，如城市管理领域等。”[1] 为减轻行政相对人的负担，提高行政效能，决定进行相对集中行政处罚权和综合行政执法改革。这说明综合行政执法改革的产生就是基于便民原则的要求，体现了为行政相对人提供便利，减少行政相对人负担和成本的法益考量。综合执法是行政执法体制改革的重要举措，其通过整合不同行政机关的行政执法职能，合并重复的执法职能，厘定行政机关之间的职责边界，使执法职责配置更加科学、合理，从而提高行政效能，便利行政相对人。因此，综合行政执法制度的设计初衷就体现了便民原则的要求。

（二）便民原则在跨部门综合执法制度设计上的要求

主要表现为：一是整合不同行政机关中相同或类似的执法职责，从源头上解决职权交叉、多头重复执法、执法扰民问题。二是利用现代科技建立综合执法机关与有关行政主管部门之间的信息共享平台。这是解决综合执法机关与有关行政主管部门职责边界问题的重要举措之一。如有些行政执法事项的处罚权划转给综合执法机关后，综合执法主体与有关行政主管部门共同享有该事项行政检查权，这样就会出现本来只有一个行政机关行使行政检查权，实行综合执法后反而又多了一个行政检查机关，本来旨在消除重复多头执法的改革措施，却又制造了新的重复多头执法。这违背了综合行政执法改革的初衷和目的。但在有关行政主管部门行使监管职责时，如果没有行政检查权又不利于提高行政效能，此时在设计综合执法制度时，可以考虑利用科技手段，建立执法信息共享平台，在一个行政机关行使检查权时，另一个行政机关可以及时掌握该

[1] 《相对集中处罚权试点通知》（国办发〔2000〕63号）。

信息,防止出现重复检查的执法扰民问题。三是借综合行政执法改革之机,梳理行政机关权力清单、责任清单,取消没有法律依据或没有现实必要性的执法职责,厘清行政权与市场经济、社会自治等的关系,优化营商环境,培育社会自治,将行政执法职责限定在合法、必要、合理的范围内,为行政相对人提供最大程度的便利。四是大力发展行政执法信息技术,让相对人在行政执法中享受科技带来的便利。如利用现代信息技术,为相对人提供违法风险预警信息、违法行为告知信息、法律文书电子送达、网上处理违章信息、网上缴纳罚款、不见面审批、电子证照等,使综合执法改革不仅仅局限于职责整合与机构、队伍的撤并,而是让综合执法改革融入科技进步的洪流,最大限度实现综合执法改革的依法改革、提升效能、便利相对人的目的。

本章小结

跨部门综合执法权配置原则是跨部门综合执法改革中行政执法权综合配置的根本遵循。跨部门综合执法权配置原则必须体现行政执法权综合配置的最基本要求。本章认为,依法配置原则、整体性原则、效能原则和便民原则,是跨部门综合执法权配置所应遵循的最基本原则。

跨部门综合执法权依法配置原则,属于行政组织法范畴。根据行政组织法定原则的要求,行政执法权跨部门综合配置时,亦应依法进行。依法配置原则解决的是综合执法权源头的合法性问题。整体性原则是新公共管理领域整体政府理念在行政执法改革方面的要求和体现。行政执法权跨部门综合配置的整体性原则解决的是传统行政执法体制下执法权的碎片化和信息孤岛问题,本质上是行政执法权综合配置的一种理念和方法。效能原则和便民原则,是行政执法改革追求的两大目的。前者基于行政机关和公共利益考量,旨在提高行政效能,降低执法成本、改善行政效率,以实现公共利益最大化;后者基于行政相对人和其私益考量,重在便利行政相对人,最大限度地减轻行政相对人负担,保障其合法权益。可见,上述四项原则从不同维度阐释了行政执法权跨部门综合所应遵守的基本要求,对于跨部门综合执法改革具有较强的指导意义。

本章简要介绍了跨部门综合执法权配置的基本原则：依法配置原则、整体性原则、效能原则、便民原则。这些原则同样适用于其他行政执法改革。

第四章　跨部门综合执法权配置条件、标准和模式

跨部门综合执法权配置原则确立后，如何按照这些原则综合配置不同部门的行政执法权，才能实现综合执法改革的目的，是值得慎重思考和认真面对的课题。从综合执法改革实践来看，跨部门综合执法权配置的条件、标准和模式是落实配置原则、实现综合执法改革目的的重要维度。本章将着重探讨跨部门综合执法权配置的条件、标准和模式。

第一节　跨部门综合执法权配置条件

跨部门综合执法权配置条件，即行政执法权跨部门综合配置的条件。相对集中行政执法权，推进综合执法，是深化行政执法体制改革的重要内容。在哪些领域、哪些部门以及什么情况下，相对集中行政执法权，实施综合执法，是推行综合行政执法的重要考量因素，也是深化行政执法体制改革的关键问题。本节将着重探讨执法权跨部门综合配置的条件，以解决哪些领域或部门，在什么情况下，需要实施跨部门综合执法。当然，综合执法的条件具有相对性，根据认识和理念的变化，会有宽严不同的条件，综合执法的范围也将随之变化。

一、问题缘起

（一）何谓跨部门综合执法权配置条件

在探讨跨部门综合执法权配置条件前，首先需要明确何谓跨部门综合执法权配置条件，该条件与后面即将论述的跨部门综合执法权配置标准有何区别。

条件，按照《现代汉语词典》的解释，有三种意思：一是影响事物发生、存在或发展的因素；二是为某事而提出的要求或定出的标准；三是状况。[1] 跨部门综合执法权配置条件主要是在第一种意义上使用的，即某部门或领域具备哪些因素就需要相对集中行政执法权，实行综合执法。

标准，按照《现代汉语词典》的解释，有两种意思：一是作名词使用，指衡量事物的准则；二是作形容词使用，指本身合于准则，可供同类事物比较核对的。[2] 后文所讲跨部门综合执法权配置标准，是在第一种意义上使用的，即决定实行跨部门综合执法的事项，如何配置执法权，包括以哪一个执法机关为主进行相对集中，集中行使的执法权之间应当具备什么关系，对承担综合执法职责的机关的要求，等等。

由上可知，跨部门综合执法权配置条件与配置标准发生于综合执法改革的不同阶段。配置条件在配置标准之前。配置条件是决定某行政部门或行政领域是否实施综合执法的依据。符合配置条件，决定实行综合执法后，才可以按照配置标准对各种执法权进行综合配置。

（二）如何确定跨部门综合执法适用范围

1996 年《行政处罚法》规定相对集中行政处罚权制度后，综合执法在各地各领域进行了长期探索。其中，城市管理领域综合行政执法是探索较早也较充分的领域。除城市管理领域外，生态环境保护、交通运输、市场监管、文化等领域也都实施了综合行政执法。2021 年《行政处罚法》在前期探索的基础上，通

---

〔1〕参见中国社会科学院语言研究所词典编辑室编：《现代汉语词典》（第 6 版），商务印书馆 2012 年版，第 1291 页。

〔2〕参见中国社会科学院语言研究所词典编辑室编：《现代汉语词典》（第 6 版），商务印书馆 2012 年版，第 85 页。

过列举确认了综合行政执法的适用领域:“城市管理、市场监管、生态环境、文化市场、交通运输、应急管理、农业等领域。”[1]那么,问题来了,实施综合行政执法制度的领域是如何确定的?法律规定的“等领域”中的“等”是作等外等解释,还是作等内等解释?是不是所有的领域都可以实施综合执法?上述问题的核心可以归纳为一点:跨部门综合行政执法的实施条件,即跨部门综合执法适用领域或范围的确定是以该领域是否符合跨部门综合执法的实施条件为依据的。

二、跨部门综合执法权配置条件的影响因素与相对性

(一)跨部门综合执法权配置条件的影响因素

是否需要集中行使行政执法权,实施综合执法,主要取决于两个方面的因素:一是行政效能的提升,即行政机关如何合法、高效地行使执法权;二是相对人合法权益的保障,即在合法、高效行使执法权的前提下,如何最充分地维护行政相对人的合法权益。行政执法体制改革主要也是围绕这两个方面展开的。

行政效能是决定是否集中行使行政执法权以及实施综合行政执法的重要考量因素。行政机构设置与职责配置是行政机关实现行政管理目的的重要手段。机构设置不合理、职责配置不科学,可能无法实现行政管理目的。即使可以实现行政管理目的,也将耗费较多的行政资源,损害政府权威和公信,增加行政相对人的负担(包括经济方面和非经济方面)。如对于占用道路无证经营的摊贩(这是研究行政执法体制改革的学者常举的事例),公安交通管理部门可以依法对其占用道路影响交通进行处罚,市场监管部门可以依法对其没有办理经营许可进行处罚,市政管理部门可以依法对其未经审批占用道路进行处罚等。引发争议的是,对于占道无证经营的小摊贩,无论是公安交通、市场监管,还是市政管理部门,都无法凭一己之力将占道无证经营这一违法行为彻底清除,单一部门的执法仅能实现本部门行政管理目的,无法实现政府作为一个整体的行政管理目的。只有规范竞合所涉所有行政机关都行使执法权,才能达到整体政府所欲实现的行政管理目的。这样无疑会增加行政成本,降低行政效率。在行

[1] 《行政处罚法》(2021年)第18条第1款规定,国家在城市管理、市场监管、生态环境、文化市场、交通运输、应急管理、农业等领域推行建立综合行政执法制度,相对集中行政处罚权。

政执法体制改革背景下，将占用道路无证经营这一事项的所有有关执法职责集中由一个行政机关行使，实行跨部门综合执法，将可以避免分散、单一执法的弊端，有效提升行政效能。可见，机构的合理设置和职责的科学配置，是提升行政效能的重要手段。因此，在决定哪一领域实施跨部门综合执法时，必须考虑该领域行政执法事项能否通过职责的重新配置，以提高行政执法效能。如果回答是肯定的，则该领域的行政执法事项就可以相对集中执法权，实行综合执法。

相对人合法权益的保障是决定是否集中行使行政执法权以及实施综合行政执法的另一个重要考量因素。行政机关之间职责划分不清、职权交叉、多头重复执法造成的执法扰民现象是行政执法体制改革的重要动因，也是相对集中行政执法权、实施综合执法的直接缘由。行政相对人违法应当承担法律责任，接受法律的制裁。但即便接受法律制裁，如果行政相对人因一个违法行为招致多个执法机关的执法，既损害政府权威，又增加相对人负担。这种负担既可能是经济的，也可能是非经济的，如时间、精力、精神等方面的付出。随着法治政府、服务型政府建设的推进，相对人权利意识的增强，改变给相对人造成过度负担的行政执法体制成为必选项。行政执法体制改革应运而生。而相对集中行政执法权，实行跨部门综合执法，是解决上述执法扰民问题的重要措施。因此，哪些领域存在不利于保障相对人合法权益的执法扰民问题，是决定是否在这些领域开展相对集中行政执法权、实施综合执法的重要考量因素。

（二）执法权跨部门综合配置条件的相对性

基于提升行政效能、保障相对人合法权益目的确定的综合执法条件，会因提升行政效能和保护相对人合法权益要求的不断提高而发生变化。即便某个行政领域不存在重复执法、执法扰民现象，政府也可以从提升行政效能、优化职能配置角度，在该领域实施综合行政执法改革。因为提升行政效能从理论上说是一个不断追求卓越的永无止境的过程。另外，相对集中执法权、综合执法，也与新公共管理改革倡导的整体政府理念一致。在综合执法实践中，城市管理领域是较早开展相对集中行政处罚权和综合执法的领域。最主要的原因就是这个领域存在多头重复执法、执法扰民等问题，国务院也规定了城市管理领域综合执法的事项范围。但随着改革深化，有些地方的城市管理综合执法范围逐渐扩大,开展相对集中行政处罚权和综合执法的条件不再是当初的重复执法、执法扰民等问题,而是表现出仅为提升执法效能而综合执法的迹象。如浙江省综合行政执法部门的执法事项范围包括发展改革、经信、教育、公安、自然资源、林业、建设、水行政、应急管理、市场监管、人防、地震、气象、生态环境、农村环境卫生共19个部门的行政执法事项。[1] 同时,浙江省将城市管理综合执法直接改为浙江省综合行政执法,名称及标识中去掉"城市管理",也与综合执法范围的扩大保持了一致。这足以说明执法权跨部门综合配置条件的相对性。

三、跨部门综合执法权配置条件的现状与问题

(一)跨部门综合执法权配置条件的现状

1.跨部门综合执法权配置条件的产生

作为创设相对集中行政处罚权和综合行政执法制度的《行政处罚法》,并没有规定集中行使行政处罚权和实施综合行政执法的条件。1996年4月15日,国务院在实施《行政处罚法》的通知中,要求各省级政府要做好相对集中行政处罚权试点工作,提出试点意见报国务院批准后施行。[2] 在哪个领域开始试点,依据什么条件确定试点领域,仍是一个问题。"国务院有关部门考虑到城市管理领域的法律关系比较复杂,涉及面广,专业执法主体较多,多头执法、野蛮执法现象较重,如选择在这一领域开展相对集中行政处罚权试点工作,有利于取得经验推进工作。"[3]2000年,国务院办公厅下发《相对集中处罚权试点通知》,在试点经验的基础上,对实行相对集中行政处罚权的领域特征进行了描述,即"从试点工作情况看,实行相对集中行政处罚权的领域,应当是那些多头执法、职责交叉、执法扰民问题比较突出,严重影响执法效率和政府形象的领域,如城市管理领域等"。这种描述实质就是相对集中行政处罚权和实行综合行政执法的领域应当具备的条件。2002年8月,《相对集中处罚权推进决定》几乎重复

---

〔1〕 浙江省人民政府办公厅印发《关于公布浙江省综合行政执法事项统一目录的通知》(浙政办发〔2020〕28号)。

〔2〕《国务院关于贯彻实施〈中华人民共和国行政处罚法〉的通知》(国发〔1996〕13号)。

〔3〕 王毅:《相对集中行政处罚权制度发展研究——以城市管理领域为例》,载《法学》2004年第9期。

了上述条件。[1] 2002年10月，国务院办公厅转发中央编办《关于清理整顿行政执法队伍实行综合行政执法试点工作意见》（国办发〔2002〕56号），指出实施综合行政执法的背景条件："现行行政执法工作中不同程度地存在多层执法、多头执法、执法扰民、重权轻责、以权谋私等问题，影响了行政执法的公正性和统一性，干扰了正常的公共秩序和市场经济秩序，并导致了不正之风和腐败行为的发生。"

2. 跨部门综合执法权配置条件的发展

国务院文件虽然描述了实行相对集中行政处罚权领域应当具备的条件，但这些条件仅是在试点经验基础上提出的现象归纳，并不是严格的法律规定。因此，各领域在实施相对集中行政处罚权或综合行政执法时，仍有变通或改变的余地。

城市管理领域跨部门综合执法的条件。2015年12月24日，《城市执法体制改革意见》提出，"推进综合执法，重点在与群众生产生活密切相关、执法频率高、多头执法扰民问题突出、专业技术要求适宜、与城市管理密切相关且需要集中行使行政处罚权的领域推行综合执法"。这被其后的住房和城乡建设部规章规定为城市管理领域实行综合执法应当具备的条件。[2] 而这些条件中，只有"多头执法扰民问题突出"，与《相对集中处罚权试点通知》的规定一致，其余条件均与之前的规定不一致。事实上，此处的城市管理综合执法条件有将城市管理综合执法条件与综合执法标准混淆的嫌疑，下文将展开讨论。

其他领域跨部门综合执法的条件。文化领域综合执法改革的初衷和目的主要是解决多头执法、重复执法的问题。2014年，国务院印发《关于促进市场公平竞争维护市场正常秩序的若干意见》提出，文化领域跨部门、跨行业综合执法

---

〔1〕 2002年8月22日，《相对集中处罚权推进决定》（国发〔2002〕17号）规定，实行相对集中行政处罚权的领域，是多头执法、职责交叉、重复处罚、执法扰民等问题比较突出，严重影响执法效率和政府形象的领域，目前主要是城市管理领域。

〔2〕 《城市管理执法办法》（2017年）第9条规定，需要集中行使的城市管理执法事项，应当同时具备下列条件：（1）与城市管理密切相关；（2）与群众生产生活密切相关、多头执法扰民问题突出；（3）执法频率高、专业技术要求适宜；（4）确实需要集中行使的。

是解决多头执法的重要举措。[1] 2021年6月3日，国务院办公厅印发《关于文化市场综合行政执法有关事项的通知》指出，《文化市场综合行政执法事项指导目录》的实施要切实解决多头多层重复执法问题。[2] 由此可以推导出，文化市场跨部门综合行政执法的条件是该领域存在多头多层重复执法问题。市场监管领域实施综合行政执法的条件，也可以从《深化市场监管综合执法改革意见》中推导出来，即"市场监管体制不完善、权责不清晰、能力不适应、多头重复执法与执法不到位并存等矛盾"[3]。交通运输领域实施综合行政执法的条件是，该领域存在着机构重叠、职责交叉、多头多层重复执法等问题。[4] 生态环境领域实施综合行政执法的条件也是存在多头多层重复执法问题。[5]

3. 基层综合行政执法权配置条件

《行政处罚法》规定的相对集中行政处罚权和综合行政执法制度主要是解决横向的政府职能部门之间职责职权配置存在的问题，一般不涉及基层乡镇、

---

[1] 《关于促进市场公平竞争维护市场正常秩序的若干意见》(国发〔2014〕20号)指出，解决多头执法。整合规范市场监管执法主体，推进城市管理、文化等领域跨部门、跨行业综合执法，相对集中执法权。市场监管部门直接承担执法职责，原则上不另设具有独立法人资格的执法队伍。一个部门设有多支执法队伍的，业务相近的应当整合为一支队伍；不同部门下设的职责任务相近或相似的执法队伍，逐步整合为一支队伍。清理取消没有法律法规依据、违反机构编制管理规定的执法队伍。

[2] 国务院办公厅印发《关于文化市场综合行政执法有关事项的通知》(国办函〔2021〕62号)指出，《文化市场综合行政执法事项指导目录》实施要以习近平新时代中国特色社会主义思想为指导，全面贯彻党的十九大和十九届二中、三中、四中、五中全会精神，按照党中央、国务院决策部署，扎实推进文化市场综合行政执法改革，统筹配置行政执法职能和执法资源，切实解决多头多层重复执法问题，严格规范公正文明执法。

[3] 中办、国办印发《深化市场监管综合执法改革意见》(中办发〔2018〕62号)规定的指导思想是："以习近平新时代中国特色社会主义思想为指导，全面贯彻党的十九大和十九届二中、三中全会精神，践行以人民为中心的发展思想，以转变职能为核心，深入推进市场监管综合行政执法改革，全面整合市场监管职能，加强综合执法队伍建设，着力解决市场监管体制不完善、权责不清晰、能力不适应、多头重复执法与执法不到位并存等矛盾。"

[4] 中办、国办印发《交通运输综合执法改革意见》(中办发〔2018〕63号)规定的总体目标是："通过改革，整合执法队伍，理顺职能配置，减少执法层级，加强执法保障，夯实基层基础，提高执法效能，着力解决机构重叠、职责交叉、多头多层重复执法等问题，形成权责统一、权威高效、监管有力、服务优质的交通运输综合行政执法体制，建设一支政治坚定、素质过硬、纪律严明、作风优良、廉洁高效的交通运输综合行政执法队伍。"

[5] 2018年12月4日，中办、国办印发《生态环境综合执法改革意见》规定了深化生态环境保护综合执法改革的原则："坚持优化协同高效。整合相关部门污染防治和生态保护执法职责、队伍，相对集中行政执法权。全面梳理、规范和精简执法事项，推动行政执法队伍综合设置，大幅减少执法队伍种类，着力解决多头多层重复执法问题，统筹配置行政处罚职能和执法资源。减少执法层级，推动执法力量下沉，提高监管执法效能。"

街道行政执法问题。但在2021年修订的《行政处罚法》第24条授权基层乡镇人民政府、街道办事处行政执法权后[1]，基层也相应具有了综合行政执法的主体资格。但基层综合行政执法的条件与依据《行政处罚法》第18条开展的综合行政执法条件并不相同。基层综合行政执法不是基于多头多重执法等综合执法的传统条件产生，而是基于基层管理的迫切需要和基层的承接能力。关于基层综合行政执法，将在后文专节论述。

综上所述，虽然综合行政执法改革仍处于探索之中，哪些领域具备什么样的条件才可以实施综合执法改革的问题一直未有统一规定。但从前述梳理来看，跨部门综合执法权配置的条件存在着共同之处，可以大致概括为：机构设置方面，存在多头重复执法问题；职责配置方面，存在职责交叉或冲突等问题；相对人权益保障方面，存在执法扰民问题；行政效能和政府形象方面，严重影响执法效率和政府形象。

(二)跨部门综合执法权配置条件存在的问题

1. 综合行政执法的目标和导向不明确，直接影响实施综合执法的条件和范围，进而弱化综合行政执法改革的效果

综合行政执法的目标是什么？是单纯地采用问题导向，解决多头多层重复执法问题，只有存在这些问题的领域才可以实行综合执法，还是目标导向，即不以存在前述问题为条件，只要有提高行政效能、便利行政相对人的改革空间，就可以实行综合执法改革？这其实是两种不同的改革理念和制度设计。当下实行综合执法的领域所应具备的条件多是问题导向，没有明显地反映时代变化和改革需求。侧重以问题导向为主的改革设计产生于行政执法改革之初。随着改革的深化，有些行政领域执法存在的问题已经基本解决，或者不那么明显和突出了，但改革仍不能停止。这时应转向以目标导向为主的改革制度设计。典型的如由职责交叉、执法扰民问题导向的改革设计应转向以提高行政效能为主的制度设计。但在当前的综合执法制度中，对于综合执法权配置条件的设计或

---

[1]《行政处罚法》(2021年)第24条第1款规定，省、自治区、直辖市根据当地实际情况，可以决定将基层管理迫切需要的县级人民政府部门的行政处罚权交由能够有效承接的乡镇人民政府、街道办事处行使，并定期组织评估。决定应当公布。

研究,尚未有明确的认识。

不同的改革理念,影响综合执法改革的条件和实施范围。如浙江省综合行政执法事项的范围之广恐怕就难以单纯用“存在多头、多重、重复执法问题”加以衡量,而更多的应当是提高行政效能、方便行政相对人的考量。因此,如果不明确综合执法改革目的,将会对当下各地各领域进行的综合行政执法改革产生困惑,进而削弱这项改革的公信力和实施效果。

2. 条件规定不科学,有些领域或部门混淆了综合执法的条件与标准

如《城市管理执法办法》第 9 条规定的城市管理综合执法条件中的第(一)(三)项,实为综合执法权配置标准。第(一)项“与城市管理密切相关”,是在某领域确定实行综合执法后,如何配置执法权的标准,即以哪个或哪类行政执法职责为主要执法事项进行综合。此处是以城市管理事项为主要执法事项进行综合,其他与城市管理密切相关的执法事项都可以综合进城市管理行政执法机关。这显然与某领域是否应该实行综合行政执法的决定条件不同。同样,第(三)项“执法频率高、专业技术要求适宜”也是配置标准而非决定是否实行综合执法的条件。

3. 缺乏统一规定,各地各领域实行综合执法的条件相差较大,影响综合执法改革的统一实施

有的领域在规定综合执法条件时,规定的条件太模糊,难以把握。如《城市管理执法办法》第 9 条第 4 项“确实需要集中行使的”,这一条件就太过模糊。有的领域没有明确规定综合执法的条件。目前关于综合行政执法改革的法律,主要是《行政处罚法》。但该法并未规定实行综合行政执法的条件。国务院虽然在推进相对集中行政处罚权试点工作的规范性文件中,对实施相对集中行政处罚权的领域特征进行了描述,这可以被视为综合行政执法的实施条件,但这仅仅是综合行政执法条件早期的现象归纳,并未形成具有普适性的能指导后续改革的抽象规定。因此,后续各领域、各地的综合执法改革条件和范围也呈现出了各种样态。同一行政领域在不同地方(如浙江省城市管理领域综合执法范围与其他地方的不同)或者不同领域(如城市管理领域与其他领域综合执法条件的不同)的综合行政执法条件和范围不同,产生的后果是不同的。这可能导致人们对于综合执法改革合法性和严肃性的质疑。

四、跨部门综合执法权配置条件的重构

我国在行政执法体制和综合执法改革方面已经进行了有益的探索，积累了丰富的经验。在深化行政执法改革的当下，跨部门综合执法改革亦应转变改革理念，优化制度设计，回应社会需求。基于此，我们应考虑重构跨部门综合执法权配置条件。

（一）坚持问题导向和目标导向相结合，适时调整综合执法权配置条件

综合行政执法产生于问题导向的改革理念。相对集中行政处罚权产生的直接原因是行政执法领域出现了严重的问题。这些问题主要表现为机构设置过多过散，职责交叉重复重叠，产生的后果是多头重复执法，执法效率低下，执法扰民，滋生腐败等。[1] 综合行政执法产生的直接原因也是行政执法工作中存在的多层执法、多头执法、执法扰民、重权轻责、以权谋私等问题。[2] 这说明综合行政执法和相对集中行政处罚权均产生于问题导向的改革理念。

问题导向改革理念的局限。在改革之初，行政管理体制和行政执法方面的问题较多，以问题为导向设计改革方案，可以有效地解决各种突出问题。但随着改革深化，最初的各种突出问题基本得到解决，如经过机构调整和法律修改，多头重复执法、执法扰民问题在许多领域已经有了明显改善。2021 年修订的

---

〔1〕 国务院办公厅印发《关于继续做好相对集中行政处罚权试点工作的通知》（国办发〔2000〕63 号）指出："相对集中行政处罚权制度，是对现行行政管理体制的重大改革。目前，政府职能转变和行政管理体制改革尚未完全到位，行政机关仍在管着许多不该管、管不了、实际上也管不好的事情，机构臃肿、职责不清、执法不规范的问题相当严重。往往是制定一部法律、法规后，就要设置一支执法队伍。一方面，行政执法机构多，行政执法权分散；另一方面，部门之间职权交叉重复，执法效率低，不仅造成执法扰民，也容易滋生腐败。实行相对集中行政处罚权制度，对于解决行政管理中长期存在的多头执法、职权交叉重复和行政执法机构膨胀等问题，提高行政执法水平和效率，降低行政执法成本，建立'精简、统一、效能'的行政管理体制，都有重要意义。"

〔2〕《关于清理整顿行政执法队伍实行综合行政执法试点工作的意见》（已失效）提到综合行政执法的意义时指出："由于多方面原因，现行行政执法工作中不同程度地存在多层执法、多头执法、执法扰民、重权轻责、以权谋私等问题，影响了行政执法的公正性和统一性，干扰了正常的公共秩序和市场经济秩序，并导致了不正之风和腐败行为的发生。为了深入、系统、全面地改革和创新行政执法体制，必须从行政管理体制上解决行政执法中存在的问题。清理整顿行政执法队伍、实行综合行政执法。"

《行政处罚法》对于规范竞合问题也作了规定。[1] 这在一定程度上解决了执法扰民问题,减轻了相对人的负担。在当下这个阶段,如果仍然坚持问题导向的改革方案,则可能因当下的问题已经解决而使改革停滞不前。单纯的问题导向只是一种浅层次的价值引领,要想把改革引向深入,进一步优化行政执法体制,必须改变单纯以问题为导向的制度设计。

问题导向与目标导向相结合的改革理念。问题导向使改革方案有了针对性、明确性和可接受性。综合行政执法最初针对的是行政执法领域比较突出的问题,这些问题一度成为人们街谈巷议的热点和诟病的焦点问题,如多头多重执法导致的"七八个大盖帽管一个破草帽"。综合执法改革以此类突出问题为导向,可以减少改革阻力,最大化获得各方支持,同时,也更容易取得改革成效。但不能因为问题导向的这些优势而忽略了其对改革本质的追求。改革的最终目标是提高行政效能,最大限度地便利行政相对人。这一改革目标才是设计改革方案的根本追求。如果单纯以问题导向设计改革方案,则在这些问题解决之后,改革将失去根基,难以为继。目标导向的改革设计方案可以有效解决这一困境。在行政执法领域,提高行政效能始终是行政执法改革的目标和价值追求。但单纯以目标导向设计改革方案,也可能因没有明确的问题意识而失去广泛的民意基础,导致改革阻力增大。因此,坚持问题导向和目标导向相结合的改革设计方案,是综合行政执法改革的理念指引,也是跨部门综合行政执法条件的确定依据。

跨部门综合行政执法权配置条件的问题导向与目标导向。在跨部门综合行政执法权配置条件的设计中,也应坚持问题导向与目标导向相结合。在改革之初,针对行政执法领域存在的突出问题,相对集中执法权,整合执法资源和队伍。典型的如《相对集中处罚权试点通知》在确定相对集中行政处罚权适用范围时,就是以执法领域存在的突出问题作为试点的条件。之后,各地城市管理相对集中行政处罚权,也多依据该条件和范围实施综合执法。随着改革的深化,城市管理的上述突出问题已经得到极大改观或不复存在,进一步改革的动

---

〔1〕《行政处罚法》(2021年)第29条规定,对当事人的同一个违法行为,不得给予两次以上罚款的行政处罚。同一个违法行为违反多个法律规范应当给予罚款处罚的,按照罚款数额高的规定处罚。

力不足。而提升行政效能，便利行政相对人的目标和价值追求永无止境，改革仍有极大的发展空间。因此，将单纯以问题为导向的改革方案转为问题导向与目标导向相结合的改革方案势在必行。即，以行政领域执法中存在的问题与提升行政效能、便利行政相对人的目标相结合，指引综合行政执法权配置条件的设计。浙江省综合行政执法范围的扩大就是跨部门综合执法权配置条件由单纯问题导向转为问题导向与目标导向相结合的典型案例。2008 年《浙江省城市管理相对集中行政处罚权条例》中规定的集中行使行政处罚权的职责范围是 7 个领域的事项，与《相对集中处罚权试点通知》规定的范围基本一致。但 2020 年浙江省综合行政执法的事项范围已经由之前的 7 个领域扩展到 19 个领域的事项。[1] 这显然已经突破了之前的问题导向，后面增加的综合执法领域，更多地体现了目标导向的制度设计。

（二）区分综合执法权配置条件与标准，科学设定综合执法的条件

首先，要正确区分配置条件与配置标准。判断哪些领域实行综合行政执法，需要以一定的条件作为判断依据。科学设定这些条件，是提升综合执法效果的前提。实践中存在着将综合执法权配置条件与配置标准混淆的现象。在深化改革的过程中，有必要正确区分配置条件与配置标准，科学确定不同领域实行综合执法的条件。综合执法权配置条件是决定是否实行综合行政执法的前提，是影响综合行政执法发生的因素。这些因素可以是行政领域存在的行政执法突出问题，实行综合行政执法旨在解决这些问题；也可以是优化执法机构设置和执法职责配置，实现提高行政效能、便利行政相对人的价值追求。综合执法权配置条件解决的是应不应当实行综合行政执法的问题。而综合执法权配置标准则是在确定实行综合行政执法后，如何实施综合执法的问题，即怎样配置综合执法权，以哪个行政机关为主，执法职责和执法资源怎么整合，执法机构和队伍是否需要整合等问题。

其次，坚持各领域行政执法条件的共性与个性相结合，科学设定不同领域

---

〔1〕 浙江省人民政府办公厅印发《关于公布浙江省综合行政执法事项统一目录的通知》（浙政办发〔2020〕28 号）。

综合行政执法权配置条件。不同领域行政执法机构的设置和执法职责的配置并不完全相同,因此,不同领域行政执法存在的问题虽有共性,但也存在差别。在是否实行综合行政执法的条件设计上应在坚持共性的基础上,根据各领域行政执法特点进行个性化设计。各领域行政执法的共性问题,在有关相对集中行政处罚权和综合行政执法的规范性文件中已有具体描述,如多头多重执法、执法扰民等。各地在实施综合行政执法时在考虑共性问题的同时,也应结合本地本行政领域执法事项的实际情况进行设计。如浙江省在规定综合行政执法事项统一目录时,就将舟山市海洋综合行政执法、基层综合行政执法排除在外。

(三)原则性与灵活性相结合,充分发挥地方探索综合执法改革的积极性

跨部门综合行政执法是一项自上而下国家推动的改革举措。改革应遵循国家规定的基本原则和方案。在综合执法权配置条件上,各地应遵循国家确定的条件,按照国家的部署实施各地综合行政执法改革。这是一项基本原则。但国家在规定综合执法改革措施时,为发挥地方的积极性,也在各种改革的政策文件中为地方保留了自主决定的空间,体现了原则性与灵活性相结合的要求。这种规定确保了地方改革积极性的发挥。如《相对集中处罚权推进决定》在规定城市管理领域相对集中行政处罚权范围的同时,也赋予地方自主决定在城市管理领域以外的其他领域实施相对集中行政处罚权的权力。[1] 这种赋权其实是让地方自主决定综合执法权的配置条件。《深化市场监管综合执法改革意见》赋予地方自主决定是否扩大综合执法范围的权力,[2]这也是对地方进行综合执法权配置条件的赋权。

地方政府改革的灵活性和自主权已经获得法律保障。2021 年修订的《行政处罚法》将相对集中行政处罚权的决定权修改为国务院和省级人民政府,改变

---

〔1〕 国务院印发《关于进一步推进相对集中行政处罚权工作的决定》(国发〔2002〕17 号)规定,需要在城市管理领域以外的其他行政管理领域相对集中行政处罚权的,省、自治区、直辖市人民政府依照行政处罚法第十六条的规定,也可以决定在有条件的地方开展这项工作。

〔2〕 2018 年 11 月 26 日,中办、国办印发《深化市场监管综合执法改革意见》规定,具备条件的地区可结合实际进行更大范围的综合行政执法。已经在更大范围实行跨领域跨部门综合行政执法的,可继续探索。

了之前省级人民政府需要获得国务院授权的规定。这是省级人民政府对综合行政执法决定权的法律授权。有了该法律依据,省级人民政府可以就包括综合行政执法权配置条件在内的综合行政执法事项行使决定权,而不需要国务院授权。

第二节　跨部门综合执法权配置标准

跨部门综合执法权的配置标准,是指当某行政管理领域符合综合执法的条件,决定实行综合执法后,拟综合的行政执法权依据什么标准进行配置的问题。它包括拟综合的不同部门执法权以哪个部门为主进行配置、配置的要求和限制、综合执法权的内容等方面的标准。从综合执法的不同面向来看,跨部门综合执法权的配置标准,包括行政执法权横向综合的标准和纵向上在哪个层级实施综合执法的标准两个方面。

一、跨部门综合执法权配置标准的立法与问题

(一)立法规定

1996 年《行政处罚法》规定的相对集中行政处罚权(第 16 条),开启了综合行政执法制度的新篇章。但立法对于跨部门综合执法权的配置标准一直语焉不详。

行政处罚权相对集中行使的配置标准。1996 年《行政处罚法》在规定相对集中行政处罚权制度时,仅规定一个行政机关可以行使"有关"行政机关的行政处罚权。2021 年修订的《行政处罚法》重复了这一规定。"有关"是一个不确定法律概念,其具体内容需要进行解释和明确。

行政强制措施和行政检查权相对集中行使的配置标准。《行政强制法》在规定相对集中行使行政强制措施权时,是将行政强制措施的集中行使标准委诸行政处罚权的集中行使标准,即"依据《中华人民共和国行政处罚法》的规定行使相对集中行政处罚权的行政机关,可以实施法律、法规规定的与行政处罚权

有关的行政强制措施”[1]。在中办、国办关于深化市场监管、交通运输、生态环境保护综合行政执法改革的系列指导意见中，均规定由综合执法队伍集中行使的行政检查、行政强制权等执法职能是与集中行使的行政处罚权“相关的”执法权。[2] 这说明行政检查、行政强制措施权等执法权的集中行使依赖于与其相关的行政处罚权的集中行使。

（二）存在问题

跨部门综合执法权配置标准(2021 年修订的《行政处罚法》第 18 条第 2 款仍然沿用“有关”标准)的模糊，给改革实践带来的是标准的难以把握和综合执法范围的宽窄不一。

1. 对“有关”的理解分歧

城市管理综合行政执法的综合标准主要是与城市管理“相关”的行政执法事项。其综合执法的事项范围因对与城市管理“相关”标准的理解而有差异。

城市管理综合行政执法是目前我国开展相对集中行政处罚权和综合行政执法最早并且最为普遍的领域，也成为我国综合行政执法领域的典型代表。有些地方甚至将城市管理综合行政执法直接称为综合行政执法，如贵阳市。[3] 浙江省综合行政执法也是从城市管理执法演变而来。

国务院办公厅和国务院曾先后相对集中行政处罚权发布规范性文件，其中规定了城市管理领域可以集中行使行政处罚权的范围，主要包括市容环境卫生管理、规划管理、城市绿化管理、市政管理、环境保护管理、工商行政管理、公安交通管理方面的全部或部分行政处罚权。[4] 上述领域集中行使的执法事项都与城市管理的核心职能密切相关。2015 年，《城市执法体制改革意见》匡定了

---

〔1〕《行政强制法》第 17 条第 2 款。

〔2〕2018 年，中办、国办发布了《深化市场监管综合执法改革意见》、《交通运输综合执法改革意见》和《生态环境综合执法改革意见》。

〔3〕《贵阳市综合行政执法办法》(2020 年修改)第 2 条第 2 款规定，本办法所称综合行政执法，是指综合行政执法部门在城市管理和其他有关领域、范围内，根据法律、法规、规章的规定，履行行政处罚、行政强制等行政执法权力的行为。第 8 条列举的综合执法事项就是按照《关于深入推进城市执法体制改革改进城市管理工作的指导意见》中城市管理综合行政执法的具体范围规定的。

〔4〕《国务院办公厅关于继续做好相对集中行政处罚权试点工作的通知》(国办发〔2000〕63 号)和《国务院关于进一步推进相对集中行政处罚权工作的决定》(国发〔2002〕17 号)。

城市管理的主要职责：市政管理、环境管理、交通管理、应急管理和城市规划实施管理等；规定了城市管理综合执法的具体范围。[1] 从该规定来看，城市管理综合执法的范围比国务院前述文件规定的范围有所扩大，如增加了交通管理方面的违法停放车辆的行政处罚权、水务管理方面的行政处罚权等。该文件详细列举了与城市管理"相关"的各机关行政处罚事项，给我们把握"相关"提供了直观的参考素材。2017 年，《城市管理执法办法》规定城市管理行政处罚权范围时，就采用了概括性的标准"与城市管理相关部分的行政处罚权"。[2]

地方改革实践中城管综合执法范围的大小不一。各地在推进城市管理相对集中行政处罚权或综合行政执法时，综合执法的范围并非与前述国家规定的范围完全一致。如《上海市城市管理综合行政执法条例》（2021 年）规定的城市管理综合执法范围就不包括交通管理方面的行政处罚权，其他方面的行政处罚权范围也并非与国家规定完全一致（第 11 条）。《青岛市城市管理相对集中行政处罚权条例》（2020 年）规定的集中行使的执法权包括城市供热、供（节）水、燃气管理方面的执法权（第 5 条），这是国家规定中所没有的。综合行政执法范围最广的是浙江省。浙江省人民政府办公厅公布的《浙江省综合行政执法事项统一目录（2020 年）》规定，浙江省综合行政执法部门的执法事项范围包括发展改革、经信、教育、公安、自然资源、林业、建设、水行政、应急管理、市场监管、人防、地震、气象、生态环境、农村环境卫生共 19 个部门的行政执法事项。这是我国当前综合行政执法范围最广、执法事项最多的地方改革样本。

---

[1] 《城市执法体制改革意见》（2015 年）规定城市管理领域综合行政执法的具体范围：住房城乡建设领域法律法规规章规定的全部行政处罚权；环境保护管理方面社会生活噪声污染、建筑施工噪声污染、建筑施工扬尘污染、餐饮服务业油烟污染、露天烧烤污染、城市焚烧沥青塑料垃圾等烟尘和恶臭污染、露天焚烧秸秆落叶等烟尘污染、燃放烟花爆竹污染等的行政处罚权；工商管理方面户外公共场所无照经营、违规设置户外广告的行政处罚权；交通管理方面侵占城市道路、违法停放车辆等的行政处罚权；水务管理方面向城市河道倾倒废弃物和垃圾及违规取土、城市河道违法建筑物拆除等的行政处罚权；食品药品监管方面户外公共场所食品销售和餐饮摊点无证经营，以及违法回收贩卖药品等的行政处罚权。城市管理部门可以实施与上述范围内法律法规规定的行政处罚权有关的行政强制措施。上述范围以外需要集中行使的具体行政处罚权及相应的行政强制权，由市、县政府报所在省、自治区政府审批，直辖市政府可以自行确定。

[2] 《城市管理执法办法》（2017 年）第 8 条规定，城市管理执法的行政处罚权范围依照法律法规和国务院有关规定确定，包括住房城乡建设领域法律法规规章规定的行政处罚权，以及环境保护管理、工商管理、交通管理、水务管理、食品药品监管方面与城市管理相关部分的行政处罚权。

从城市管理综合行政执法的实践来看，无论是国家层面还是地方政府，在城管综合行政执法范围的掌握标准上，即对于何谓与城市管理“相关”或“有关”的认识并不一致。

2. 部分标准的合理性存疑

2015 年，中共中央、国务院《城市执法体制改革意见》规定，重点在与群众生产生活密切相关、执法频率高、多头执法扰民问题突出、专业技术要求适宜、与城市管理密切相关且需要集中行使行政处罚权的领域推行综合执法。2017 年《城市管理执法办法》第 9 条关于城市管理领域综合执法的条件几乎重复了上述规定。前已述及，该规定中有些是综合执法的条件，如多头执法扰民问题突出，其余则是综合行政执法的标准。其中，与城市管理密切相关，是城市管理领域相对集中行使执法权的最主要标准，这是集中和综合的基础。而与群众生产生活密切相关、执法频率高、专业技术要求适宜，作为综合执法机构集中行使执法权的标准的科学性、合理性有待论证。与群众生产生活关联度不高的执法事项、执法频率不高的事项，如果存在执法效率不高、执法扰民严重等问题，仍然可以综合执法以提高行政效能，便利行政相对人。专业技术要求适宜作为短期的综合执法标准，是一种权宜之计，可以理解，但从长期来看，将其作为一种执法权配置标准并不适宜。因为专业技术的问题可以通过招录、培训执法人员，配置相应的专业技术设施设备等手段予以解决。

3. 某些领域综合执法标准存在限制地方改革探索自主性的嫌疑

除城市管理领域综合执法外，在生态环境保护、交通运输、市场监管等领域的综合执法，多是由国家自上而下规定综合执法的标准、范围等。各地严格按照上级文件规定落实综合执法任务即可。如 2018 年 3 月，中共中央印发了《深化党和国家机构改革方案》，其中提出了整合组建生态环境保护综合行政执法队伍，规定了整合组建的标准和范围：“整合环境保护和国土、农业、水利、海洋等部门相关污染防治和生态保护执法职责、队伍，统一实行生态环境保护执法。”这说明生态环境保护综合行政执法的整合标准是环境保护及与其相关的污染防治和生态保护执法职责。整合的执法事项范围包括环境保护、国土、农业、水利、海洋等部门。2018 年 12 月，《生态环境综合执法改革意见》详细列举了生态环境保护综合行政执法的职责整合范围。[1] 2020年，生态环境部发布了《生态环境保护综合行政执法事项指导目录（2020年版）》，对各相关部门生态环境保护综合执法事项进行详细梳理，从中可以反映出生态环境综合执法的整合标准，即都是各部门有关污染防治和生态保护执法职责的事项。与城市管理综合行政执法相比，生态环境保护执法的专业性较强，地方在推行生态环境保护综合执法时基本是按照国家规定的范围整合职责。在该领域的跨部门综合执法中，执法职责的整合标准和范围较少发生歧义。但同时，这种整齐划一的综合执法标准也限制了地方探索适合本地实际的改革方案的积极性。如何既保证改革的原则性、统一性，又发挥地方的灵活性，允许差异性，是值得研究的课题。

二、跨部门综合执法权配置标准的理论观点

我国学者在研究相对集中行政处罚权和综合行政执法时，对于执法权的综合标准也进行了探讨。有学者在探讨城管综合执法的职责范围时，提出了执法事项划转的四个标准，即执法的专业程度，专业技术性强的不适宜划转；实行垂直管理部门的职责不能划转；政府部门基本的、固有的职责不能划转；专属执法权不划转。[2] 有学者认为，《行政处罚法》（1996年）第16条中的"有关"，是指职能间的相关，确定职能间相关度的因素主要有三个，即职能的领域集中在城市管理范围内、职能的目的相关以及职能行使的区域相似。[3] 有学者建议借鉴德国的行政执法模式，"秩序局相对集中行使规划部门、卫生部门、工商部门或者环保等部门的行政处罚权"[4]。有学者建议设立社会秩序局，认为凡是涉及社会秩序的处罚事项，包括市容环境秩序、市场经营秩序、建筑施工秩序以及社

---

〔1〕《生态环境综合执法改革意见》（2018年）规定了生态环境保护综合执法的职责整合范围：环境保护部门污染防治、生态保护、核与辐射安全等方面的执法权；海洋部门海洋、海岛污染防治和生态保护等方面的执法权；国土部门地下水污染防治执法权，对因开发土地、矿藏等造成生态破坏的执法权；农业部门农业面源污染防治执法权；水利部门流域水生态环境保护执法权；林业部门对自然保护地内进行非法开矿、修路、筑坝、建设造成生态破坏的执法权。

〔2〕参见张步峰、熊文钊：《城市管理综合行政执法的现状、问题及对策》，载《中国行政管理》2014年第7期。

〔3〕参见王敬波：《相对集中行政处罚权改革研究》，载《中国法学》2015年第4期。

〔4〕青锋：《行政处罚权的相对集中：现实的范围及追问》，载《行政法学研究》2009年第2期。

会公共场所秩序均由秩序局管辖。[1] 有学者认为,部门行政职权相对集中时,行政职权之间应具有相关性,而相关性标准包括四个方面的内涵,即行政职权行使功能的相关性、适用事务领域的相关性、适用事务性质的相关性以及适用地域的相关性。[2]

从上述学者的论述来看,对于我国行政执法权相对集中或综合配置的标准,学者见仁见智。总体来看,学者观点可以分为两类:一是有限综合,要求集中行使的执法权或执法事项之间具有相关性,相关性的内涵或标准论述不一;二是大综合标准,如德国的行政处罚模式。按照前述学者的介绍,德国秩序局行政处罚权集中行使的职权范围非常广泛。[3] 前述观点有的从正面论述执法权跨部门综合配置的标准,有的从反面探讨不适宜综合执法的情形。

三、跨部门综合执法权配置标准的确定

根据法律规定和实践探索,跨部门综合执法权配置的标准可以确定为合法性标准、相关性标准、合理性标准和限制性标准。

(一)合法性标准

跨部门综合执法权配置的合法性标准,是指法律规定的行政执法权跨部门综合时所应遵循的标准。行政执法体制改革是自上而下推行的改革。实行综合执法的领域和综合执法的标准,多是由国家通过法律或其他规范性文件规定。如《行政处罚法》第 18 条第 1 款规定了我国实行综合行政执法的领域,第 2 款规定了相对集中行政处罚权的标准("有关"标准)。当法律规定了行政执法权综合的标准时,行政机关在实行综合行政执法时必须遵守该标准。再如,综合执法权的内容,从当下综合执法的法律及相关规范性文件来看,综合行政执

---

〔1〕 参见熊文钊、刘华:《社会秩序局:综合行政执法管理体制的完善途径——基于对北京城管的调查》,载《北京行政学院学报》2009 年第 2 期。

〔2〕 参见石佑启、杨治坤:《论部门行政职权相对集中》,人民出版社 2012 年版,第 110~111 页。

〔3〕 如德国的汉堡市的 7 个大区下都设了秩序局,它主要负责居民身份登记、养老与医疗保险、消防、交通、运输、兽医与食品监督、环保等相关事务;集中行使了规划、卫生、建设、交通、工商、环保等许多部门的行政处罚权。参见青锋:《行政处罚权的相对集中:现实的范围及追问》,载《行政法学研究》2009 年第 2 期。

法权的内容主要包括相对集中行使行政处罚权(《行政处罚法》第 18 条)、与相对集中行使行政处罚权有关的行政强制措施权(《行政强制法》第 17 条第 2 款)及行政检查权(相关规范性文件及地方立法有规定)。没有法律或合法的规范性文件依据,相关执法权不能成为综合执法权的内容,如依据《行政强制法》,行政强制执行权就不能成为综合行政执法的内容。

综合行政执法合法性标准中的“法”的范围。法律可以规定综合执法的标准。根据《行政处罚法》,只有国务院或省级人民政府才有权决定相对集中行政处罚权。据此,国务院的行政法规和规范性文件、省级地方性法规、省级人民政府的政府规章以及省级人民政府的行政规范性文件,均有权制定综合执法标准。设区市地方性法规、地方政府规章、国务院部门规章以及相应层级的行政规范性文件不能制定综合执法标准。值得关注的是,中共中央、国务院或中办、国办共同发布的党内法规或规范性文件规定的综合执法标准,能否直接作为综合行政执法改革的依据?笔者认为,作为党内法规一般不可以直接作为行政执法改革的法律依据。如《深化市场监管综合执法改革意见》就市场监管综合行政执法改革作出了规定,但该文件还不能直接成为综合执法改革的依据。其规定的文件精神只有按照法律规定的程序,由法律规定的主体,如国务院或省级人民政府,依法决定后才能在某个领域具体落实。另外,值得思考的是,中共中央、国务院或中办、国办共同制定发布的有关综合行政执法改革的文件,能否被认定为与国务院单独制定的规范性文件一样的效力,从而可以依据《行政处罚法》关于相对集中行政处罚权决定主体的规定,使其具有决定综合行政执法的权力?笔者认为,从法治国家建设的要求来看,党内法规或党内规范性文件应通过法律规定的程序或形式发挥作用,而不能直接作为综合行政执法改革的法律依据。如《关于推进基层整合审批服务执法力量的实施意见》(2019 年)规定的基层综合行政执法改革,在 2021 年修订的《行政处罚法》(第 24 条)中就得到了落实和体现。

跨部门综合执法的标准,除了横向层面行政机关之间执法权的综合标准,还包括纵向层面在哪个层级开展综合执法的标准。当法律或有关规范性文件规定了综合执法的开展层级时,综合执法改革应严格遵守。如《生态环境综合执法改革意见》规定，设区的市生态环境保护综合执法队伍原则上设在市一级。[1]《深化市场监管综合执法改革意见》规定，设区市的综合行政执法可以设在市一级，也可以设在区一级。[2]

(二)相关性标准

跨部门综合执法权配置的相关性标准，是指行政执法权综合配置时执法事项之间，行政处罚权与行政强制、行政检查等权力之间，行政执法权与投诉、举报的受理、违法线索的处理、责令改正等职责之间，均应具有关联性。

1. 行政执法事项之间的相关性

《行政处罚法》规定，一个行政机关行使"有关"行政机关的行政处罚权中的"有关"，是相关性标准的法律表述。相关性标准的具体内涵学者见仁见智。笔者认为，相关性标准大致可以从以下两方面理解。

第一，执法事项之间的相关性表现在拟综合的执法事项属于同一行政管理领域。这些执法事项都与该领域的核心职责高度关联。按照行政管理领域进行综合，已经成为实践的选择和法律规定。自从相对集中行政处罚权制度出台后，城市管理综合行政执法已经成为试点和最早推广的综合执法领域。2000年，《相对集中处罚权试点通知》规定了在城市管理领域集中行使行政处罚权的范围；2015年，《城市执法体制改革意见》匡定了城市管理的主要职责，规定了城市管理综合执法的具体范围。从这些规定来看，城管综合执法中被集中行使的"有关"行政机关的行政处罚权都属于城市管理领域的执法事项，都与城市管理的核心职责(市容和环境卫生管理)高度关联。2021年修订的《行政处罚法》第18条第1款新增了实行综合行政执法的行政管理领域："国家在城市管理、

[1] 2018年12月4日，中办、国办发布《生态环境综合执法改革意见》规定，执法事项主要由市县两级生态环境保护综合执法队伍承担，设区的市生态环境保护综合执法队伍还应承担所辖区域内执法业务指导、组织协调和考核评价等职能。按照设区的市与市辖区原则上只设一个执法层级的要求，副省级城市、省辖市整合市区两级生态环境保护综合执法队伍，原则上组建市级生态环境保护综合执法队伍。对于有特殊执法需要的区或偏远的区，可设置派出机构。

[2] 2018年11月26日，中办、国办印发《深化市场监管综合执法改革意见》规定，市场监管领域的行政执法事项主要由市县两级综合执法队伍承担。设区的市与市辖区原则上只设一个执法层级，可以实行由设区的市市场监管局向市辖区派驻分局的体制，也可以实行以市辖区市场监管局执法为主的体制。

市场监管、生态环境、文化市场、交通运输、应急管理、农业等领域推行建立综合行政执法制度，相对集中行政处罚权。”这是按照行政管理领域确定综合执法权配置标准的法律依据。

第二，执法事项之间的相关性表现在拟综合的执法事项具有相同的执法目的。在判断某些执法事项是否属于同一行政管理领域存在困难时，可以根据他们的执法目的进行识别。有些执法事项的目的可以从相关立法目的中找到依据。如从《环境噪声污染防治法》和《城市市容和环境卫生管理条例》的立法目的来看，二者在保护生活环境方面具有一致性，即环境保护管理部门管理的社会生活噪声污染、建筑施工噪声污染与城市管理的核心职责及执法目的密切相关，[1]可以由城市管理综合执法队伍综合执法。但也有些行政执法事项的执法目的并未反映在相关立法的立法目的中，需要根据执法事项的性质进行把握和判断。如《中华人民共和国水法》第 65 条第 2 款规定的执法事项[2]，依法应当由水行政主管部门或者流域管理机构行使执法权，但根据《生态环境综合执法改革意见》和生态环境部《生态环境保护综合行政执法事项指导目录》，上述执法事项旨在保护流域水生态环境，与生态环境保护执法目的相同，因此，被纳入生态环境保护综合执法范围。

2. 行政处罚权与行政强制措施、行政检查等权力之间的相关性

相关性标准表现在拟综合的权力之间具有依附关系，对同一执法目的具有保障作用，即拟相对集中行使的处罚权以外的其他权力对相对集中行使的处罚权具有依附关系和保障作用。这里主要是指行政检查权、行政强制措施权，以

---

[1] 《环境噪声污染防治法》(2018 年)第 1 条规定了立法目的，也是环境噪声污染防治的目的：防治环境噪声污染，保护和改善生活环境，保障人体健康，促进经济和社会发展。《城市市容和环境卫生管理条例》(2017 年)第 1 条规定了立法目的，也是城市管理的主要职责定位：加强城市市容和环境卫生管理，创造清洁、优美的城市工作、生活环境，促进城市社会主义物质文明和精神文明建设。

[2] 《水法》(2016 年)第 65 条第 2 款规定，未经水行政主管部门或者流域管理机构同意，擅自修建水工程，或者建设桥梁、码头和其他拦河、跨河、临河建筑物、构筑物，铺设跨河管道、电缆，且防洪法未作规定的，由县级以上人民政府水行政主管部门或者流域管理机构依据职权，责令停止违法行为，限期补办有关手续；逾期不补办或者补办未被批准的，责令限期拆除违法建筑物、构筑物；逾期不拆除的，强行拆除，所需费用由违法单位或者个人负担，并处 1 万元以上 10 万元以下的罚款。

及受理投诉、举报、违法线索的处理、责令改正等执法权力或职责。根据《行政强制法》规定，相对集中行使行政处罚权的行政机关可以行使与该行政处罚权有关的行政强制措施。[1] 根据综合行政执法的有关党内法规和地方立法，相对集中行使行政处罚权的行政机关可以行使与该行政处罚权有关的行政检查权。[2] 这说明综合行政执法中的行政检查、行政强制措施依附于综合行使的行政处罚权，对于实现行政执法目的具有保障作用。

3. 行政执法权与程序性职责或配套的其他权力之间的相关性

行政执法目的的实现除了行政处罚、行政强制措施、行政检查等执法权力外，还需要一些配套的程序性职责或配套的其他权力。最为典型的就是受理投诉、举报、违法线索的处理等程序性职责和责令改正行政命令权。实施综合行政执法时，在原执法主体将与执法事项有关的全部执法权均交由综合执法主体行使时，上述与执法事项有关的程序性职责或配套权力也一并交由综合执法主体行使，但亦有原执法主体保留程序性职责或配套权力的情况，如浙江省综合行政执法机构对于油气管道行政处罚的综合执法。[3]

（三）合理性标准

跨部门综合行政执法权配置的合理性标准，是指在跨部门配置综合执法权时，应围绕核心职责配置执法权，从执法事项的专业性要求、执法事项的范围和数量来看，适宜由综合执法主体承担。

1. 围绕行政机关的核心职责配置执法权

围绕核心职责配置行政执法权，是合理性标准的本质要求。它包括两个方面：一是围绕核心职责配置执法权；二是将其他领域中与核心职责相同的执法事项划转给核心职责的承担主体。

---

〔1〕《行政强制法》第17条第2款。

〔2〕例如，2018年12月4日中办、国办发布的《生态环境综合执法改革意见》，《上海市城市管理综合行政执法条例》（2021年）第2条第2款。

〔3〕《浙江省综合行政执法事项统一目录（2020年）》关于油气管道行政处罚综合执法职责边界的规定，发展和改革（能源）主管部门负责石油天然气管道保护的监管，受理投诉、举报；对发现、移送的违法线索进行处理，责令改正；需要立案查处的，将相关证据材料移送综合行政执法部门。综合行政执法部门按程序办理并将处理结果反馈发展和改革（能源）主管部门。

确定实行综合执法的领域，涉及该领域的执法事项可能由不同的行政部门承担，在配置执法权时，应该围绕该领域的核心职责配置执法权。如水行政领域存在生态环境保护的执法事项，农业领域也存在生态环境保护执法事项，在配置这些执法权时，应该围绕生态环境保护这一核心职责，即污染防治执法和生态执法配置执法权。这样，就可把水行政领域、农业领域等领域涉及污染防治执法和生态执法的事项均配置到生态环境保护这一行政管理领域，形成生态环境保护综合行政执法。

围绕核心职责配置执法权的另一层含义，是不同领域中与核心职责相同的执法事项均划转给核心职责的承担主体。如涉及生态环境保护执法的事项应该划转给生态环境执法机构，由生态环境执法机构承担综合执法职责，从而使其变成生态环境保护综合执法机构。这样配置执法权体现效能原则，是合理性标准的本质要求。

2. 执法事项的专业性适宜由综合执法主体承担

合理性标准要求综合执法主体具备综合执法事项所要求的专业性。如果综合执法主体不具备承担综合执法事项的专业人员、专业设备、专业管理系统等软硬件条件，则其无法胜任综合执法职责。此种情况下综合执法，只会适得其反。如环境保护管理部门管理的社会生活噪声污染、建筑施工噪声污染已经划入城市管理综合执法范围[1]，工业噪声污染、交通运输噪声污染尽管也与城市管理职责相关，但由于其执法专业性较强，城管部门执法难度大，就不适宜由城管部门行使执法权。[2]

能否以培养专业技术人员、增加专业设备和管理系统等解决上述问题？回答当然是肯定的。但如果某项专业性较强的执法事项，在原来的管理部门已经有相应的专业人员、设备、管理系统等软硬件条件保障履行的情况下，在综合执法机构重新配置软硬件条件，则既不经济，也无效率，不符合合理性标准的要求。除非这种综合执法能提高行政效能并便利行政相对人。

[1]《中共中央、国务院关于深入推进城市执法体制改革改进城市管理工作的指导意见》(2015年12月24日)。

[2]《环境噪声污染防治法》(2018年)。

3. 执法事项的范围和数量适宜由综合执法主体承担

在专业性要求、软硬件条件都具备的条件下，综合执法主体承担的执法事项也不能超过其承接的能力范围，即执法事项的范围和数量与综合执法主体的承接能力相适应。这也是合理性标准的要求之一。

实践中，综合行政执法范围扩张的现象并不鲜见，尤其以城市管理综合行政执法最为突出。有学者统计了全国直辖市、省府所在地的市共计 20 个市级政府城管执法部门现有职责，发现城市管理综合执法的事项，共计 28 项，是国务院文件规定的 7 项职能的 4 倍。[1]

确定综合执法事项的范围大小和数量多少，需要有充分的调研数据支撑。对综合执法主体的承接能力进行充分调研，全面分析综合执法主体的承接能力，科学确定综合执法主体承担的执法事项的范围和数量，以合理配置执法权，最大限度地提升行政效能。

（四）限制性标准

跨部门综合执法权配置的限制性标准，是指因为法律规定或执法体制等原因，执法事项不能实行综合行政执法的标准。这主要包括两类执法事项：专属管辖执法事项和垂直管理执法事项。

专属管辖执法事项不能实行综合执法。法律明确规定某些执法事项只能由特定执法主体承担执法职责。“专属管辖权在横向上与其他行政职权的界限划分是非常明确的，在纵向与履行该类职权的上级和下级行政组织之间也存在严格的权限界限，即不存在横向行政职权交叉和纵向上的上挤下占问题。”[2]因此，专属管辖事项没有实行综合行政执法的必要。典型的专管管辖事项，如限制人身自由的行政处罚。根据法律保留原则，限制人身自由的行政处罚权，

[1] 这 28 项职责包括：市容环境卫生、市政管理、公用事业、城市节水、园林绿化、环境保护、城市河湖、施工现场、城市停车、公安交通（运输）、工商行政、城市规划、城市道路、旅游管理、建设、房地产、救助、养犬、户外广告、建筑市场、民政殡葬、人防工程、人民防空、煤炭市场、气象、汽车清洗、城市广场、土地等。参见王敬波：《相对集中行政处罚权改革研究》，载《中国法学》2015 年第 4 期。

[2] 石佑启、杨治坤：《论部门行政职权相对集中》，人民出版社 2012 年版，第 113 页。

只能由公安机关和法律规定的其他机关(国家安全机关)行使。[1] 这说明对人身自由的行政处罚权不能被综合到公安机关、国家安全机关以外的其他行政机关行使。

垂直管理执法事项不能实行综合执法。实行垂直管理的行政管理领域,不能实行综合执法。"垂直管理,是指上下级对口政府部门之间建立起直接的、排除地方党政机关领导的行政隶属关系,下级政府部门的人事权、财政权、业务权由上一级对口机构直接领导的制度。"[2] 垂直管理强调上下级之间的领导关系,人事权、财政权、业务权在横向上基本独立于地方政府及其职能部门,这种体制设置与综合行政执法所要求的横向执法职能整合不符。因此,实行垂直管理的执法事项不能综合执法。《相对集中处罚权试点通知》对此也有明确规定。

第三节 跨部门综合执法权配置的模式:横向集中

特定行政管理领域具备实行跨部门综合执法条件,并且在跨部门综合执法权配置标准也已经确定的情况下,如何选择跨部门综合执法权配置模式,科学合理地建构跨部门综合执法机构,从而顺利开展综合执法,是跨部门综合执法改革的重要议题。本节将对我国综合行政执法权横向配置模式进行梳理、反思,并对未来发展方向进行展望。

一、跨部门综合执法权配置模式的含义

模式,按照《现代汉语词典》的解释,是指某种事物的标准形式或使人可以照着做的标准样式。[3] 本书所称跨部门综合执法权配置模式,是指集中行使跨

---

[1] 《行政处罚法》第18条第3款。根据《反间谍法》《国家情报法》,除公安机关外,国家安全机关也有权行使行政拘留权。

[2] 黄涛:《当代中国政府垂直管理制度的起源和形成(1931—1954)》,载《宁夏大学学报(人文社会科学版)》2021年第4期。

[3] 参见中国社会科学院语言研究所词典编辑室编:《现代汉语词典》(第6版),商务印书馆2012年版,第913页。

部门综合执法权的执法机构建构模式。它主要包括跨部门综合行政执法机构的设置，综合执法机构的法律地位，综合执法机构与行政主管部门的关系等内容。其中，跨部门综合执法机构的设置，是跨部门综合执法权配置模式的最重要问题。

跨部门综合执法权配置模式是行政组织结构优化和大部制改革背景下的重要改革举措。国家行政组织的结构包括横向结构（管理幅度）、纵向结构（管理层次）和规模结构。在国家行政组织规模一定的情况下，横向的管理幅度大，纵向的管理层次少，这种"扁平状"的组织结构形式分权优势比较明显，有利于各组织成员积极性的发挥。[1] 大部制改革就是这种扁平化行政组织治理结构的体现。2007 年，中国共产党第十七次全国代表大会提出了大部制改革决策，[2]2008 年，中共中央、国务院在《关于深化行政管理体制改革的意见》中就大部制改革作出了具体部署。[3] 大部制是一种政府政务综合管理组织体制，其特征是"大职能、宽领域、少机构"，政府部门的管理范围广，职能综合性强，部门扯皮少。[4] 与大部制改革相适应，行政执法体制改革的方向也是行政组织结构的扁平化设置，即横向上，相对集中行政执法权，从部门内综合执法向跨领域跨部门综合执法发展，此即跨部门综合执法权横向配置模式；纵向上，减少执法层次，下沉执法力量，推动基层综合行政执法，此即跨部门综合执法权纵向配置模式。不同配置模式下，综合行政执法机构的设置、管理幅度及其与有关行政机关的关系是跨部门综合行政执法权配置模式需要研究的内容。本节主要研究跨部门综合执法权横向配置模式，下节探讨纵向配置模式。

---

〔1〕 参见杨桦：《公共行政发展与我国行政组织结构的问题与优化》，载《广东行政学院学报》2012 年第 3 期。

〔2〕 中国共产党十七大报告《高举中国特色社会主义伟大旗帜　为夺取全面建设小康社会新胜利而奋斗》（中共中央，2007 年）提出："加大机构整合力度，探索实行职能有机统一的大部门体制，健全部门间协调配合机制。精简和规范各类议事协调机构及其办事机构，减少行政层次，降低行政成本，着力解决机构重叠、职责交叉、政出多门问题。"

〔3〕 《关于深化行政管理体制改革的意见》（中共中央、国务院，2008 年）提出，按照精简统一效能的原则和决策权、执行权、监督权既相互制约又相互协调的要求，紧紧围绕职能转变和理顺职责关系，进一步优化政府组织结构，规范机构设置，探索实行职能有机统一的大部门体制，完善行政运行机制。

〔4〕 参见石亚军、施正文：《探索推行大部制改革的几点思考》，载《中国行政管理》2008 年第 2 期。

二、跨部门综合执法权横向配置模式的实践形态

跨部门综合执法权配置给哪个机构行使，即综合执法机构的设置，实践中存在不同的改革模式。

（一）以行政管理领域为主要标志的跨部门综合执法权配置模式

我国综合行政执法改革是按照行政管理领域开始推进的。2021 年修订的《行政处罚法》第 18 条第 1 款规定了可以实行综合行政执法的行政管理领域。不同行政管理领域的综合行政执法权配置主要有两种模式：重新组建和整合组建。

1. 在原有行政执法机构基础上重新组建综合行政执法机构

重新组建，是将各部门部分行政执法权交由已经存在的行政执法机构集中行使，已经存在的行政执法机构的执法权范围扩大。相应地，执法资源和执法队伍也可能增加。最早开展相对集中行政处罚权的城市管理领域就属于此种类型。城市管理领域相对集中的行政处罚权或综合执法权基本都是由相应地方的城管局或城市管理综合执法局行使。[1] 这种执法权配置模式，是将其他部门的部分行政执法权划转到城市管理执法局，从而使原来的城市管理单一执法转变为城市管理综合执法，执法范围扩大，同时，被综合的执法权行使主体发生变更，由原来各部门执法主体转变为城市管理综合行政执法局。

城市管理行政执法行为的性质。按照我国的改革部署，当下城市管理领域行政执法均属于综合行政执法性质。《相对集中处罚权推进决定》《城市执法体制改革意见》以及《城市管理执法办法》（住房和城乡建设部，2017 年），均规定了城市管理领域相对集中行政处罚权或综合行政执法的范围，也确认了城市管理领域的执法属于综合行政执法。2021 年修订的《行政处罚法》也规定在城市管理领域实行综合行政执法。

城市管理行政执法主体的名称设置。与综合行政执法的性质保持一致，多

---

〔1〕 当下，我国城市管理局的名称有不同称谓。如城市管理综合执法局、城市管理行政执法局、综合行政执法局等。

数地方的城市管理执法主体仍然是城市管理局或城市管理委员会,但加挂综合执法机构牌子。其中,加挂“城市管理综合行政执法局”牌子的,如兰州市城市管理委员会加挂兰州市城市管理综合行政执法局牌子,郑州市城市管理局加挂郑州市城市综合执法局牌子;加挂“综合行政执法局”牌子的,如青岛市城市管理局加挂青岛市综合行政执法局牌子,南京市城市管理局加挂南京市综合行政执法局牌子,杭州市城市管理局加挂杭州市综合行政执法局牌子。

2. 整合组建新的综合行政执法机构

将各部门部分行政执法权集中起来,交由新成立的综合执法机构行使。此即《深化党和国家机构改革方案》所规定的整合组建综合行政执法机构模式。所谓整合组建,是将原来分散的有着相同执法职能的机构,整合为一个新的行政执法机构,行使综合行政执法职能。[1] 2018 年,中共中央印发《深化党和国家机构改革方案》,提出整合组建市场监管综合执法队伍、生态环境保护综合执法队伍、文化市场综合执法队伍、交通运输综合执法队伍、农业综合执法队伍等五支综合执法队伍。其中既有部门内综合执法,也有跨部门综合执法。如交通运输综合执法,整合了交通运输系统内路政、运政等涉及交通运输的执法职责、队伍,应当属于部门内综合执法。市场监管综合执法,整合了工商、质检、食品、药品、物价、商标、专利等执法职责和队伍,属于跨部门综合执法。整合组建产生新的行政执法队伍,被综合的行政执法权不再以原来的行政主体行使权力,而以整合组建的新执法队伍所属机构作为行政主体行使执法权。

(二)特定功能区跨部门综合执法权配置模式

随着改革开放,我国设立了不同级别不同类型的开发区,主要包括国家级和省级各类开发区,在开发区类型上有经济技术开发区(以下简称经开区)、高新技术开发区等。为了与开发区的经济优惠扶持政策相适应,各地纷纷探索在开发区实行不同于地方政府管辖范围内的行政管理体制,包括行政执法体制。除了上述以经济功能为主的开发区,我国还存在以其他功能为主的功能区,如自然保护区、风景名胜区、水功能区等。下面以经济开发区综合执法为例加以

---

〔1〕 参见许耀桐:《党和国家机构改革:若干重要概念术语解析》,载《上海行政学院学报》2018 年第 5 期。

说明。

开发区管理机构的行政处罚主体资格是困扰开发区改革创新发展的重要问题。开发区在经济发展方面拥有较大的自主权，但在社会管理方面的权限，尤其是行政处罚权，受到诸多限制。根据《行政处罚法》，行政处罚的实施主体必须是县级以上人民政府具有行政处罚权的行政机关，法律、行政法规可以规定例外。各类国家级开发区多是从经济发展角度设立管理机构，并不是为社会管理创新而设立。目前法律、行政法规尚没有授予开发区社会管理方面权限。2019年，《国务院关于推进国家级经济技术开发区创新提升打造改革开放新高地的意见》（国发〔2019〕11号）再次明确了经开区的经济管理权限，不包括社会管理权限。[1] 各地通过地方立法也对开发区的职责范围进行了界定。如《江苏省开发区条例》（2018年）规定，开发区管理机构作为所在地县级以上地方人民政府的派出机关，在规定的职责范围内行使经济管理权限，提供投资服务。因此，开发区行政处罚主体资格还没有法律上的明确依据。

开发区综合执法主体资格的探索。之前，各地开发区多是通过行政主管机关委托方式实施行政处罚。但近年来，有些地方已经开始授权经济开发区实施相对集中行政处罚权。如湖北省人民政府印发的《关于在荆州市荆州经济技术开发区开展相对集中行政处罚权工作的批复》（鄂政函〔2017〕58号）同意在荆州经济技术开发区开展相对集中行政处罚权，由荆州经济技术开发区综合执法局在荆州经济技术开发区范围内集中行使相关机关的行政处罚权。但各地在经开区行政处罚主体资格上，仍有区别。如前述荆州经济技术开发区相对集中行政处罚权的执法主体是荆州经济技术开发区综合执法局，而徐州经开区相对集中行政处罚权的执法主体是徐州经济技术开发区管委会。[2]

开发区管理机构或其职能部门综合执法主体资格的合法性。从开发区管理机构的性质（所在地人民政府派出机关）和《行政处罚法》规定来看，开发区

---

〔1〕《国务院关于推进国家级经济技术开发区创新提升打造改革开放新高地的意见》（国发〔2019〕11号）在赋予经开区更大改革自主权时，提出深化“放管服”改革，下放省市级经济管理审批权限。

〔2〕《关于徐州经济技术开发区开展相对集中行政处罚权工作的批复》（徐政复〔2020〕23号）第2条明确规定，徐州经济技术开发区管理委员会作为执法主体，在辖区范围内集中行使行政处罚权和行政强制措施权。

管理机构作为执法主体至少符合《行政处罚法》关于行政处罚主体的规定，而开发区管理机构职能部门作为处罚主体则不符合《行政处罚法》关于县级以上人民政府的行政机关之要求。但如果从开发区设立的目的和国家、地方立法对开发区职能的定位来看，开发区不具有社会管理方面的行政处罚、行政强制措施等职能权限。即使按照《行政处罚权》相对集中行政处罚权的决定程序由省级政府批复，开发区行使行政处罚权仍然无法突破经济管理的设立定位而获得组织法上的合法性。因此，各地授权开发区管理机构或其职能部门享有行政处罚权以及与行政处罚有关的行政强制措施权、行政检查权等，仍然需要继续开展合法性论证和探索。[1] 不过，为保障行政相对人救济权，2018 年最高人民法院印发《关于适用〈中华人民共和国行政诉讼法〉的解释》第 21 条已经明确了国家级、省级开发区管理机构及其职能部门的行政诉讼被告资格。

综上所述，在开发区，综合行政执法权配置模式不同于政府职能部门间相对集中行政执法权模式。政府职能部门间集中行政执法权一般需要有职能或职责的相关性才符合综合执法的标准。但在开发区，其管理机构综合行使的是与其开发区管理机构本身的经济管理职能（不包括执法职能）不相关的执法职能，并且开发区正在探索“一支队伍管执法”的综合执法目标，这与地方政府综合执法权配置模式差别较大。如《江西省开发区条例》规定开发区可以接受委托行使行政执法权，也可以依法经批准后实行综合行政执法。[2]

三、跨部门综合执法权横向配置模式的问题与发展趋势

（一）跨部门综合执法权配置模式存在的问题

1. 跨部门综合行政执法权横向配置幅度受限

跨部门综合行政执法权横向配置幅度受限于过细的行政管理领域划分。我国综合行政执法存在部门内综合执法和跨部门综合执法，尤其是跨部门综合

---

〔1〕 开发区不具有行政处罚权，不影响其获得经济管理方面的行政审批权限。当然，也有地方在推进“放管服”改革过程中，将社会管理方面的行政审批权下放给开发区管理机构。

〔2〕《江西省开发区条例》（2019 年）第 27 条规定，开发区所在地县级以上人民政府有关行政执法部门，根据开发区的实际需要和承担能力，可以依法委托开发区管理机构行使相应的行政执法权。开发区管理机构经依法批准可以整合内部执法机构，设立综合执法机构。

执法已经成为当下综合行政执法的主要形态。但我国综合行政执法是按照行政管理领域划分的，而行政管理领域划分过细的特点决定了综合行政执法队伍的数量仍然较多，减少、整合行政执法机构，从而解决多头多重执法、执法扰民问题的改革仍有进一步拓展的空间。我国《宪法》在规定国务院职权范围时，通过列举方式规定了国务院领导和管理的行政事务，这些行政事务涉及的领域主要包括经济工作和城乡建设、生态文明建设、教育、科学、文化、卫生、体育和计划生育、民政、公安、司法行政、对外事务、国防事业、民族事务等。[1]《地方组织法》也以《宪法》为依据规定地方各级人民政府管理行政事务的职权范围。[2]在综合行政执法改革时，也是按照上述行政管理领域的划分确定综合行政执法领域。《相对集中处罚权推进决定》在规定相对集中行政处罚权适用范围时，就是以行政管理领域作为标准确定的。该决定先规定了城市管理领域实施相对集中行政处罚权的范围，然后规定了"需要在城市管理领域以外的其他行政管理领域相对集中行政处罚权的"的决定主体和条件。2021 年修订的《行政处罚法》更是明确列举了实行综合行政执法的行政管理领域。[3] 这样就会出现即使实行综合行政执法，也可能存在过多的综合行政执法机构问题。当然，综合执法机构的数量设置多少最为适宜，并未有标准答案，这是一个值得研究的问题。一般而言，行政管理覆盖的面积、人口、事务的专业复杂程度、执法行为的发生频率等都对设置综合行政执法队伍的数量有直接影响。

跨部门综合行政执法权横向配置幅度受制于当下的配置标准。综合行政执法权配置幅度受执法权配置标准影响，主要表现为对《行政处罚法》第 18 条第 2 款规定的"有关"标准的理解，限制了综合行政执法权的配置范围和幅度。无论是理论观点还是实践操作都将此处的"有关"解释为与职能的相关性。如有观点认为，在集中处罚权的过程中，不能脱离核心职能，必须在核心职能的基础上，根据职能间关联度高低依次整合相关职能。[4]《相对集中处罚权推进决

---

〔1〕 参见《宪法》(2018 年)第 89 条第 6—11 项。

〔2〕 参见《地方组织法》第 59 条、第 61 条。

〔3〕《行政处罚法》第 18 条第 1 款规定，国家在城市管理、市场监管、生态环境、文化市场、交通运输、应急管理、农业等领域推行建立综合行政执法制度，相对集中行政处罚权。

〔4〕 参见王敬波：《相对集中行政处罚权改革研究》，载《中国法学》2015 年第 4 期。

定》对城市管理领域集中行政处罚权的范围规定，也是按照与城市管理领域核心职能的关联度标准进行确定的。在当下，这种确定相关性标准的思路无疑具有现实意义，但随着综合执法改革的深入，与核心职能的关联度也是一个不确定法律概念，并且随着综合行政执法机构执法能力的提升，其对于与其核心职能关联度不高的领域也可能拥有行政执法能力。因此，在配置行政执法权时，可以突破当下对"有关"标准的解释，将综合执法权的范围扩大。浙江省综合行政执法权扩大到19个领域就是很好的例证。因此，在实行综合行政执法时，综合行政执法机构的执法权配置幅度可以根据效能原则、执法队伍的能力和管理需要，突破"有关"标准，扩大当下综合行政执法的权力配置幅度和范围，最大限度地减少执法队伍，便利行政相对人。

2. 功能区综合行政执法的依据缺位

《行政处罚法》在规定综合行政执法时主要考虑了行政区各行政管理领域多头多重执法、执法扰民等问题。在行政区之外设置的各功能区，虽然是以特定功能为主体的区域，但在该功能区仍然存在着强烈的综合行政执法需求。如各地经济开发区提出的"一支队伍管执法"就是适应经济管理体制而提出的社会管理体制变革举措。但各功能区对综合行政执法的需求受到《行政处罚法》及相关单行法的限制。《行政处罚法》关于行政处罚级别管辖权的规定[1]，原则上排除了各功能区的行政处罚主体资格，除非有法律、行政法规的特别规定。事实上，几乎没有法律、行政法规对各功能区进行综合行政执法授权的立法。随着行政执法体制改革的推进，有些省级人民政府依据《行政处罚法》关于相对集中行政处罚权的规定，开始授予某些经济开发区综合行政执法权。被授予综合行政执法权的开发区一般是地方人民政府的派出机关，这符合相对集中行政处罚权应当由行政机关行使的立法规定。但实践中，有些功能区管理机构并非行政机关，而是事业单位。这些事业单位性质的管理机构在其管理的功能区也具有综合行政执法的现实需求。但《行政处罚法》要求综合行政执法机构必须是行政机关的规定，并未赋予事业单位功能区管理机构获得综合行政执法的权力。

[1] 《行政处罚法》第23条规定，行政处罚由县级以上地方人民政府具有行政处罚权的行政机关管辖。法律、行政法规另有规定的，从其规定。

（二）跨部门综合执法权横向配置模式的发展趋势

1. 扩大综合执法权配置幅度

在政府进行行政管理的过程中，为了减少对行政相对人的影响，消除执法扰民现象，在不影响行政执法目的和效能的情况下，行使行政执法权的机构越少越好。

域外行政执法机构的管理幅度。行政执法机构的管理幅度与行政组织改革的变化保持同步。行政组织设立过多，机构林立，执法机构就会出现职权交叉、重叠，执法扰民和执法效率低下就难以避免。行政组织改革正是为了解决上述主要问题而出现的。这种改革在世界其他地方早已开始并一直在持续推进。在美国，根据一项研究的统计，从 1917 年到 1980 年，各州共开展大规模的机构改革运动 151 次，大多数行政组织改革发生于 1965 年以后。[1] 美国各州也设有主管各种职能的行政机关，但在行政执法方面，美国各州一般设有专门的行政执法机构。"在美国各州、郡和县都设有名为'code enforcement'（法规实施）的行政执法机构，宗旨是通过执行市政管理法规，维护良好社区环境，以保障本地居民的安全、卫生和生活福利，其职责范围主要包括土地利用、区划、公共卫生和安全、环境卫生、住房和建筑规范、废弃车辆以及处理违规投诉和其他保障公共福利的问题。"[2] 在乔治亚州，每一个郡（county）或市政当局（municipality）可以根据自己的选择，依条例设立或废除地方政府执法委员会（local government code enforcement boards）。郡或市政当局依条例可以采纳替代性执法委员会制度，该制度授予执法委员会对违反郡或市法律规定的违法者召开听证和实施罚款的权力。[3] 这表明乔治亚州郡或市设立的执法委员会行使的是综合行政执法权，其执法范围和幅度也很大。在德国，地方政府的秩序局行使的执法权范围很广，如汉堡市的 7 个大区下都设了秩序局，它主要负责居民身份登记、养老与医疗保险、消防、交通、运输、兽医与食品监督、环保等相关事务；

---

〔1〕 参见王名扬：《美国行政法》，中国法制出版社 2005 年版，第 256 页。

〔2〕 陈艺：《国外城市管理行政执法比较研究》，载《城市发展研究》2018 年第 7 期。

〔3〕 Ga. Code Ann., § 36 – 74 – 3.

集中行使了规划、卫生、建设、交通、工商、环保等许多部门的行政处罚权。[1] 可见，德国地方政府综合行政执法的范围和幅度也十分广泛。

我国跨部门综合执法范围的扩大。我国当下综合行政执法机构的执法权范围应突破“有关”标准的狭义理解和思维障碍，根据综合执法机构的执法能力和现实需要，扩大综合执法权适用范围。对于综合行政执法机构而言，增加执法力量，配置执法设备，提升执法能力，是有效解决综合执法机构执法能力不足的重要手段。目前，集中行使的执法权之间是否“相关”以及关联度高低成为决定综合行政执法范围的重要标准，但这一标准与综合行政执法机构的执法能力和现实需求并不完全一致。也许《行政处罚法》设定这一标准的考量因素是，只有具有相关性，集中行使执法权才能避免职权交叉、重复执法等弊端。但是，首先，相关性标准本身就是一个不确定法律概念，难以准确界定相关的程度和范围。其次，行政处罚的规范竞合并一定都存在于职能具有相关性的行政事项上。在职能看似并不相关的事项上，也可能存在规范竞合，从而导致多头执法的情况发生。[2] 即使不相关的执法事项，集中由一个行政机关行使，也可以减少多头执法、执法扰民现象发生。最后，在综合执法机构执法能力提升的情况下，综合执法可以统筹考虑相对人情况，体现整体政府对相对人权益保护的优势，提高行政效能。因此，浙江省综合行政执法机构执法权配置范围和幅度值得提倡。当然，未来发展有继续扩大和优化跨部门综合执法权范围和幅度的空间和可能。

2. 完善功能区跨部门综合行政执法的制度通道

作为派出机关的开发区管理机构综合行政执法主体资格的获得途径。设立特定功能区是实现行政管理目的的重要手段。在功能区内，管理机构不仅需要行使与特定功能有关的经济方面管理权，有时还需要相应的行政执法权。如各地各层级的经济开发区管理机构在行使经济管理权限的同时，也需要一定的

[1] 参见青锋：《行政处罚权的相对集中：现实的范围及追问》，载《行政法学研究》2009 年第 2 期，第 14 页。

[2] 尽管新修订的《行政处罚法》第 29 条对行政处罚的规范竞合作出规定，即按照罚款数额高的处罚，但这只是从处罚结果上作出的保护相对人合法权益的规定，难以避免两个以上行政执法机关同时对违法相对人开展行政处罚的相关程序，因此，也难以完全避免执法扰民的情况发生。

社会管理权限,尤其是行政执法权。但囿于经济开发区管理机构并非县级以上人民政府,不享有《行政处罚法》规定的行政处罚权。各地经济开发区管理机构也在探索委托执法或派驻执法等执法方式,但始终无法实现“一枚印章管审批,一支队伍管执法”的改革目标。在各地出台有关开发区的立法后,开发区管理机构被明确为地方政府的派出机关。作为行政机关,其具备了依据《行政处罚法》实行相对集中行政处罚和综合执法的资格,省级人民政府可以决定在开发区内实行综合行政执法。下一步,可以考虑在修改开发区立法时,直接规定某些类型的开发区在符合一定条件时,由省级人民政府决定实行综合行政执法。

事业单位性质开发区管理机构综合行政执法主体资格的获得途径。由于综合行政执法机构必须是行政机关,事业单位性质的开发区管理机构不具有承担综合行政执法职责的资格,这类开发区将无法实行综合行政执法。在其有区域内综合行政执法需求时,可以通过将其管理机构的事业单位性质变更为行政机关。这样就可以依据《行政处罚法》,由省级人民政府决定其管理机构的综合行政执法主体资格。

其他功能区管理机构综合行政执法主体资格的获得途径。除开发区外,还有自然保护区、水功能保护区等特殊类型功能区。这些功能区普遍具有一定范围的行政执法权,但多数不具有综合行政执法权。而这类功能区往往又具有综合行政执法的强烈需求,考虑到这类功能区多数都有专门的立法,可以在制定或修改这些立法时,授予这类功能区管理机构综合行政执法的权力。在制定或修改立法前,可以按照前述开发区管理机构获得综合行政执法主体资格的途径解决这类功能区管理机构的综合执法主体资格问题。值得注意的是,2021 年 3 月 1 日生效的《长江保护法》并没有规定综合行政执法制度,而是规定了联合执法制度。[1] 为增强行政执法效果,可以考虑在一定范围内将联合执法制度修改为跨部门跨领域综合执法制度。[2]

---

〔1〕《长江保护法》(2020 年)第 28 条第 3 款规定,国务院水行政主管部门会同国务院有关部门组织长江流域有关地方人民政府及其有关部门开展长江流域河道非法采砂联合执法工作。

〔2〕参见张峰振:《我国非法采砂法律规制的不足与完善》,载《淮阴师范学院学报(哲学社会科学版)》2021 年第 1 期。

第四节　跨部门综合执法权配置的模式:纵向转移

跨部门综合执法权配置的纵向模式主要体现为下放行政执法权,实行基层综合行政执法制度。1996 年《行政处罚法》第 16 条规定的相对集中行政处罚权制度,被认为是综合行政执法制度的开端。该制度的设计初衷是解决行政执法权横向上综合行使问题,并不涉及纵向的行政处罚权下放。2021 年修订的《行政处罚法》第 24 条规定了行政处罚权下放制度,这是综合行政执法由单纯的横向综合模式转向纵向综合执法模式的标志,是基层综合行政执法制度的法律依据,也是综合执法改革发展的全面深化。

所谓基层综合行政执法,是指由乡镇人民政府、街道办事处,以自己名义行使原由两个以上行政主体分别行使的执法权而形成的行政执法制度。随着 2021 年 7 月 15 日新修订《行政处罚法》的施行,基层综合行政执法制度正式拉开帷幕。

为全面了解基层综合行政执法制度的实施情况,笔者对 XZ 市 QS 区 14 个街道办事处进行了充分调研。[1] 通过问卷调查、召开座谈会、个别访谈等形式,初步掌握了该区开展基层综合行政执法的基本状况。本调研在基层综合行政执法改革实践基础上,围绕《行政处罚法》第 24 条的制度运行情况展开。本调研要回答的问题主要包括:基层综合行政执法改革施行以来,改革实践的现状如何?改革存在什么问题?第 24 条的制度定位是什么?其与第 18 条关于综合行政执法和相对集中行政处罚权的规定之间是什么关系?[2] 能否依据第 24 条让乡镇、街道行使与行政处罚权有关的行政检查权、行政强制权?基层综合行政执法的决定主体包括哪些?如何理解基层综合行政执法中执法权下放的条件?如何解决基层综合执法改革中的问题?如何建构基层综合行政执法制

[1] 本调研的实施时间为 2023 年 12 月。

[2] 《行政处罚法》(2021 年)第 18 条第 1 款规定,国家在城市管理、市场监管、生态环境、文化市场、交通运输、应急管理、农业等领域推行建立综合行政执法制度,相对集中行政处罚权。第 2 款规定,国务院或者省、自治区、直辖市人民政府可以决定一个行政机关行使有关行政机关的行政处罚权。

度？等等。

一、基层综合行政执法改革现状与问题

（一）基层综合行政执法改革探索

1996年《行政处罚法》规定的相对集中行政处罚权，被认为是综合行政执法改革的发端。[1] 此后，有些地方开始探索基层综合行政执法，如上海市、哈尔滨市先后通过地方立法规定乡镇、街道综合行政执法制度。[2] 但相对集中行政处罚权制度的设计初衷，是通过重构同一政府（县级以上人民政府）不同部门之间的执法权限，实现行政执法权横向上的科学配置，并不涉及行政执法权向乡镇、街道下放的纵向移转。[3] 2019年中办、国办发布《关于推进基层整合审批服务执法力量的实施意见》明确提出，积极推进基层综合行政执法改革，将点多面广、基层管理迫切需要且能有效承接的审批服务执法等权限赋予乡镇和街道，依法明确乡镇和街道执法主体地位。之后，许多地方依据《关于推进基层整合审批服务执法力量的实施意见》将行政执法权下放至基层，授予乡镇、街道行政执法主体资格。[4] 但这些改革措施与《行政处罚法》（2017年）第20条的规定相悖。[5] 2021年修订的《行政处罚法》第24条以法律形式规定行政执法权

---

〔1〕 参见中国行政管理学会课题组：《推进综合执法体制改革：成效、问题与对策》，载《中国行政管理》2012年第5期。

〔2〕 1997年1月15日颁布的《上海市街道办事处条例》第10条规定，街道办事处设立的街道监察队具有行政执法主体资格，可以自己的名义对辖区内对违反城市管理法律、法规规定，以及违法建筑、设摊、堆物、占路等行为，实施行政处罚。但2016年《上海市街道办事处条例》修订时，将街道监察队执法条款予以删除。2000年10月20日发布的《哈尔滨市街道办事处条例》规定，街道办事处设立的城市管理监察队伍具有行政执法主体资格。但该地方性法规已于2010年10月15日被废止。

〔3〕 类似观点如，"上海市通过地方性法规授权街道办事处作为行政处罚主体的做法'于理不通'"。参见王敬波：《相对集中行政处罚权改革研究》，载《中国法学》2015年第4期。

〔4〕 如中共江苏省委办公厅、江苏省人民政府办公厅印发的《关于推进基层整合审批服务执法力量的实施方案》（2020年1月），中共内蒙古自治区党委办公厅、内蒙古自治区人民政府办公厅印发的《关于深化苏木乡镇和街道改革推进基层整合审批服务执法力量的实施意见》（2019年11月），江西省人民政府印发的《关于赋予乡镇（街道）首批县级审批服务执法权限的通知》（赣府发〔2020〕1号）等。

〔5〕 亦有观点认为，《关于推进基层整合审批服务执法力量的实施意见》可以认为是国务院的授权，国务院授权乡镇人民政府和街道办事处可以行使区县人民政府相关职能部门的行政处罚权。参见金国坤：《基层行政执法体制改革与〈行政处罚法〉的修改》，载《行政法学研究》2020年第2期。

向基层下放的纵向转移制度,[1]才使上述改革措施获得合法性依据。[2] 这一制度对于构建简约高效的基层管理体制,深化行政执法体制改革具有重要意义。

(二)基层综合行政执法改革现状

1. 改革依据

2019 年 1 月中办、国办印发《关于推进基层整合审批服务执法力量的实施意见》和 2021 年 1 月修订的《行政处罚法》,分别为基层综合行政执法提供了政策和法律依据。《关于推进基层整合审批服务执法力量的实施意见》第一次以中央文件的形式规定了乡镇、街道的行政执法主体资格。[3] 这个文件澄清了基层综合行政执法改革中有关执法主体资格的模糊规定,统一了不同认识,为深化基层综合执法改革提供了政策依据。但仅有上述意见仍不能为基层综合行政执法机构的主体地位赋予合法性。[4] 根据重大改革于法有据

---

[1] 在行政管理体制改革中,描述行政权由上向下纵向转移的概念,大致有"下放""下移""下沉"等。从汉语使用习惯和字面意思来看,"下放",是指向下级释放,即上级机关将自己享有的权力释放出去,交由下级机关享有和行使,下级机关有权以自己的名义行使权力并承担责任。如《关于推进基层整合审批服务执法力量的实施意见》即用"下放"概念表达此意。"下移",既有向下移动,又有向下转移之意,表示权力向下移动时,可能仅指行政执法重心的下移,并不一定含有权力享有主体改变的意思。"下沉",汉语意思是指一种竖直向下的运动,与"下移"的第一种意思类似,并不一定包含权力享有主体的改变之意。因此,用"下放"表示行政权的享有和行使主体由上级行政机关变为下级行政机关更明确、具体。

[2] 《行政处罚法》第 24 条第 1 款规定,省、自治区、直辖市根据当地实际情况,可以决定将基层管理迫切需要的县级人民政府部门的行政处罚权交由能够有效承接的乡镇人民政府、街道办事处行使。

[3] 《关于推进基层整合审批服务执法力量的实施意见》(2019 年)规定,整合现有站所、分局执法力量和资源,组建统一的综合行政执法机构,按照有关法律规定相对集中行使行政处罚权,以乡镇和街道名义开展执法工作,并接受有关县级主管部门的业务指导和监督,逐步实现基层一支队伍管执法。

[4] 有观点认为,《关于推进基层整合审批服务执法力量的实施意见》可以认为是国务院的授权,国务院授权乡镇人民政府和街道办事处可以行使区县人民政府相关职能部门的行政处罚权。(参见金国坤:《基层行政执法体制改革与〈行政处罚法〉的修改》,载《行政法学研究》2020 年第 2 期,第 66 页)这种观点值得商榷。因为从《行政处罚法》关于相对集中行政处罚权的规定来看,国务院等决定主体行使的决定权应是一种具体的权力,即针对特定的申请主体就拟集中的具体行政处罚权作出的决定。该决定仅对申请主体和拟被集中的特定处罚权有效。而《关于推进基层整合审批服务执法力量的实施意见》是一种规范性文件,并非针对特定主体和特定权力。国务院单独或参与制定的规范性文件,即使有对基层授权的表述,也不符合《行政处罚法》关于相对集中行政处罚权的具体授权立法旨意。因此,《关于推进基层整合审批服务执法力量的实施意见》不能产生国务院同意特定行政机关行使有关行政机关行政处罚权的效力。

的要求，[1]法律修改势在必行。

作为行政处罚的基本法，《行政处罚法》于2021年1月修订时，专门就乡镇、街道执法主体资格和执法权限作出了规定。[2] 这一规定彻底解决了基层综合行政执法改革的核心问题，扫清了关键障碍，使基层综合行政执法改革在经历多年探索后，真正步入法治化轨道。

2. 实践现状

基层综合行政执法前，街道办事处的行政执法现状。2021年7月15日，新修订的《行政处罚法》开始施行。行政处罚权下放与基层综合行政执法制度生效。在此之前，XZ市QS区各街道办事处已经实行了区城管派驻执法制度，即由区城市管理局将其执法人员派驻到各办事处，由办事处对派驻执法人员进行领导和管理，执法人员的管理、工资福利待遇、考核晋升等都由办事处负责。执法人员以区城市管理局的名义从事所在办事处辖区的城市管理执法工作。实行综合行政执法前，各办事处执法人员主要是城管局派驻执法人员，就其管辖区域面积而言，办事处城管执法人员数量捉襟见肘，年龄普遍偏大，知识结构失衡。如QS某办事处辖区面积7.9平方千米，人口17.18万（包括常住人口和流动人口），但持有行政执法证的正式执法人员仅有19人，协管员37人。19位执法人员中，50岁以上的7人，40~49岁的12人，40岁以下的0人。在从事行政执法前均没有法学教育背景。在执法任务方面，2023年1—8月，仅承接并处理市数字化城管平台派发工单达到9893件，其中实施行政处罚421件，一般程序386件。除数字化平台派单外，城管执法人员还需要处理大量的其他行政管理和执法任务。

基层综合行政执法制度的推进状况。2021年6月18日，江苏省司法厅印发《关于徐州市在镇（街道）开展相对集中行政处罚权工作的复函》（苏司函〔2021〕15号），同意在XZ市辖区内各市（区）相关镇和街道开展相对集中行政

---

〔1〕 2014年10月23日，中国共产党第十八届中央委员会第四次全体会议通过的《全面推进依法治国决定》提出，实现立法和改革决策相衔接，做到重大改革于法有据、立法主动适应改革和经济社会发展需要。

〔2〕 《行政处罚法》第24条规定，省、自治区、直辖市根据当地实际情况，可以决定将基层管理迫切需要的县级人民政府部门的行政处罚权交由能够有效承接的乡镇人民政府、街道办事处行使。

处罚权工作。根据该文件,XZ 市 QS 区 14 个街道办事处均有权开展相对集中行政处罚权工作。根据省政府批准的赋权目录,XZ 市 QS 区各办事处相对集中行使的行政处罚权涉及 4 个行政管理领域,71 项行政处罚权。这 4 个行政管理领域的原执法主体分别是区民宗局(11 项)、区城管局(35 项)、区市场监管局(9 项)、区住建局(16 项)。同时,需要说明的是,街道办事处虽然获得了相对集中行政处罚权的主体资格,在原来城管派驻执法的基础上增加了市场监管、民族宗教、住房建设等领域的行政处罚权,但没有给办事处增加执法人员,没有充实其执法力量。

(三)基层综合行政执法改革存在的问题

1. 基层管理迫切需要的部分权力未下放

《行政处罚法》第 24 条规定,下放至基层的权力应是基层管理迫切需要的行政处罚权。哪些是基层管理迫切需要的行政处罚权,这个应该因地因时制宜。各地情况不同,基层管理面对的问题和需求不同,管理需要的执法手段的迫切性亦有差异,因此,应根据不同地区不同管理单位的管理需求确定。在调研中,有办事处反映,其辖区内经营业户较多,其产生的噪声污染严重,给居民生活造成较大影响,一直是投诉举报热点问题。作为辖区政府派出机关的办事处为此颇为头痛,用尽了各种柔性管理手段,收效甚微。赋予办事处该类事项的行政处罚权,可以有效解决管理难题。但此次下放的权力没有环保领域的行政处罚权。再如油烟超标排放、室内装修违规、车辆违章停放等均是 QS 多数办事处面临的日常管理难题,是投诉案件高发问题,但此次赋权,没有将相应的行政处罚权下放给基层街道办事处。

2. 下放的行政执法权层级单一

《行政处罚法》第 24 条规定,基层乡镇人民政府、街道办事处可以行使的行政处罚权只能是县级人民政府部门的行政处罚权。将下放的行政处罚权限制在县级人民政府部门这一层级,与这一层级行政机关管辖的行政事务性质、影响范围和基层的承接能力相适应,有其现实合理性。但从行政执法体制改革的发展趋势来看,增强基层执法力量,提升基层执法人员的执法能力,是保障行政执法权纵向配置的关键因素。在基层执法能力提升到足以承接县级以上人民政府部门的行政处罚权时，再以基层的承接能力为由将可以下放的行政处罚权限制在县级人民政府部门这一层级就失去了合理性。因此，《行政处罚法》第24条规定的行政处罚权下放层级过于单一，不符合综合行政执法的发展方向。

3. 城管领域权力下放不彻底

基层综合行政执法队伍主要是以城管派驻执法人员为基础建立的，几乎没有其他领域的执法人员。这些执法人员长期从事城管领域行政执法工作，已经习得了城管执法的专业知识和丰富经验，城管领域的执法权行使可谓驾轻就熟。但此次权力下放仅将区城管局近百项行政处罚权中的35项下放给基层办事处，造成了新的内部管理问题。

权力下放不彻底，增加了办事处行政执法管理的复杂性和相对人的困扰。仅将区城市管理局派驻办事处执法人员行使的部分行政处罚权下放至办事处，使得办事处存在派驻执法和自己名义执法两种执法情形。在《行政处罚法》规定的行政处罚权下放制度实施前，城市管理执法已经实行派驻执法。区城管局派驻执法人员在各办事处，几乎可以行使区城管局享有的全部执法事项的行政处罚权。但行政处罚权下放制度实施后，仅将派驻执法人员之前行使的部分执法事项的行政处罚权下放给街道办事处。这种下放范围的限缩造成了执法事项的割裂，将本可以由基层统一实施的城管领域行政处罚权分成了两部分，分别以区城管局名义和办事处名义行使。在一个办事处，既有以区城管局名义进行执法的派驻执法形式，也有以办事处名义执法的自己执法形式，增大了管理的难度，也造成了行政相对人的困扰和选择行政复议被申请人或行政诉讼被告的不便。

无独有偶，与前述两种执法名义对应，权力下放后，办事处出现了两支身份不同的行政执法队伍，增大了管理难度。在行政处罚权下放后，街道办事处自己享有了综合行政执法权。其综合行政执法事项的范围是省政府批准的71项执法事项。行使本部分权力的执法人员需要办理"综合行政执法证件"。原由派驻执法人员行使，但没有下放给办事处的行政执法事项，仍属于派驻执法，这部分执法事项仍然由区城管派驻执法人员行使。根据现行行政执法证件管理制度规定，一个执法人员只能拥有一个执法证件，其执法范围是固定的。那么，在办事处，行使综合行政执法权的人员应该持有综合行攻执法证件，而行使没有下放给办事处但一直由派驻执法人员行使的执法权的人员，仍需要持有城市管理行政执法证件。这样，办事处就形成了分别持有不同类别或性质执法证件的两类行政执法人员。与行政处罚权下放之前相比，执法队伍的身份更加复杂，管理难度更大。

当然，有的办事处将现有的行政执法人员都上报申请领取综合行政执法证。这样办事处对下放的35项城管行政处罚权之外的其他城管处罚事项就无法有效进行管理和执法，只能由区城管局重新对这些办事处辖区内的城管执法事项兜底执法，但在派驻执法多年后，区城管局执法人员也是捉襟见肘，难以满足增加的执法需求。

4. 综合执法人员数量不足，执法能力有待提高

办事处现有执法人员及执法事项范围。办事处原有派驻执法人员本就不足，实行综合执法后，根据某省人民政府的批准，办事处综合行政执法的事项范围在原来的城管领域执法外，又增加了3个执法领域36项行政执法事项，但执法人员没有任何增加。这是因为各行政主管部门的执法力量难以满足随执法职能下放而将人员转隶至基层的裂变式需求（即1个主管部门要面向14个办事处）。另外，调研发现，街道办事处行政执法人员年龄老化严重，知识结构固化，对新的执法知识的学习能力下降。基层办事处只能在人员短缺和执法能力堪忧的情况下，被动接受增加的综合执法任务。综合执法能力与综合执法任务的矛盾将更加突出。

综合执法扩大了办事处的执法事项领域和范围，却没有相应增加执法人员。在实行综合执法后，办事处原有执法人员均为区城管派驻人员，其仅具有城市管理领域行政执法的经验和能力。对于新增加的其他领域行政执法事项，这些人员没有执法经验，也没有经过相应的执法培训，他们的执法能力显然难以适应新的执法事项要求。

综合执法人员执法能力建设制度亟待建立。《行政处罚法》第24条第2款规定，承接行政处罚权的乡镇人民政府、街道办事处应当加强执法能力建设，按照规定范围、依照法定程序实施行政处罚。该规定将加强执法能力建设作为基层乡镇、街道的法定义务。这是基于乡镇人民政府、街道办事处行政执法经验和能力不足而作出的针对性规定。但从基层综合行政执法的推进情况来看，各

街道办事处还没有制定执法能力建设的相关制度和建设举措,如没有对现有执法人员进行综合执法培训,这既与综合行政执法刚刚开始推进,办事处未来得及制定相关制度有关,也与基层缺乏执法能力建设的相关经验和资源有关。

因此,增加基层综合执法人员数量,提高基层综合执法人员综合执法能力已成为当务之急。

5. 综合执法人员编制身份复杂,人心不稳

派驻执法人员的编制和身份。现在 QS 各办事处的综合执法人员都是原区城管派驻到办事处的执法人员,其编制在区城管,属于参公事业编制身份。派驻到街道办事处的执法人员虽然由各办事处进行统一考核和管理,但其编制和身份保持不变。这也是当初这些执法人员愿意到街道办事处从事派驻执法的前提。

综合执法人员的编制和身份。实行综合执法后,区城管局派驻执法人员变为街道办事处的综合执法人员,派驻执法人员持有的执法证件是城市管理行政执法证,以区城市管理局的名义实施执法;综合执法人员持有的执法证件是综合行政执法证,以街道办事处的名义实施执法。随着行政执法证件和执法主体名义的变化,派驻执法人员开始担心自己的编制和身份是否会因综合行政执法而发生变化,即在实行综合执法后,综合执法人员的编制是否会由区城管局变为街道办事处,其参公事业编制是否会变为一般事业编制。目前,已经有部分派驻执法人员到区编制办咨询此事。尽管区编制部门答复说不会改变这部分执法人员的编制身份,但仍无法消除部分执法人员的担忧。

6. 综合执法管理和保障制度亟待建立和完善

综合执法管理与监督制度亟待建立。基层综合执法制度实施后,街道办事处执法事项和权力增加,依法执法面临的挑战加大,如何管理综合执法队伍,监督并控制违法行政现象,已经成为当务之急。但基层综合行政执法已经紧锣密鼓推进,却不见基层综合执法管理与监督制度出台,这是基层综合执法顺利推进的制度缺漏和现实隐患。

职责边界不清与协调配合机制缺位。基层综合执法是典型的跨领域跨部门综合执法,作为执法主体的街道办事处在实施行政处罚权时,必然会与相关行政主管部门发生业务联系,有时还会出现职权交叉。因此,需要制定街道办

事处与有关行政主管部门之间的职责边界清单，如应当明确某一执法事项的日常监管、受理投诉、举报、违法线索的处理等由哪个机关负责。除了划定街道办事处与行政主管部门的职责边界，还需要建立街道办事处与行政主管部门或监督协调部门之间的协调配合机制，以解决综合行政执法面临的“一对多（街道办事处作为一个综合执法机关需要面对多个行政主管部门）”协调配合难题。目前，上述制度均未有效建立，基本处于缺位状态。

二、基层综合执法改革依据的性质

（一）《行政处罚法》中的行政执法改革条款

《行政处罚法》涉及行政执法体制改革的规定主要是第 18 条和第 24 条。这两条分别对应行政执法体制改革的两个基本面向：行政执法权的横向整合与纵向移转。所谓行政执法权的横向整合，是指将同一政府不同部门的执法职能和执法资源统筹配置，优化整合，使一个行政机关行使原由两个以上行政机关行使的行政执法权，表现形式是行政执法权的横向转移，《行政处罚法》第 18 条即适例。行政执法权的纵向移转，是指按照减少层次、提高效率的原则，推动执法职能和执法资源在上下级之间优化配置，通常表现为行政执法权由上向下转移，如《行政处罚法》第 24 条。

（二）基层综合执法改革依据的性质

《行政处罚法》第 24 条是基层综合执法改革的法律依据。第 24 条是行政执法体制纵向改革的制度，是行政处罚权下放至乡镇、街道的法律依据。从理论上说，行政执法权纵向移转既包括行政执法权由下向上转移，也包括由上向下转移。从改革实践来看，推进执法重心下移是行政执法体制改革的方向。[1]这有助于解决县级以上执法部门信息不对称、基层权责不对等及其导致的“看得见的管不着，管得着的看不见”的弊端。根据单行法律和《行政处罚法》，行政

〔1〕《法治中国建设规划（2020—2025 年）》（2021 年）提出，深化行政执法体制改革，推动执法重心向市县两级政府下移，加大执法人员、经费、资源、装备等向基层倾斜力度。《法治政府建设实施纲要（2015—2020 年）》（2015 年）提出，改革行政执法体制。推进执法重心向市县两级政府下移，把机构改革、政府职能转变调整出来的人员编制重点用于充实基层执法力量。

处罚权的行使主体基本是县级以上人民政府相关部门，乡镇人民政府、街道办事处一般不具有行政处罚主体资格，[1]故，之前的执法重心下移均是向市县政府下移。但随着改革深化，乡镇、街道行使行政处罚权的条件和时机已经成熟。2016年中办、国办印发《关于深入推进经济发达镇行政管理体制改革的指导意见》开启了经济发达镇综合行政执法改革的序幕。2019年中办、国办印发《关于推进基层整合审批服务执法力量的实施意见》明确提出推进行政执法权限和力量向乡镇、街道基层延伸和下沉。但这些改革中，"执法权下移的合法性问题没有得到解决"。[2] 2021年，《行政处罚法》修订时第一次以国家法律形式规定了行政处罚权向乡镇、街道下放，使行政执法权纵向改革"打通了最后一公里"。

第24条是法律授权条款。其授权内容有两个方面：一是授予省、自治区、直辖市对于行政处罚权下放至乡镇、街道行使的决定权；二是授予符合条件的乡镇、街道具有行政处罚的行政主体资格。这与之前乡镇、街道进行的行政执法体制改革明显不同。在此之前，乡镇、街道的行政执法要么由县区级人民政府职能部门派驻到乡镇、街道的执法机构实施，要么以乡镇、街道自己的名义进行执法。前者，乡镇、街道不是行政执法主体；后者，乡镇、街道的执法资格因违反《行政处罚法》而不具有合法性，如前述上海市、哈尔滨市的改革探索。

第24条是基层综合行政执法的法律依据。由于行业主管部门条条形式的执法体制已经无法适应基层属地管理的需要，[3]按照减少层次、整合队伍、提高效率的原则，推进基层综合行政执法改革已经成为迫切需求。《关于推进基层整合审批服务执法力量的实施意见》为推进基层综合行政执法改革提供了政策

---

〔1〕 根据《行政处罚法》规定，法律、行政法规可以授予基层行政处罚权，如《村庄和集镇规划建设管理条例》(1993年国务院令第116号)第37条第2款、第39条、第40条；《血吸虫病防治条例》(2019年国务院令第709号)第51条。地方性法规、规章授予基层行政处罚权的，不具有合法性。如《教育行政处罚暂行实施办法》(1998年国家教育委员会令第27号)第11条、《四川省水上交通安全管理条例》(2012年)第59条第2款均存在合法性问题。除行政处罚权外，乡镇人民政府有时也被授予行政命令权、行政强制权等，如《城乡规划法》第65条。

〔2〕 杨伟东：《中华人民共和国行政处罚法理解与适用》，中国法制出版社2021年版，第94页。

〔3〕 参见王敬波：《相对集中行政处罚权改革研究》，载《中国法学》2015年第4期。

支持，[1]而《行政处罚法》第 24 条为其提供了法律依据。从形式上看，第 24 条仅规定了行政处罚权下放，但其根本目的是解决基层综合行政执法改革面临的合法性问题。行政处罚权下放既可能是单一主体的行政处罚权下放，也可能是两个以上主体的行政处罚权同时下放。在单一主体的处罚权下放场合，由于乡镇人民政府已经具有特别法规定的行政处罚权，其行政执法构成综合行政执法；街道办事处因之前没有行政处罚权，其仅行使单一主体下放的行政处罚权，不属于综合执法。在两个以上主体的行政处罚权同时下放的场合，乡镇、街道的执法属于综合执法。因此，第 24 条从理论上虽非必然导致基层综合行政执法，但当基层实施综合行政执法改革时，第 24 条可以并已经成其为法律依据。

第 24 条的制度定位影响基层行使的执法权内容。如果仅把第 24 条视为行政处罚权下放制度，而不是基层综合行政执法和相对集中行政处罚权制度的话，那么，基层乡镇、街道即使事实上已经行使了原由两个以上主体行使的行政处罚权，也无法依据《行政强制法》第 17 条第 2 款规定，行使与行政处罚有关的行政强制措施权。这将不利于基层行政执法的顺利开展。如前所述，第 24 条已经成为基层相对集中行政处罚权的依据，因此，基层可以依据《行政强制法》第 17 条第 2 款规定，行使与集中行政处罚权有关的行政强制措施权。另外，基于行政法理，作为实施行政处罚权必备的、附随的权力，基层乡镇、街道也可以行使与相对集中行使的行政处罚权有关的行政监督检查权。唯有如此，基于第 24 条的制度通道所形成的乡镇、街道行政执法，才成其为真正的基层综合行政执法。

三、基层综合行政执法改革的决定主体

根据《行政处罚法》第 24 条第 1 款，行政处罚权下放或基层综合行政执法的决定主体是“省、自治区、直辖市”，那么，“省、自治区、直辖市”具体指什么？

---

〔1〕《关于推进基层整合审批服务执法力量的实施意见》(2019 年)明确提出，积极推进基层综合行政执法改革。推进行政执法权限和力量向基层延伸和下沉，强化乡镇和街道的统一指挥和统筹协调职责。整合现有站所、分局执法力量和资源，组建统一的综合行政执法机构，按照有关法律规定相对集中行使行政处罚权，以乡镇和街道名义开展执法工作，并接受有关县级主管部门的业务指导和监督，逐步实现基层一支队伍管执法。

(一)综合行政执法的决定主体

综合行政执法的决定主体包括授权行政主体和立法主体。授权行政主体，即《行政处罚法》授权的国务院或省级人民政府。我国行政执法体制主要由法律、法规、规章规定。改变某一事项的行政执法主体,是对该行政执法事项的重大变更,一般应通过修法程序进行。在欲实行综合行政执法的领域,可以通过修改相关单行法律,将不同行政处罚的执法主体均调整为同一行政主体,以实现综合执法之相同目的。[1] 但这样可能需要修改多部立法,修法成本较大,改革效率降低,改革进程将受阻滞。基于此,立法者选择了不改变单行法规定的行政执法主体,而在行政处罚的基本法——《行政处罚法》中授权国务院或省级人民政府决定相对集中行政处罚权的立法进路。

相同位阶立法主体,即调整行政处罚的法律法规或与其相同位阶的立法制定机关。《行政处罚法》对国务院或省级人民政府的授权并不排斥相关立法主体在综合执法主体上的规定权。规定某一事项行政执法主体的立法机关,有权通过修改原有立法或制定相同位阶的立法,对原行政执法主体和执法体制作出改变,如《农业法》第 87 条。[2]

(二)基层综合行政执法的决定主体

行政执法主体层级的立法规定。我国行政执法体制主要是各行政领域单行立法规定的。根据现行法律,各行政领域行政执法主体基本是县级以上人民

---

〔1〕 通过修法调整各单行法律规定的执法主体为同一执法主体,实现综合行政执法相同目的的情形,并不构成综合行政执法,仍属单一执法制度。以《行政处罚法》相对集中行政处罚权为主要基础的综合执法,本质上是一个行政机关行使原由两个以上行政机关行使的行政处罚权。如果原由两个以上行政机关行使的行政处罚权,在相关立法修改时,均作出调整,将其行政处罚的执法主体资格直接规定由一个行政机关行使,即行政执法主体由原来依据《行政处罚法》获得相对集中的行政处罚权,而变为依据相关单行立法直接获得执法主体资格,这时,由于行政执法主体资格的获得和执法活动,并不以《行政处罚法》规定的相对集中行政处罚权和综合执法条款为依据,不符合一个行政主体行使原由两个以上行政主体行使的行政处罚权的综合执法要件,所以,该种执法属于普通的单一执法制度。同样,综合行政执法制度也会随着相关单行立法的修改而失去综合执法的"综合"特征,从而转化为单一执法制度。

〔2〕 《农业法》第 87 条规定,县级以上地方人民政府农业行政主管部门应当在其职责范围内健全行政执法队伍,实行综合执法。

政府相关行政主管部门。《行政处罚法》第23条对此亦有确认，即行政执法主体的最低层级是县级人民政府具有行政处罚权的行政机关，但法律、行政法规可以作出例外规定。可见，原则上县级人民政府部门的派出机构以及乡镇、街道不具有行政执法主体资格。[1]

行政处罚权下放至乡镇、街道的决定主体。从应然层面来看，《宪法》和《地方组织法》规定各级人民政府的行政工作职权范围大致相同，[2]县级以上人民政府相关部门的行政执法权具有宪法和组织法依据，那么，乡镇人民政府享有行政执法权也具有宪法和组织法依据。但仅有宪法和组织法依据尚不充分，县级以上人民政府部门的行政执法权还具有行政行为法依据。乡镇、街道的行政执法权限也需要获得行政行为法的授权，即行政执法活动的各单行法（如《村庄和集镇规划建设管理条例》）或基本法律（如《行政处罚法》）的授权。因此，调整行政处罚的单行法律、行政法规制定机关可以通过修改法律、行政法规，授权乡镇、街道行使部分行政处罚权；同时，作为行政处罚基本法律的《行政处罚法》也可以对乡镇、街道授予部分行政处罚权，如第24条。第24条将行政处罚权下放的决定权授予省、自治区、直辖市。此处的“省、自治区、直辖市”，具体指什么，由于法律没有规定，值得探讨。笔者认为，首先，第24条中的省、自治区、直辖市包括省级人大及其常委会。根据《宪法》第99条第1款[3]、第104条[4]，

---

[1] 作为例外，县级人民政府相关行政机关的派出机构可以依据法律授权成为行政执法主体，如《治安管理处罚法》第91条授权公安派出所在警告、五百元以下的罚款事项上具有行政执法主体资格。《村庄和集镇规划建设管理条例》（1993年）授权乡级人民政府在特定事项上具有行政执法主体资格。

[2] 《宪法》第89条详细列举了国务院的职权范围，第107条列举了县级以上地方各级人民政府的职权范围，《地方组织法》第61条列举了乡、民族乡、镇人民政府的职权范围。

[3] 《宪法》第99条第1款规定，地方各级人民代表大会在本行政区域内，保证宪法、法律、行政法规的遵守和执行；依照法律规定的权限，通过和发布决议，审查和决定地方的经济建设、文化建设和公共事业建设的计划。

[4] 《宪法》第104条规定，县级以上的地方各级人民代表大会常务委员会讨论、决定本行政区域内各方面工作的重大事项。

《地方组织法》第8条第3项[1]、第44条第4项[2]，省级人大及其常委会有权依法决定将行政处罚权下放至基层。省级人大及其常委会决定行政处罚权下放的形式包括通过地方性法规或决议。其次，第24条中的省、自治区、直辖市包括省级人民政府。由于行政处罚属于人民政府的行政事项范围，且行政系统实行领导从属制[3]，由省、自治区、直辖市人民政府享有行政处罚下放的决定权符合组织法规定和效率原则。最后，如果考虑到行政效率，由省级人民政府决定行政处罚权的下放比省级人大或其常委会决定更有利，更值得提倡。省级人民政府决定行政处罚权下放的形式包括地方规章或决定。

四、基层综合行政执法中行政处罚权下放的条件

行政处罚权下放符合执法重心下移、执法力量和执法资源下沉的行政执法体制改革方向。但行政处罚权下放要符合一定的条件，使其既不对以县级以上人民政府职能部门为主的执法体制造成根本影响，也能够提高执法效能、解决"看得见的管不着，管得着的看不见"问题。根据《行政处罚法》第24条第1款规定，可以下放的行政处罚权必须符合三个条件：一是基层管理迫切需要；二是基层能够有效承接；三是县级人民政府部门的行政处罚权。

（一）基层管理迫切需要

基层管理迫切需要是行政处罚权下放的前提条件，体现了基层行政管理过程中的问题意识，反映了行政执法改革的需求导向和权力下放目的的正当性。

乡镇、街道的权责紧张关系是基层管理迫切需要行政执法权的根本原因。

---

〔1〕《地方组织法》第8条第3项规定，县级以上的地方各级人民代表大会行使下列职权：……（三）讨论、决定本行政区域内的政治、经济、教育、科学、文化、卫生、环境和资源保护、民政、民族等工作的重大事项。

〔2〕《地方组织法》第44条第4项规定，县级以上的地方各级人民代表大会常务委员会行使下列职权：……（四）讨论、决定本行政区域内的政治、经济、教育、科学、文化、卫生、环境和资源保护、民政、民族等工作的重大事项。

〔3〕参见姜明安：《行政法》，北京大学出版社2017年版，第162页。

从《地方组织法》和各地有关街道办事处的地方立法来看[1]，乡镇、街道除不承担县级以上地方各级人民政府对其工作部门、下级人民政府以及行政机关工作人员等对内管理的职责外，在对外管理事务方面，乡镇、街道与县级以上地方各级人民政府承担的职责范围几乎一致，如都具有管理本行政区域内的经济、教育、科学、文化、卫生、体育事业和财政、民政、公安、司法行政、计划生育等行政工作的职责。[2] 但乡镇、街道不享有县级以上人民政府所享有的许多行政职权，如行政处罚权、行政强制权、行政许可权等。这样就在乡镇、街道形成了责大权小、有责无权或责权不一致等权责紧张关系。“乡镇政府，在‘权责不等’的制度约束下，日益呈现严重的‘失衡态’运转。”[3] 基层迫切需要与其承担的行政职责相适应的行政职权，包括行政处罚权。在县级以上人民政府部门为主体的行政处罚执法体制下，下放行政处罚权成为行政执法体制改革的必然选择。

基层管理迫切需要，是指基层行政管理中面广量大、直接面向普通百姓，没有行政处罚权就难以有效解决的事项。基层行政管理的广泛性、直接性决定了与基层管理密切相关的行政执法事项下放的迫切性。“县以上行政管理一般只达到社会集团单位，乡镇则直接面向千家万户，面向广大农民群众。”[4] 并且，基层管理的事项是执行法律、法规、规章规定或上级交办的任务，多数会对基层群众的权利义务产生直接影响。如果没有行政执法权，乡镇、街道的行政管理权威难以树立，行政效能将会降低。采取行政执法权委托或派驻执法机构方式执法，基层行政管理之实与行政执法之名不符，难以获得基层群众认可，无益于基层行政权威树立和行政效能提升。因此，需要将与基层行政管理密切相关的行政执法权下放。对于基层行政管理涉及较少、执法频次较低、与广大群众联系不紧密的执法权，无须下放。如《湖南省赋予乡镇（街道）经济社会管理权限

---

〔1〕 截至2021年4月16日，北大法宝法律法规数据库共收录了6部有关街道办事处的地方性法规（分别是天津、北京、上海3个直辖市和武汉、呼和浩特、长春3个设区的市的相关法规）和4部地方政府规章（分别是广州、西安、深圳、南京地方政府规章）。

〔2〕 职责与职权的关系有不同论述。笔者赞同这样的观点：职责是职权的根据和前提，职权因职责而产生，职权是职责的保障。（姜明安：《行政法》，北京大学出版社2017年版，第164～168页）据此，笔者认为，《宪法》和《地方组织法》中规定的各级人民政府的职权实为其职责。

〔3〕 周少来：《乡镇政府体制性困局及其应对》，载《甘肃社会科学》2019年第6期，第34页。

〔4〕 金太军：《论乡镇行政管理的基本特点和特殊原则》，载《中国行政管理》1997年第8期。

指导目录》将基层行政管理中经常发生且与基层群众密切相关的秸秆、垃圾等生物质焚烧的监管执法权，由县级农业农村和生态环境部门下放给乡镇（街道），但对于基层管理中涉及较少、执法频次较低的“对无证开采、越界开采及采取破坏性方法开采等违法采矿行为的处罚”，不采取下放方式，而由县级自然资源部门委托乡镇（街道）进行执法。[1]

（二）基层能够有效承接

基层有效承接是实现权力下放目的、提高执法效能的重要保障条件。这是结果导向的下放条件，要求承接行政处罚权的基层乡镇、街道，能够有效地行使下放的处罚权，实现法律设定该行政处罚权的执法目的。这也体现了行政效能原则中行政手段有效实现行政目标的具体要求。[2] 行政执法权下放主要解决行政执法主体信息不对称条件下执法效能低下的问题。“财政分权理论表明，越是基层政府，离它们的服务对象越近，越了解其需求，也就越容易有效地提供那些层次较低、受益范围较小的公共产品。”[3] 而单纯将行政处罚权下放至能充分获取信息的基层，并不能当然实现提升执法效能的目的。只有当具有信息优势的基层有能力承接，并能够有效行使该权力时，行政处罚权下放追求的提升执法效能目的才能实现。

基层有效承接下放权力的前提，是基层执法主体具有与承接权力相适应的执法能力。基层执法能力影响基层执法主体资格的获得和执法权行使的有效性。我国城乡二元体制和发展不平衡直接导致基层执法能力难以胜任执法任务，主要表现为：人手严重短缺；现有人员缺乏相关事务工作经验和业务能力；[4] 执法装备和技术手段的欠缺等。这也是我国法律将行政执法主体定位于县级以上各级人民政府部门，而排斥基层行政执法主体资格的重要考量因素。随着经济社会全面发展，城乡差距逐渐缩小，基层乡镇、街道对行政执法权的需

---

〔1〕 参见《湖南省赋予乡镇（街道）经济社会管理权限指导目录》（湘政办发〔2019〕55号）。

〔2〕 参见沈岿：《论行政法上的效能原则》，载《清华法学》2019年第4期。

〔3〕 王敬波：《相对集中行政处罚权改革研究》，载《中国法学》2015年第4期。

〔4〕 参见付宇程：《我国简政放权改革中基层政府的事权承接困境及相关域外经验》，载《中国社会科学院研究生院学报》2019年第7期。

求日益迫切，各地开始改革行政执法体制，推动执法力量和执法资源向基层下沉。在这一改革过程中，具有与下放权力相适应的执法能力，是确定下放权力的重要考量因素。基于此，对于专业性强、技术性强的执法事项、跨行政区域的执法事项，以及辖区内有重大影响（如重大涉外）的执法事项等，不适宜下放给基层行使。

（三）下放的是县级人民政府部门的行政处罚权

向基层下放的行政处罚权是县级人民政府部门享有的行政处罚权。这符合下放事项的性质、影响范围和基层的承接能力。将行政处罚权转移给最适宜行使它的主体，是行政执法体制改革的主要目标。这是一种目标导向的下放条件。

行政处罚的级别管辖。根据便利行使管辖权和有效行使管辖权原则[1]，《行政处罚法》以"违法行为发生地"作为地域管辖的基本依据（第22条）。在地域管辖规则的基础上，根据行政事务的性质、专业程度、影响范围、管理主体的能力等因素，发展出级别管辖。我国行政处罚的级别管辖是，原则上，行政处罚由县级以上地方人民政府的部门管辖。同时，法律、行政法规可以规定例外。目前，这种例外主要有三种：(1)单行法规定的行政处罚由乡级人民政府管辖，如《村庄和集镇规划建设管理条例》第37条第2款、第39条、第40条；(2)单行法规定的行政处罚由实行垂直管理的行政主体管辖，如《海关法》第3条第2款；(3)《行政处罚法》规定的，将县级人民政府部门的行政处罚权下放给基层管辖（第24条）。

可以下放给基层行使的行政处罚权，限于县级人民政府相关部门行使的处罚权。县级人民政府部门管辖的行政处罚事项多数与县级人民政府辖区内，尤其是违法行为发生地的乡镇、街道辖区内人民群众关系最密切，考虑到事务的性质、影响范围，由违法行为发生地的乡镇人民政府、街道办事处管辖符合属地管理的原则，[2]也与乡镇、街道的执法能力相适应。

---

〔1〕参见章剑生：《行政管辖制度探索》，载《法学》2002年第7期。

〔2〕从《宪法》和《地方组织法》关于各级人民政府职权的规定可以看出，我国行政职权的划分主要遵循的是属地管理原则。单行法规定的特定行政事务实行垂直管理，是属地管理原则的例外。

不能下放给基层行使的行政处罚权。该类处罚权主要有以下三种：一是县级以上地方各级人民政府及设区市级以上人民政府部门享有的行政处罚权不能下放给基层。这主要是因为法律在规定行政处罚级别管辖权时，根据事务的性质、专业程度、影响范围、管理主体的能力等因素，已经将管辖级别提升至县级以上人民政府或设区市级以上人民政府相关部门，说明县级人民政府的部门不适宜行使或不具有行使该种行政处罚权的能力。举重以明轻，既然县级人民政府部门不宜或不能行使该种行政处罚权，乡镇、街道也不宜或不能行使该种处罚权。该类不能下放的行政处罚权，如反垄断执法工作，由国务院反垄断执法机构和其授权的省级人民政府相应机构负责。[1] 有些地方在推进基层整合审批服务执法力量改革时，将县级以上地方各级人民政府行政主管部门的相关行政处罚权均下放给基层。[2] 在修订的《行政处罚法》实施前，这种下放欠缺合法性依据；[3] 在修订的《行政处罚法》实施后，将县级人民政府部门的处罚权下放具有了合法性依据，但将县级以上人民政府和设区市级以上人民政府部门的处罚权下放给基层，与第 24 条规定的主体层级相悖，也不具有合法性。二是实行垂直管理的行政机关行使的行政处罚权，不能下放给基层乡镇、街道行使。垂直管理一般是指中央政府部门对其在地方设立的分支机构或派出机构实行垂直领导的一种组织形式。[4] 垂直管理的事项，多是专业性强、需要提高中央宏观调控能力、消除地方保护主义、整合执法资源的领域。[5] 这些领域的行政处罚事项不宜下放给基层管辖。如海关行政处罚权。三是所涉事项性质特别重要已经由法律明确限定了处罚权行使机关。如限制人身自由的行政处罚权只能由公安机关和法律规定的其他机关行使（《行政处罚法》第 18 条第 3 款）。此处法律规定的其他机关，主要是指《反间谍法》规定的国家安全机关。“当然，

---

〔1〕 参见《中华人民共和国反垄断法》第 10 条。

〔2〕 如宁夏回族自治区人民政府办公厅印发的《乡镇（街道）赋权清单指导目录》《乡镇（街道）行政执法事项清单指导目录》，将法律、法规、规章规定的自治区级、设区的市级或县级人民政府行政主管部门的相关行政执法权，均赋予乡镇、街道。载宁夏回族自治区人民政府网站，http://www.nx.gov.cn/zwgk/qzfwj/202012/t20201201_2388541.html。

〔3〕 参见夏正林、何典：《我国乡镇政府执法权配置研究》，载《江淮论坛》2019 年第 6 期。

〔4〕 参见沈荣华：《分权背景下的政府垂直管理：模式和思路》，载《中国行政管理》2009 年第 9 期。

〔5〕 参见任进：《规范垂直管理机构与地方政府的关系》，载《国家行政学院学报》2009 年第 3 期。

无论是公安机关还是国家安全机关作出的行政拘留处罚均由公安机关统一执行。"[1]因此,限制人身自由的行政处罚权不能下放给乡镇、街道行使。

五、基层综合行政执法改革的有关建议

(一)坚持问题导向,调整并完善基层综合执法权力目录

基层综合行政执法是对行政职能分工过细形成的协作壁垒和单一职能机构导致的碎片化政府的改革回应,是以整体政府姿态有效解决基层管理迫切需求的重要手段,是一种问题导向的改革举措。不仅如此,相较于县级人民政府职能部门,基层乡镇、街道办事处更接近社会现实和执法事项,具有信息优势。因此,赋予基层综合行政执法权并根据需要不断扩大下放权力的范围符合问题导向的改革理念,体现了行政执法力量和资源下沉的改革要求。

回应基层管理亟须,调整并完善下放的行政执法权目录。作为一项新制度,基层综合行政执法没有成熟的经验可供借鉴,也没有固定的模式可以遵循。地方政府在申请下放行政执法权时,有的为了谨慎起见,申请下放的权力范围较窄。在基层综合执法实施初期,这种改革举措可以理解。但随着改革推进,在基层积累了一定的综合执法经验,并且基层的综合执法能力提高后,应将本次没有下放却属于基层管理迫切需要的行政执法权尽快下放给基层乡镇或街道办事处。当然,根据《行政处罚法》,下放的行政处罚权只能是县级人民政府部门的权力,实行垂直管理部门的行政处罚权不在法律授权下放之列,因此,实行垂直管理的生态环境保护部门的处罚权下放没有依据。建议今后修改《行政处罚法》,将县级人民政府部门这一限定用语删除,使垂直管理部门的行政处罚权也可以根据需要下放。对于综合执法实施过程中发现的不适宜基层行使的综合执法权,也应及时予以调整或收回。

(二)坚持需求导向,放宽下放的行政处罚权层级

综合行政执法改革的面向有横向与纵向两个维度。在行政执法权向基层

---

[1] 孙振雷:《我国实定法上的行政拘留比较研究及其立法完善》,载《中国人民公安大学学报(社会科学版)》2019年第4期。

下放以实现基层综合执法时，行政执法体制改革已经进入了一个崭新的阶段。基层综合行政执法是解决管理迫切需要执法权予以保障的重要途径，但目前《行政处罚法》将下放的行政处罚权限定于县级人民政府部门的行政处罚权，这一限定有考虑基层承接能力的立法意图，但既然是解决基层管理的迫切需要，就应以基层需求的必要性和基层承接能力的可行性作为判断标准进行设定，而不是以目前基层可能存在的承接能力不足而将下放的处罚权层级限制在县级人民政府部门。这一立法限定使下放的行政处罚权没有随基层承接能力的提高而改变的可能。因此，这种规定限制了执法权下沉和基层综合行政执法改革的效果。

放宽下放的行政处罚权层级的条件和程序。根据行政事项的性质、影响范围和基层的需求、承接能力等因素，可以认为，下放的行政处罚权并不需要局限于县级人民政府部门。当行政事项的性质适合于基层管理，其影响范围也仅及于基层乡镇、街道所辖区域，并且该行政事项的处罚权为基层管理迫切需要，基层也具有承接该执法权的能力时，就没有必要限制下放的执法权层级。县级以上人民政府部门的行政处罚权一样可以下放给基层行使。当然，立法可以规定下放行政处罚权的决定机关和程序。同时规定，由下放处罚权的决定机关根据实际情况决定下放的行政处罚权层级及其下放的权力事项。这样，就把行政处罚权下放层级由僵化的县级人民政府部门改变为根据实际情况决定具体的下放层级及其下放内容。放开下放的行政处罚权层级必将提升基层综合行政执法的效果，使跨部门综合行政执法改革在横向和纵向两个维度均实现效能最大化。

（三）坚持目标导向，充实综合执法力量，提高综合执法能力

基层综合行政执法目标的有效实现，需要充足的执法力量和相应的执法能力保障。《行政处罚法》第 24 条明确将基层能够有效承接作为行政处罚权下放至乡镇、街道办事处的重要条件。

多措并举，充实基层综合执法力量，提高综合执法能力。第一，通过公开招录，从外部补充综合执法新鲜血液。这是增强基层综合执法力量的重要途径。基层现有执法人员受年龄和知识结构影响，对于新的执法知识的学习能力受

限。通过公开招录,择优录取具有法学教育背景或相应知识的年轻人进入执法队伍,能快速提高基层综合执法能力,确保有效实现综合执法目标。第二,挖掘潜力,在内部提高现有执法人员的综合执法能力。对现有行政执法人员进行综合执法培训,使其尽快掌握城管执法事项以外的其他下放权力的执法知识。第三,建立行政主管部门业务指导制度,随时回应基层综合执法遇到的疑难问题。街道办事处除了原有的城管执法权力,增加了民族宗教、市场监管、住房建设三个领域的综合执法权,基层在行使这些领域的执法权力时,不可避免会遇到疑难杂症,需要相关领域行政主管部门及时予以指导,解疑释惑。第四,创新综合执法方式,提高综合执法能力。在传统执法方式外,可以采用合作行政,甚至私人行政方式完成执法任务。在科技飞速发展的当下,充分利用现代科技手段,建立"制度+技术"的执法监管方式;利用互联网和大数据,发展非现场执法。

(四)明确综合执法人员编制和待遇,稳定综合执法队伍

编制和待遇事关综合执法人员的个人利益,是办事处现有执法人员的重要关切。办事处现有执法人员中,有的对由区派驻执法人员身份转变为办事处综合执法人员身份可能造成的编制和待遇改变存有顾虑,担心原有参公事业编制可能转为一般事业编制,由区城管派驻人员转为办事处执法人员时待遇可能降低。为消除此种顾虑,建议出台文件,明确规定,对于编制,按照"老人老办法、新人新办法"进行管理,不因执法人员身份的改变而改变其原有编制性质。对于待遇问题,建议明确规定,办事处综合执法人员的待遇不低于原有区城管派驻执法人员待遇,以鼓励现有执法人员积极适应综合执法队伍建设需求,努力学习新的执法知识,及早适应综合执法需要。

新招录综合执法人员的编制和待遇。为确保从社会公开招录优秀人才,应保障新招录综合执法人员的行政编制或参公事业编制身份和相应待遇。乡镇人民政府、街道办事处作为最基层机关,吸引优秀专业人才的能力不足,基层执法人员的发展空间受限,因此,基层要想招录到优秀的执法人员,必须从编制身份上给予报考人一个稳定的预期,同时,在待遇上也应比县级以上部门执法人员有更高的保障,这样才能招到并留住优秀人才,从而实现优化综合执法队伍结构,提高基层综合执法能力的目的。

(五)尽快建立基层综合执法监督制度,完善协调配合机制

对于基层综合行政执法机构的监督,目前处于探索中。从现有资料来看,主要有两种监督模式:一是县级以上人民政府监督,如《河北省乡镇和街道综合行政执法条例》第43条规定,县级以上人民政府应当加强对乡镇和街道综合行政执法工作的监督,及时协调解决各类执法争议和问题。二是主要由县区级城市管理或综合行政执法部门监督,同时接受赋权部门的业务监督。如《徐州市基层综合行政执法机构建设与运行规范》(DB 3203/T 1042—2023)第6.3.2条规定,基层综合行政执法机构应接受县(市)、区城市管理局(综合行政执法局)的统筹、协调、监督、指导、考核,还应接受上级有关部门的业务指导、培训和监督。《苏州市基层综合行政执法机构运行规范》(DB 3205/T 1059—2023)第7.3条规定,基层综合行政执法机构接受县级市(区)综合行政执法工作业务指导牵头部门的业务管理、指导规范和监督督导,以及赋权部门对赋权事项的业务指导、培训和监督。

除上述监督模式外,也可以考虑由基层司法所承担执法监督职责。县级人民政府司法行政主管部门负有监督本辖区行政执法的职责。在基层综合行政执法制度实施前,行政执法主要由县级以上人民政府部门行使行政处罚权和相应的行政强制措施权,司法行政主管部门的执法监督只需要对横向政府部门的执法行为进行监督,但行政执法权下放后,县区级司法局在原有的横向监督职责外,还需要对纵向的可能产生大量执法纠纷的基层综合行政执法行为进行监督,这对于县区级司法局而言,可能是难以承受之重任。因此,建议充分发挥各基层司法所的执法监督功能,由基层司法所代表县区级司法局就近监督基层综合执法行为。这样可以及时发现并有效防范基层综合执法中出现的各种问题,减少不必要的执法纷争。同时,也需要配套建立社会监督制度。

划定综合执法权与其他相关权力的边界。综合行政执法权的内容主要是行政处罚权和与行政处罚权有关的行政强制措施权。在综合执法事项的日常监管、投诉举报受理和违法线索的查处方面,缺少统一规定。建议尽快明晰下放给街道办事处的71项执法事项的日常监管、投诉举报受理和违法线索查处的职责主体,为综合执法权有效履行提供制度保障。

建立信息共享机制,完善基层综合执法主体与相关行政主管部门的协调配合机制。顺应“互联网+”的发展趋势,建立基层综合执法主体与相关领域行政主管部门的信息共享机制。在基层综合执法权行使过程中,可能会出现与相关领域行政主管部门的权限争议,或需要相关行政主管部门予以配合协助的情况,如对市场监管领域行政许可证的吊销处罚,需要市场监管行政主管部门予以配合。当基层综合执法主体与相关领域主管部门出现权限争议时,建议由县区级人民政府处理,由县区级人民政府司法局具体负责权限争议的处理工作。对于基层综合执法所需要的协调配合制度,亦应由县区级人民政府制定协调配合制度,由县区级人民政府司法局负责制度的具体执行。

从地方立法探索(如1997年《上海市街道办事处条例》),到党内法规推动(2019年中办、国办《关于推进基层整合审批服务执法力量的实施意见》),再到国家法律授权(《行政处罚法》),基层综合行政执法改革已经满足了“重大改革于法有据”的要求。《行政处罚法》第24条通过权力下放达致基层综合执法,实现了综合行政执法模式由“横向”向“横向”与“纵向”并存转型。准确理解基层综合行政执法制度的内涵对于澄清认识误区,纠正实践偏差,统一法律适用,深化行政执法体制改革,具有重要的理论价值和实践意义。同时,基层综合执法打通了行政管理体制改革的“最后一公里”,解决了“看得见的管不着,管得着的看不见”的信息不对称和执法效能问题,必将促进基层治理体系和治理能力现代化。

本章小结

本章是本课题研究的核心内容,也是综合执法改革的核心内容。

跨部门综合执法权配置条件与配置标准的区分具有重要指导意义。配置条件是决定某行政部门或行政领域是否实施综合执法的依据。符合配置条件,决定实行综合执法后,才可以按照配置标准对各种执法权进行综合配置。跨部门综合执法适用领域或范围的确定是以该领域是否符合跨部门综合执法的实施条件为依据的。认识到当下跨部门综合执法权配置条件存在的问题,才能作出改变，从而重构或完善制度设计，回应改革需求。在配置条件的重构中，尤其要重视坚持问题导向和目标导向相结合，适时调整综合执法权配置条件。这是综合执法改革的导向问题。跨部门综合执法权配置的标准是影响综合执法改革成效的重要因素。本章提出的合法性、相关性、合理性、限制性标准，可以为跨部门综合执法权配置和综合执法改革提供新的思考视角。

跨部门综合执法权配置模式，主要包括跨部门综合行政执法机构的设置、综合执法机构的法律地位、综合执法机构与行政主管部门的关系等内容。其中，跨部门综合执法机构的设置，是跨部门综合执法权配置模式的最重要问题。当前我国综合执法改革存在横向与纵向两种综合执法权配置模式，各有特点。同时，也各自存在问题。横向配置模式上，跨部门综合行政执法权配置幅度受限，功能区综合行政执法的依据缺位。发现存在的问题并提出解决路径，是本章的应有努力。

与跨部门综合执法权横向配置模式不同，基层综合行政执法改革开启了跨部门综合执法权纵向模式。该综合执法模式值得理论关注。它是我国治理体系和治理能力现代化建设中的重要举措，必将对我国行政体制产生深刻影响。本章对此从以下两个方面进行了关注：一是对基层综合行政执法的法律依据和规范意蕴进行了阐释，也论述了在基层综合行政执法改革中的相关党内法规和《行政处罚法》的规范效力区别；二是本章通过基层综合执法调研，发现了基层综合执法改革初期的诸多问题。这些将为基层综合执法改革的未来发展提供镜鉴。

跨部门综合执法改革是一项实践超越理论的改革探索。自产生之初，此项改革就处于不断试点、推广和改进中。新修订的《行政处罚法》虽明确将综合行政执法纳入其中，但有关综合行政执法权配置条件、配置标准和配置模式问题，立法要么语焉不详，要么付之阙如，专门研究成果亦不多见。本章聚焦跨部门综合执法权配置条件、标准和模式展开研究，是一次大胆的尝试。观点虽未必成熟，甚至有诸多谬误，但作为尝试，能为实践提供参考、为理论贡献智识，即完成了本章目的。

第五章 跨部门综合执法权运行的主要机制

跨部门综合执法权配置主要是从组织法的角度探讨行政执法权的组织形态,聚焦于跨部门综合执法权产生和形成阶段的法律问题;而跨部门综合执法权运行机制,主要是从行为法的角度研究综合执法权的实际运作状况,[1]聚焦于跨部门综合执法权产生后权力行使阶段的诸多问题。跨部门综合执法权运行机制包含的内容较多,主要包括权力的行使主体、权力内容、行使程序、权力行使过程中与相关部门的关系以及保障权力运行的相关制度。本章主要研究如下内容:作为跨部门综合执法权运行基础的权力清单;跨部门综合执法权内部分工与管理机制;跨部门综合执法权运行的程序机制;跨部门综合执法权运行日常监管机制等。

第一节 跨部门综合执法权运行的基础

基于前述配置原则、配置条件、配置标准和配置模式形成的跨部门综合执法制度,最核心的内容是跨部门综合执法权力清单,即哪些权力构成了跨部门综合执法机构的职权内容和权力

---

〔1〕 本部分对于跨部门综合执法权运行机制的研究主要是从行为法的角度研究权力运行,但权力运行机制也包括为保障权力的依法有效行使,而从组织法上设计的保障机制。

边界。在综合执法改革中，明确哪些行政执法权限由综合执法机构行使，从而划定综合执法机构的综合执法权范围，是综合执法权准确行使的前提和基础。因此，跨部门综合执法权力清单是跨部门综合执法权运行的基础。

一、作为跨部门综合执法权运行基础的权力清单

（一）权力清单制度的产生与发展

1. 权力清单制度的产生

在权力清单制度上升为国家制度之前，地方政府已经进行了权力清单制度的改革探索。2006 年 4 月 29 日，鞍山市人民政府办公厅印发《关于印发鞍山市 2006 年依法行政计划的通知》提出，开展《鞍山市行政机关执法职责综览》的编制工作。依法厘清各行政执法单位的“执法权力清单”，并公布于众。这是北大法宝法律法规数据库所能检索到的最早规定权力清单制度的地方文件。在权力清单被明确规定为国家制度之前（2013 年 11 月 12 日之前），各地已经有 166 件地方规范性文件和地方工作文件等规定了权力清单制度。2013 年 5 月 14 日，交通运输部印发《关于全面建设交通运输法治政府部门的若干意见》提出“梳理行政权力清单”，这是北大法宝法律法规数据库所能检索到的最早提出“权力清单”概念的国务院部门规范性文件[1]，也是将梳理行政权力清单作为一项部门制度加以规定的规范性文件。2013 年 11 月 12 日，《全面深化改革决定》正式将权力清单提升为全国性的改革措施。[2] 2014 年 10 月 23 日，《全面推进依法治国决定》重申了推行政府权力清单制度。2015 年 3 月 24 日，《关于推行地方各级政府工作部门权力清单制度的指导意见》（以下简称《推行权力清单意见》），正式就推行权力清单制度作出部署。至此，权力清单制度正式形成。

---

〔1〕 交通运输部印发《关于全面建设交通运输法治政府部门的若干意见》（交政法发〔2013〕308 号）提出，推进行政权力公开运行机制，梳理行政权力清单，规范行政权力运行流程，探索推行行政权力网上运行和全程电子监察，实现行政权力运行公开化、规范化。

〔2〕 参见朱新力、余军：《行政法视域下权力清单制度的重构》，载《中国社会科学》2018 年第 19 期。

2. 权力清单制度的发展

在将权力清单制度作为“党中央、国务院部署的重要改革任务”和“国家治理体系和治理能力现代化建设的重要举措”后[1]，地方政府开始按照国家要求大力推进权力清单制度建设进程。从北大法宝法律法规数据库检索可见，自《全面深化改革决定》规定权力清单制度以来，截至 2024 年 1 月 6 日，各地以“权力清单”命名的地方性文件共有 1071 件，其中现行有效 981 件。这些地方文件除《湖北省行政权力清单管理办法》属于地方政府规章外，其余均是有关推进权力清单制度的规范性文件或工作文件。有观点认为，将权力清单与责任清单“分置”的方案，实际上并不符合“权责一致”原则，会导致权力与责任的割裂。权力清单和责任清单实际上可以合并为统一的“权责清单”。[2] 在地方实践中，除使用权力清单概念外，也有使用“权责清单”概念的地方文件。在北大法宝法律法规数据库中，以“权责清单”命名的地方规章或规范性文件共有 1146 件，其中现行有效的 1074 件。[3] 可见，权力清单或权责清单制度已经在地方全面推行。

(二)跨部门综合执法权力清单的产生

综合执法是将法律规定由两个以上部门行使的行政执法权集中由一个部门行使。依据《行政处罚法》规定，国务院或省级人民政府可以决定相对集中行政处罚权。这一决定包括两个方面的内容：一是综合执法主体的资格，即一个行政机关可以行使有关行政机关的行政处罚权，从而获得综合执法主体资格；二是综合执法的权力内容，即一个行政机关可以行使其他行政机关的哪些行政处罚权及相关的行政强制措施权。国务院或省级人民政府对综合行政执法权力事项批准形成的综合行政执法事项目录，即综合行政执法权力清单。目前，除城市管理领域综合执法由省级人民政府直接批准或决定外，其他领域的跨部

---

[1] 《关于推行地方各级政府工作部门权力清单制度的指导意见》(2015 年)指出，推行地方各级政府工作部门权力清单制度，是党中央、国务院部署的重要改革任务，是国家治理体系和治理能力现代化建设的重要举措，对于深化行政体制改革，建设法治政府、创新政府、廉洁政府具有重要意义。

[2] 朱新力、余军：《行政法视域下权力清单制度的重构》，载《中国社会科学》2018 年第 19 期。

[3] 本部分关于权力清单制度的法律法规或规范性文件梳理，主要借助北大法宝法律法规数据库，检索日期为 2024 年 1 月 6 日。

门综合行政执法多是先由中央文件提出改革意见，由国务院同意或批准，相关部委发布综合执法事项指导目录，各省级人民政府再根据指导目录批准本省级辖区内的综合执法事项目录。如生态环境保护综合行政执法权力清单的形成，是先由中共中央《深化党和国家机构改革方案》规定整合组建生态环境保护综合执法队伍的改革任务，再由中办、国办印发《生态环境综合执法改革意见》，国务院办公厅印发《关于生态环境保护综合行政执法有关事项的通知》，就其同意并批准实施的《生态环境保护综合行政执法事项指导目录》（2020 年版）作出部署。然后，由生态环境部发布经国务院同意并批准实施的上述指导目录。根据该指导目录，各省级人民政府办公厅再发布经省级人民政府同意的生态环境保护综合行政执法事项目录清单，如《山东省生态环境保护综合行政执法事项目录清单（2020 年版）》。

（三）跨部门综合执法权力清单与一般的地方政府部门权力清单的区别

综合行政执法权力清单不同于一般的地方政府部门权力清单。第一，产生不同。综合行政执法权力清单的产生旨在为综合行政执法权划定权力边界和执法范围；而一般的地方政府权力清单，旨在将政府部门的行政职权向社会公布，接受社会监督。[1] 第二，性质不同。综合行政执法权力清单是一种创制性规范，它改变了行政执法权的行使主体；一般地方政府部门的权力清单不具有改变权力行使主体的效力，主要是对现有法律法规等规定的行政权力予以梳理，并以清单形式列示出来。第三，效力不同。综合行政执法权力清单确立的执法事项是综合行政执法的根据，对综合行政执法权行使具有规制作用，综合执法主体的执法事项来源于综合执法权力清单。一般地方政府部门的权力清单不具有执法依据的效力，地方政府部门执法的依据仍然是现有的法律、法规或规章等，执法权和执法事项均来源于法律、法规或规章等，而非来源于权力清单。

---

〔1〕《关于推行地方各级政府工作部门权力清单制度的指导意见》规定了工作目标：“将地方各级政府工作部门行使的各项行政职权及其依据、行使主体、运行流程、对应的责任等，以清单形式明确列示出来，向社会公布，接受社会监督。”

二、跨部门综合执法权力清单的效力

（一）权力清单法律效力的争议

权力清单是否具有法律效力，学界有过较多讨论。主要的争议焦点在于对权力清单性质的定位。梳理现有成果，可把有关权力清单是否具有法律效力的观点分为两类：一是承认权力清单的法律效力，二是否认其法律效力。主张权力清单具有法律效力的观点又包括从应然角度和实然角度两种观点。从应然角度，认为权力清单应当具有法律效力。如“权力清单是地方行政机关制定的规范性法律文件，具有明显的法律属性”。“需要继续探讨的问题不是权力清单法律效力的有或无，而是权力清单法律效力的高与低。”但该观点又认为，“从当前我国地方政府推行权力清单制度的实践来看，权力清单性质定位不准，由此造成的法律效力缺失”[1]。从实然角度，认为权力清单具有法律效力。如有观点认为，“权力清单宜定性为行政规范性文件”，“有法律属性，法律效力及于行政主体和行政相对人”。[2] 有观点认为，“权力清单具有法律效力应无疑义”，“我们不能因为权力清单与法律规定不一致，就轻易否定权力清单的法律效力。有些清单上的权力在法律上找不到或者不尽一致，并不意味着这些权力是非法的”[3]。否认权力清单具有法律效力的观点，对权力清单的性质认识亦有不同。也有观点认为，权力清单属于政府主动公开的信息，不宜定位为行政规范性文件，其基本功能是实现行政权力的公开透明，是实现透明行政的重要举措，并不能划定权力的界限。[4] 还有观点认为，权力清单属于行政自制规范，即内部规范性文件，不具有对外的法律效力。[5]

上述观点都从一定程度上揭示了权力清单的性质和特点，对于理解权力清单制度，推动制度建设和完善具有重要意义。但笔者认为，权力清单是政府为了便利自我监督和社会监督而将其权力整理并以列表或清单方式予以公布的

---

〔1〕 林孝文：《地方政府权力清单法律效力研究》，载《政治与法律》2015年第7期。

〔2〕 黄学贤、刘益浒：《权力清单法律属性探究》，载《法治研究》2019年第1期。

〔3〕 陈斯彬：《权力清单的两个面向及其效力》，载《求索》2018年第5期。

〔4〕 参见申海平：《权力清单的定位不能僭越法律》，载《学术界》2015年第1期。

〔5〕 参见喻少如、张运昊：《权力清单宜定性为行政自制规范》，载《法学》2016年第7期。

制度。其并不创设行政权力,不属于法律规范,不具有法律效力。这可以从权力清单制度的产生背景、制度目标和任务得到佐证,也与职权法定原则相符。从产生背景上看,最早使用“权力清单”概念的地方文件《关于印发鞍山市2006年依法行政计划的通知》(2006年4月29日),是通过将权力清单“公布于众”,作为“便于行政机关的自我监督和社会监督”的手段加以规定的。[1] 2006年10月20日,宿州市人民政府办公室出台的《关于贯彻国务院电视电话会议精神深入推进机关效能建设的工作安排》,也是通过公开权力清单,将权力清单作为社会监督的手段加以规定的。[2] 2013年《全面深化改革决定》和2014年《全面推进依法治国决定》在规定权力清单制度时,其根本旨意在于通过权力清单的公开,便利社会监督。从权力清单制度的目标和任务上看,《推行权力清单意见》更是明确规定了权力清单制度的目标和主要任务,[3]从中可以发现权力清单制度旨在将行政机关已经享有或行使的各项行政职权通过清单形式明确列示出来,公之于众,以利监督。同时表明,权力清单制度并不创设行政职权,仅是对行政机关已有职权的整理,因此,该权力清单不属于法律规范,不具有法律效力。从职权法定基本原则上看,权力清单整理的行政权力主要是法律、法规或规章规定的权力,这些权力来自法律、法规或规章的规定,并非权力清单所创设;创设行政权力的主体是立法机关(如法律、地方性法规的制定主体),权力清单的制作主体不具有相应的主体资格;即使制作权力清单的行政机关有行政立法的权力,但制作权力清单的程序也与制定行政法规或规章的立法程序

---

[1] 鞍山市人民政府办公厅印发《关于印发鞍山市2006年依法行政计划的通知》规定,依法理清各行政执法单位的“执法权力清单”,并公布于众。明确行政权力的来源、行使、监督和责任,便于行政机关的自我监督和社会监督。

[2] 2006年10月20日,宿州市人民政府办公室印发《关于贯彻国务院电视电话会议精神深入推进机关效能建设的工作安排》。其中规定,按照权力和利益彻底脱钩、权力和责任密切挂钩的原则,认真梳理各行政执法部门的执法依据,对于各执法部门的“权力清单’,严格进行审查并向社会和媒体公开,方便社会各界对行政执法行为进行监督。

[3] 《推行权力清单意见》规定权力清单制度的工作目标:“将地方各级政府工作部门行使的各项行政职权及其依据、行使主体、运行流程、对应的责任等,以清单形式明确列示出来,向社会公布,接受社会监督。”工作任务也主要是对现有行政职权的整理或提出取消、调整的建议,并不直接改变、取消或调整行政机关的权力。“对虽有法定依据但不符合全面深化改革要求和经济社会发展需要的,法定依据相互冲突矛盾的,调整对象消失、多年不发生管理行为的行政职权,应及时提出取消或调整的建议。”

迥然不同。因此,权力清单并不创设行政权力,并非法律规范,不具有法律效力。

权力清单与作为创设行政权力的法律规范的区别。第一,在是否创设行政权力方面,权力清单并不创设也无权创设新的权力,其仅是对法律、法规或规章等法律渊源中规定的权力进行整理;法律规范可以创设行政权力。第二,在行政权力的规定形式上,权力清单是对法律、法规或规章等法律渊源中存在的行政权力进行整理,并以新的列表或清单方式集中规定;而作为行政权力法律渊源的法律规范中的行政权力,则处于一种零散规定的状态。第三,在行政权力的公布方式上,权力清单是以列表或清单方式进行公布;而作为创设行政权力的法律、法规或规章等法律渊源中的行政权力,其公布方式则是依附于相关法律规定的公布方式,即随着创设该行政权力的法律、法规或规章等法律渊源的公布而公布。第四,在公布的行政权力来源上,权力清单公布的是法律、法规或规章等法律规范中创设的行政权力,是已经存在的行政权力;而创设了行政权力的法律规范公布的行政权力,是之前并不存在的权力,是新的权力。第五,在行政权力的公开时序上,权力清单是对法律规范中已经公布的行政权力的再次公布;而创设了行政权力的法律规范对行政权力的公布是首次公布。

综上所述,权力清单与创设行政权力的法律规范不同,它不是行政法律规范,不具有法律规范的属性和法律效力。当然,权力清单也不具有内部法律规范的效力,与行政自制规范有异。关于权力清单是否是政府主动公开的信息,从前述权力清单与法律规范的区别来看,权力清单与政府信息的主动公开亦有不符。因为作为政府应当主动公开的行政法规、规章和规范性文件已经在其生效前依法主动公开过,而权力清单的公开属于对已经公开的信息的再次公布,与政府信息主动公开的本质不符。政府主动公开的信息从法律上讲,不存在再次公布的问题。另外,权力清单中法律或地方性法规规定的行政权力,与法律或地方性法规一起,由立法机关公布,也不属于政府主动公开的信息范围。[1]

---

〔1〕《政府信息公开条例》第20条第1项。

(二)跨部门综合执法权力清单的法律效力

1. 跨部门综合执法权力清单的效力来源

跨部门综合执法权力清单,是记载跨部门综合行政执法事项内容的目录清单。根据《行政处罚法》关于相对集中行政处罚权和综合行政执法的授权规定,国务院或省级人民政府可以决定综合行政执法,即决定综合行政执法主体和综合行政执法事项。这一决定的具体内容在综合行政执法事项目录清单中有完整体现。这些内容主要包括划转的行政执法事项名称、职权类型(行政处罚还是行政强制措施)、实施依据(即法律依据,具体到条款项)、实施主体(包括责任部门、第一责任层级建议)等。由于该清单记载了法律规定的行政执法事项在不同行政主体之间的转移,它与不创设行政权力的一般权力清单不同,综合行政执法事项目录为综合行政执法主体创设了行政执法权,将其他行政机关的执法权划转给综合执法主体。综合行政执法主体的执法权限于综合行政执法事项目录中列明的范围,在该目录之外无执法权力。因此,综合行政执法事项目录是授权综合行政执法主体行使综合执法权力的规范性文件,它是一种授权性规范。

2. 跨部门综合执法权力清单的效力内容

综合行政执法事项目录清单记载的执法事项是综合行政执法主体实施综合执法的权力内容。综合执法主体以自己的名义实施综合执法活动,尽管综合执法事项之前按照法律是由其他行政主体实施的。综合执法主体实施执法活动时,必须根据目录清单载明的事项名称、职权类型和实施依据实施综合执法活动。综合执法主体没有超越执法事项目录的范围实施执法的权力。

3. 跨部门综合执法权力清单的效力核心

跨部门综合执法权力清单是具有法律效力的授权规范性文件。该授权规范的核心是确立了新的行政执法主体,即将法律规定的行政执法事项的原实施主体变更为综合行政执法主体,这是执法事项目录清单的核心内容。确立了综合执法主体后,执法事项及其职权类型亦随之确定。

跨部门综合执法权力清单与综合执法依据。跨部门综合执法权力清单是一种具有法律效力的授权规范性文件,规定了综合行政执法的事项范围和权力边界。那么,该目录清单能否在综合执法时作为执法的引用依据?首先,综合行政执法活动应遵守依法行政原则,以法律、法规或规章为依据。综合行政执法作为行政执法改革的一种方式,仅是执法主体的改变,没有改变行政执法活动的本质,因此,综合行政执法仍然要遵守依法行政原则。依法行政原则要求行政执法活动必须依据法律、法规、规章等,综合行政执法的事项是法律、法规或规章规定的,综合执法事项目录清单仅是将法律规定的行政权力实施主体进行了变更,综合执法活动应依据创设了行政权力的法律、法规或规章,而不是权力清单。其次,综合行政执法权力清单中的执法主体在执法时无须就其主体资格引用清单。行政执法主体资格属于行政组织法内容,而综合行政执法活动属于行政行为法内容。行政执法主体在从事执法活动前,其执法主体资格已经由组织法确定并以法定方式向社会公布,无须在具体个案执法中就该问题履行重复告知义务。综合执法主体的资格与一般行政执法主体的资格一样,是在实施执法活动之前就已经确定并以法定方式公布的,无须在实施具体执法活动时再引用依据或加以说明。当然,在发生行政争议或对执法活动进行合法性审查时,执法主体资格是合法性审查的首要和重要内容。

三、跨部门综合执法权力清单动态调整机制

跨部门综合执法权力清单动态调整,是指随着经济社会发展,综合执法权力清单记载的执法事项已经不适应现实需求,需要将部分执法事项剥离,或将应当综合执法但未列入综合执法事项目录清单的事项列入清单,由综合执法主体进行综合执法。跨部门综合执法权力清单作为一种具有法律效力的规范,应与时俱进,随着综合执法改革的推进适时调整权力清单内容,以使综合行政执法符合实际需要和改革目标。因此,建立跨部门综合执法权力清单动态调整机制是必要的。

(一)跨部门综合执法权力清单动态调整的类型

跨部门综合执法改革前,有关部门都会对改革的背景、必要性和可行性进行调研和充分论证,以使改革举措符合实际需求。但随着改革推进和经济社会的快速发展,原来的改革举措可能会产生与社会现实的抵牾,以致阻碍改革目

标实现，甚至背离改革目标。跨部门综合执法权力清单出现这种情况时，就需要对综合执法事项目录进行调整。跨部门综合执法权力清单动态调整机制包括两种情况：（1）将目录清单中不适宜由综合执法主体继续实施的综合执法事项调整出清单；（2）将应当综合执法但未列入清单的执法事项调整进入清单。

（二）跨部门综合执法权力清单动态调整的原因

1. 经济社会快速发展导致的调整

我国经济社会处于快速发展变化之中，这些变化对综合行政执法也会产生重要影响。有的新出现的事项可以根据情况纳入综合行政执法管理范围，如预付卡管理问题。商业预付卡又称购物卡、代币券，是指商业企业或发卡机构发行的在一定范围内流通的具有一定面额的可代替人民币的卡或券、票。[1] 商业预付卡分为单用途和多用途两种。由于两种用途预付卡的性质不同，调整的法律规范和监管机关亦不同。不同地方将不同类型预付卡的行政执法交由不同部门负责。目前预付卡发行的监管部门主要是商务、市场监管、人民银行、税务、公安等部门。商务部门依据《单用途商业预付卡管理办法》负责本行政区域内单用途卡监督管理工作。市场监管部门依据《消费者权益保护法》《侵害消费者权益行为处罚办法》等法律法规对预付卡发行过程中的虚假宣传、消费侵权、格式合同违法、恶意欺诈等违法行为进行监管。中国人民银行依据《中国人民银行法》《人民币管理条例》《非金融机构支付服务管理办法》等法律法规规定，对多用途预付卡发行进行监督检查，未经人民银行批准，任何非金融机构不得发行多用途预付卡，一经发现，按非法从事支付结算业务予以查处。公安部门依据《刑法》等相关法律的规定对预付卡发行过程中违法行为较为严重构成刑事犯罪的进行立案查处，追究其刑事责任。[2] 基于上述管理部门的多元，有必要相对集中行政处罚权，将该事项的行政执法划入某个综合行政执法主体。

已经划入综合执法权力清单的事项也可能因为情势变化而不再适宜综合

---

〔1〕 参见刘迎霜：《商业预付卡的法律规制研究》，载《法商研究》2012 年第 2 期。

〔2〕 河南省市场监管局《对省政协第十二届委员会第三次会议第 1230828 号提案的答复》（豫市监提案字〔2020〕4 号），载河南省市场监督管理局网站，http://scjg.henan.gov.cn/2020/11-09/1887555.html。

执法,需要调整出权力清单。这种调整既可能是把不适宜综合执法的事项交还由原行政执法主体或其他综合执法主体管理,也可能基于经济社会发展,法律修改将该事项放权给市场或社会。

2. 机构改革或职能变动导致的调整

综合行政执法是行政执法改革的重要举措,是深化国家机构改革的重要内容。它必将随着国家机构改革的继续深化而不断进行调整。如在 2018 年深化党和国家机构改革中,中央提出了深化行政执法体制改革,统筹配置行政处罚职能和执法资源,相对集中行政处罚权,整合组建了市场监管、生态环境保护、文化市场、交通运输、农业五支综合执法队伍。但随着基层综合行政执法改革的推进,上述综合行政执法事项有些已经被下放到基层乡镇人民政府、街道办事处。如根据《关于推进基层整合审批服务执法力量的实施意见》(2019 年)和《行政处罚法》(2021 年)的规定,基层乡镇人民政府、街道办事处开始行使县级人民政府部门的行政处罚权和相关的行政强制措施权。原来实行综合行政执法的领域也将其综合执法事项下放给基层行使,这样就使综合行政执法权力清单内容发生变化。如根据笔者调研,JS 省实行基层综合行政执法后,XZ 市 QS 区根据省政府批准的赋权目录,将区城管局的 35 项行政处罚权、区市场监管局的 9 项行政处罚权、区住建局 16 项行政处罚权、区民宗局 11 项行政处罚权均下放给基层行使。这样,原来实行综合行政执法的城管执法事项和原来实行综合执法的市场监管执法事项就由原来的综合行政执法目录中调整出来,划入基层综合行政执法权力清单。

3. 法律法规变动导致的调整

法律法规变动是跨部门综合执法权力清单变动的重要影响因素。当综合执法事项的法律法规依据发生修改、废止等变化时,综合执法权力清单也应随之进行动态调整。调整的内容包括综合执法事项所依据的条文序号的变动、条文内容的变动;如果综合执法事项被相关法律法规废止或取消,则综合执法权力清单亦应将该执法事项从清单中删除。

(三)跨部门综合执法权力清单动态调整的程序

当出现前述应当调整综合执法权力清单的事由时,应当由谁依据什么程序对权力清单进行调整，亦是值得关注的问题。

1. 县级以上部门综合行政执法权力清单调整程序

作为县级以上人民政府部门综合执法权力清单的综合行政执法事项目录，通常由省级人民政府相关行政主管部门依据中共中央、国务院及其部门的相关改革文件制定，由省级人民政府同意，然后下发给各设区市人民政府，由地方贯彻执行。如《江西省农业综合行政执法事项目录(2020 年版)》是由江西省农业农村厅制作，由江西省人民政府同意印发的。[1]《江苏省生态环境保护综合行政执法事项目录(2020 年版)》是由江苏省生态环境厅根据国务院办公厅印发的《关于生态环境保护综合行政执法有关事项的通知》(国办函〔2020〕18 号)和生态环境部印发的《关于印发〈生态环境保护综合行政执法事项指导目录(2020 年版)〉的通知》(环人事〔2020〕14 号)制定，并经江苏省人民政府同意印发的。当综合执法事项需要调整时，应区分这种调整是否涉及执法事项的重新设定，而采用相应的程序。当调整涉及将不在省级政府批准的清单内执法事项纳入综合执法事项目录清单，或将省级政府批准的清单内事项转出、取消时，由于这种调整属于对综合执法事项重新创设，应由综合执法事项目录的原制定主体遵循与制定程序一样的程序对综合执法事项目录进行调整。当调整仅涉及综合执法事项中的法律依据条文序号的变化时，由于该种调整不属于对综合执法事项的创设，可以直接由综合执法事项目录的原制定主体修改后重新公布即可，无须履行省级人民政府同意程序。

2. 基层综合行政执法权力清单的调整程序

基层综合行政执法权力清单的调整程序与制定程序类似，主要有以下两种：

一是个案请示答复程序。基层综合行政执法权力清单的制定程序，是由设区市人民政府将拟在乡镇人民政府、街道办事处开展相对集中行政处罚权的报告向省级司法厅请求，由省级司法厅研究后，报省级人民政府同意，将同意在基层开展相对集中行政处罚权的意见函复设区市人民政府。基层可以开展相对

[1] 《江西省农业农村厅关于印发〈江西省农业综合行政执法事项目录(2020 年版)〉的通知》(赣农字〔2021〕5 号)。

集中行政处罚权的事项通常是省级人民政府批准的乡镇（街道）经济社会管理权限指导目录中的行政执法权。如《江苏省司法厅关于徐州市在镇（街道）开展相对集中行政处罚权工作的复函》写道："徐州市人民政府：你市《关于在镇（街道）开展相对集中行政处罚权工作的请求》（徐政报〔2020〕50 号）收悉。经研究，并报省人民政府同意，现函复如下：……"该复函的主要内容有两项：一是同意在徐州市镇（街道）开展相对集中行政处罚权工作；二是具体列明了各县（市、区）所辖镇（街道）可以集中行使行政处罚权和与之相关的行政强制措施权的行政管理领域。同时指明，这些行政管理方面的行政执法权是经省人民政府批准的《乡镇（街道）经济社会管理权限指导目录》中的权力。[1] 但上述复函仅指明了可以下放的行政执法权涉及的行政管理领域，没有具体列明下放的行政处罚权权限名称和法律依据。包含行政处罚权权限名称和法律依据的基层相对集中行政处罚权力清单仍需要由各县（市、区）人民政府制定。各县（市、区）人民政府在制定本辖区乡镇（街道）相对集中行政处罚权力清单时，可以根据本地实际情况在前述复函确定的下放权力范围内选择确定本辖区下放基层的行政处罚权力事项。这样就可能出现在一个省级行政区内，各县（市、区）下放到乡镇（街道）的行政处罚权力事项范围大小不一的情况。与县级部门综合执法权力清单的调整程序要求相似，在基层综合执法权力清单调整时，如果所涉事项超出了《乡镇（街道）经济社会管理权限指导目录》和省司法厅函复规定的权力范围，则需要履行前述个案请示答复程序。如果调整事项未超出《乡镇（街道）经济社会管理权限指导目录》和省司法厅函复规定的权力范围，则不需要履行个案请求答复程序，仅由县（市、区）人民政府自行调整即可。

二是地方立法确定的程序。有些地方通过立法规定了基层综合行政执法权力清单的制定和调整程序。如 2021 年 3 月 31 日，河北省人大常委会根据《行政处罚法》等相关法律法规，制定了《河北省乡镇和街道综合行政执法条例》，与新修订的《行政处罚法》同时施行（2021 年 7 月 15 日）。该地方性法规

---

〔1〕《江苏省司法厅关于徐州市在镇（街道）开展相对集中行政处罚权工作的复函》（苏司函〔2021〕15 号）。

在规定基层综合执法范围时规定了相应的程序。[1]

(四)跨部门综合执法权力清单未及时调整的影响

跨部门综合执法权力清单动态调整机制,使综合执法权力清单保持了社会的适应性和与法律法规的同步性。但如果出现了需要调整权力清单的情况,而有关机关未及时予以调整,这时权力清单是否还具有拘束综合行政执法活动的效力,或者说权力清单能否自动更新?

1. 跨部门综合执法权力清单未随经济社会发展进行调整的影响

随着经济社会发展和情势变化,综合执法事项目录清单中的某些事项不适宜由综合执法主体行使,应当将这些执法事项调整出权力清单却未及时调整,或者,当某些执法事项应当列入综合执法事项目录清单却未及时调整列入时,综合行政执法活动仍应受制于综合行政执法事项目录或权力清单,而不受清单外执法事项的影响。因为综合执法是《行政处罚法》授权国务院或省级人民政府决定的事项,只有依法由国务院或省级人民政府决定,有关执法事项才成为综合行政执法事项。尽管随着经济社会发展变化,综合执法权力清单中的某些事项不再适合由综合执法主体行使,但在有权机关作出调整之前,清单内的事项仍是综合执法主体的权力范围,仍属于综合执法事项。同理,应当列入清单的执法事项未列入时,亦不能成为综合执法主体的权力范围,不属于综合执法事项。

2. 机构改革或职能变动应当调整综合执法权力清单但未调整时的影响

在机构改革或职能变动时,如果综合执法事项目录中的执法事项被国务院

[1] 《河北省乡镇和街道综合行政执法条例》第12条规定,省人民政府应当依法将基层管理迫切需要的县级人民政府部门的行政处罚权交由能够有效承接的乡镇人民政府和街道办事处行使。省人民政府应当按照相对集中行使行政处罚权要求制定向乡镇人民政府和街道办事处赋权的指导清单。县级人民政府应当结合本地实际,从赋权指导清单中选取执法事项下放乡镇人民政府和街道办事处实施,并制定下放事项清单,向社会公布。下放事项清单经设区的市人民政府审核后报省人民政府备案。赋权指导清单、下放事项清单应当根据法律、法规、规章的变化和乡镇人民政府、街道办事处的实际承接能力定期组织评估,根据评估情况适时进行调整。调整后取消的乡镇人民政府、街道办事处赋权事项,经设区的市人民政府审核并报省人民政府备案后,依法由原县级人民政府有关行政执法部门继续行使。行政处罚权由乡镇人民政府和街道办事处依法相对集中行使的,县级人民政府有关行政执法部门不再继续行使。

或省级人民政府列入其他行政机关的执法权限，这时，无论是否更新综合行政执法事项目录或权力清单，均不影响该权力清单实质上已经发生调整或变动的效果，综合执法主体不得再行使该项权力。但如果综合执法事项目录或权力清单中的执法事项不是被有权决定相对集中行政处罚权的国务院或省级人民政府列入其他行政机关的执法权限，而是被其他机关在机构改革方案中进行调整的话，则综合行政执法权力清单的事项范围并不发生变动，综合执法主体仍享有并有权行使该项权力，直到制作综合执法权力清单的主体依法定程序对上述事项进行调整。

3. 法律法规变动应当调整综合执法权力清单而未调整时的影响

跨部门综合执法权力清单中执法事项所依据的法律法规变动，对综合行政执法活动产生直接影响，不受综合执法权力清单是否调整的影响。当综合执法事项所依据的法律条文序号、条文内容发生变动应予调整综合执法权力清单但未调整的，由于综合行政执法的依据是规定综合执法事项的法律、法规或规章，引用的条文是这些法律、法规或规章中的具体条文，当综合执法事项所依据的法律、法规或规章序号、条文内容变动时，综合执法应当以变动后的法律、法规或规章规定的条文序号和条文内容作为执法依据。不能因为综合执法权力清单没有及时随法律、法规或规章变动进行调整，而仍以原有法律、法规或规章作为综合行政执法的依据。但如果权力清单中的综合执法事项被相关法律、法规或规章废止或取消，尽管综合执法权力清单没有及时调整，综合执法主体亦不应再实施该事项的执法，即该执法事项已经失去了法律基础和依据，无论综合执法权力清单是否调整，综合执法主体均不再享有该事项执法权力。

上述三种原因中，经济社会发展的需要是根本原因，是基础；机构改革或职能变动是组织方面的原因；法律法规调整是法律方面的原因。三者难以截然分开，共同构成权力清单动态调整的影响因素。

值得讨论的是，跨部门综合执法权力清单中执法事项所依据的法律、法规或规章与其他法律规范冲突时，如何适用？例如，与清单中执法事项相关的新法出台，在新法与清单中执法事项所依据的旧法产生冲突时，如何适用？或者综合执法权力清单中列明的法律依据与现行法律规范有冲突，实施综合执法时如何适用法律依据？

与此问题类似,有观点在探讨“新法优于旧法适用时镇域相对集中行政处罚权清单能否自动更新”问题时,以非法行医涉及的三部法律为例加以说明。即某省人民政府批准的镇域相对集中行政处罚权清单,交由镇域行使的行政处罚“权力名称”一栏为“对未经批准擅自开办医疗机构行医或者非医师行医的处罚”,“设定依据”一栏明确列举是“《中华人民共和国执业医师法》第三十九条、《医疗机构管理条例》第四十四条……”2020 年 6 月 1 日实施的《基本医疗卫生与健康促进法》第 99 条,按照新法优于旧法的原则应当适用,但在权力清单未更新时,能否适用? 该观点认为:“镇域相对集中行政处罚权清单自动更新的边界,应以清单明确列举的法条依据被废止或修改为限。当新法优于旧法适用时,并不能发生旧法被废止或修改的效果,镇域相对集中行政处罚权清单自然不能自动更新。”[1]

笔者认为,上述观点值得商榷。镇域相对集中行政处罚权清单是综合行政执法权力清单的一种,其虽然是具有法律效力的规范性文件,但其法律效力主要在于决定综合行政执法主体资格的产生和综合行政执法权力事项内容。在综合执法权力事项的法律依据上,权力清单仅是对该执法事项的授权法律、法规或规章进行了简单的列举。在实施综合行政执法活动时,一般而言,综合行政执法的法律依据是权力清单中列举的法律依据。但当权力清单列举的法律依据发生变动时,权力清单没有及时调整不影响综合执法以变动后的法律、法规或规章作为执法依据。这是依法行政原则的要求和体现。同理,当综合执法权力清单中与执法事项有关的新法出台,清单没有将该新法更新列入清单,在实施综合行政执法时,仍应按照法律规则的冲突适用解决方法适用法律依据,不能因为清单没有更新法律依据,而机械地适用清单中列明的本不应当适用的旧法律依据。否则,将是本末倒置。这既是依法行政的要求,也是保持法律体系和谐、有序、统一的要求。即使综合执法权力清单中执法事项的法律依据没有发生变动,也没有与列明的法律依据有冲突的新法出台,如果综合执法中列明的执法事项法律依据与现行其他法律规范有冲突,在实施综合执法时,仍应

〔1〕 周游、刘绍明:《新法废止旧法后,镇域相对集中行政处罚权清单能否自动更新》,载搜狐网 2021 年 8 月 27 日,https://www.sohu.com/a/484724210_121123690。

当按照法律规则冲突解决方法适用法律,不能简单地以清单中列明的法律依据作为执法依据。否则,综合执法行为的合法性在现行法律体系中将无法通过合法性审查。

第二节 跨部门综合执法权内部分工与管理机制

作为综合执法权的享有和行使主体,综合执法主体的内部分工与管理制度对于提高综合执法效能、实现综合执法改革目的具有重要影响。

一、跨部门综合执法人员的组成方式

跨部门综合执法改革是将分属不同部门的行政执法权集中由一个行政机关——综合执法机构行使。综合执法队伍的建设原则,是在明确执法机构和人员划转认定标准和程序的基础上,按照"编随事走、人随编走"的原则有序整合执法队伍,锁定编制底数。[1] 改革中应当做到职责整合与编制划转同步实施,队伍组建与人员划转同步操作。[2] 从理论上看,当其他部门的相关行政执法权转移由综合执法机构行使时,这些行政部门就不再享有相关的行政执法权,不能再行使这些权力,原来行使这些权力的执法人员也应一并转移到综合执法机构,以避免综合执法机构陷入有执法职责却无执法人员的尴尬境地,确保实现提升行政执法效能的改革目的。与横向部门间综合行政执法不同,在基层综合行政执法中,县级人民政府部门的行政处罚权下放并不是将全部处罚权下放到乡镇、街道,仅是根据实际情况下放部分处罚权,县级人民政府执法部门仍保留大量处罚权限,因此,县级人民政府部门在下放处罚权时一般并不将执法人员下沉到基层。除了县级政府执法部门保留大量执法权需要执法人员,一般县级政府部门的执法力量本就捉襟见肘;更为重要的是,在县级人民政府部门处罚

---

〔1〕 2018年中办、国办印发《深化市场监管综合执法改革意见》,《交通运输综合执法改革意见》和《生态环境综合执法改革意见》。

〔2〕《生态环境综合执法改革意见》。

权下放过程中，一个县级人民政府部门对应的是若干个乡镇（街道）[1]，在机构上属于“一对多”。如果执法人员下沉的话，任何一个县级执法部门都无法满足这种裂变式的人员下沉需求。因此，在执法权下放后，基层综合行政执法人员的短缺状况必将加剧，需要补充基层一线综合执法力量。

二、跨部门综合执法机构的内部管理模式

跨部门综合执法机构的管理模式，是指综合执法机构对其执法人员是按照执法事项进行专业化分工，还是实行综合管理的问题。在实行部门结构化分权的单一执法体制下，每个执法部门仅负责自己专业领域内的执法事项，执法人员对本领域内执法事项具有较高的专业水平。在实行跨部门综合执法体制下，综合执法人员内部是否需要进行专业化分工，如果不进行专业化分工，让每个执法人员掌握综合执法所有领域的执法事项，是否会降低专业化程度和行政效率，这些问题都值得深入探讨。综合执法改革的最初目的，旨在消除多头多重执法和执法扰民现象，提高行政效能。综合执法改革有时会合并相关事项的执法机构，但单纯的机构整合未必能提高行政效能。综合执法机构的管理模式也是影响行政效能提高的重要因素。对于综合执法机构而言，在综合执法机构内部实行专业化分工，将综合执法人员按照执法领域或执法事项分成不同的执法小组，每个小组仅负责特定执法事项，这样可以使执法人员有更多时间学习和掌握特定事项的执法理论和执法法律，积累并习得丰富的执法经验，提高执法人员的专业化程度，确保特定事项的行政执法活动合法、合理，从而实现综合执法改革的行政效能目的。但需要考虑的是，专业化分工不能成为综合执法人员学习和掌握其他综合执法事项技能的壁垒和障碍，不能成为执法腐败的滋生土壤。从综合执法改革和综合执法机构本身的要求来看，综合执法人员熟练掌握所有综合执法事项的执法技能是最基本的要求，这一要求是申领综合执法证件的条件，也是综合行政执法的必然要求。另外，为防止执法懈怠和执法腐败，有

---

[1] 如江苏省徐州市各县（市、区）开展相对集中行政处罚权的镇（街道）的数量，最多的邳州市共25个镇（街道），最少的鼓楼区也有7个街道。参见《江苏省司法厅关于徐州市在镇（街道）开展相对集中行政处罚权工作的复函》《江苏省司法厅关于徐州市在镇（街道）开展相对集中行政处罚权工作的复函》。

必要在综合执法机构内部对负责不同执法事项的执法人员定期轮换。从这个角度来说,综合执法人员也有必要学习和掌握综合执法权力清单内所有事项的执法知识和技能。

综上所述,综合执法机构的管理模式既不能采取机械的专业化分工模式,以防出现内部的专业鸿沟与执法壁垒,也不能不顾专业性和执法人员的精力、能力而要求综合执法人员成为"全能型选手"。在跨部门综合执法机构管理模式上,第一,应明确,作为综合执法机构的执法人员,学习和掌握综合执法权力清单内所有执法事项的相关知识和技能是综合执法人员的基本要求;第二,实施综合执法过程中,对综合执法人员进行适当的专业化分工,有利于提高行政效能;第三,对跨部门综合执法范围内不同部门或不同类型事项的综合执法人员,定期实行轮换制度,有利于打破综合执法机构内部的专业壁垒和知识固化,防止出现执法懈怠和执法腐败。

三、基层综合行政执法改革初期的管理模式探索

(一)基层综合执法改革前行政执法机构的管理模式

在2021年《行政处罚法》修订前,我国行政执法机构的最低层级是县级人民政府部门,即违法行为发生地的县级以上地方人民政府具有行政处罚权的行政机关,只有法律、行政法规可以规定的例外。[1] 根据法律、行政法规的授权,乡镇人民政府具有一定范围内的行政处罚权。[2] 在实行城管派驻执法的情况下,乡镇人民政府既具有自己的行政执法人员,可以自己的名义行使法律、行政法规授权范围内的行政执法权,也可以按照当下的改革精神,对县级城管部门派驻到乡镇人民政府的执法人员进行管理。这时,乡镇人民政府实际上有两支不同的执法队伍。两支执法队伍统一由乡镇人民政府管理,却持有不同的行政执法证件,以不同的主体名义行使行政执法权。与乡镇人民政府不同,街道办

---

〔1〕《行政处罚法》(2017年)第20条。

〔2〕如《村庄和集镇规划建设管理条例》(1993年国务院令第116号)第37条第2款、第39条、第40条,《血吸虫病防治条例》(2019年国务院令第709号)第51条均授予乡镇人民政府行政处罚权。除行政处罚权外,乡镇人民政府有时也被授予行政命令权、行政强制权等,如《城乡规划法》第65条。

事处未获得法律、行政法规的特别授权，没有自己的执法队伍，只有县区级城管部门派驻到基层的城管执法人员。街道办事处对派驻城管执法人员进行考核和管理。

（二）基层综合执法改革后行政执法机构的管理模式探索

实行基层综合行政执法改革后，基层承接了大量的行政执法职责，但没有配备相应的综合执法人员，至少在基层综合行政执法改革之初，各地还没有把基层综合行政执法人员的补充提上日程。在基层承接了综合行政执法职责后，从事综合执法人员只能从基层现有执法人员中配备，即从基层自己的执法人员和城管派驻执法人员中产生综合执法人员。在申报综合执法证件时，把基层自己的执法人员和派驻执法人员都转为综合执法人员，还是仅把部分执法人员转为综合执法人员，留一部分继续从事综合执法职责以外的城管派驻执法工作，各基层对该问题认识不一。从笔者调研的情况来看，某区人民政府下辖各街道办事处在办理综合行政执法证件时，上报的申请综合行政执法证件人员与现有综合执法人员之间的数量关系，差异较大（见表 5－1）。

表 5－1　某区下辖街道办事处综合执法证申报人数及目前城管在编持证人数

序号	街道名称	申报人数/人	城管派驻执法人员数/人
1	A	12	14
2	B	15	16
3	C	7	23
4	D	24	15
5	E	14	11
6	F	9	7
7	G	15	13
8	H	16	13
9	I	19	13
10	J	13	5
11	K	9	20
12	L	31	33

由表5－1可知，有5个街道办事处综合行政执法证件申报人数少于城管派驻执法人数，有7个街道办事处综合行政执法证件申报人数多于城管派驻执法人数。申报人数与派驻执法人数的对比虽然只是数字差异，反映的问题却是深层次的。其中，最核心的问题是，原由基层履行的行政执法职责（包括乡镇自己有权行使的行政执法职责和派驻基层由基层管理的执法人员从事的执法职责），如果未纳入基层综合执法范围，将无法由持有基层综合行政执法证件的执法人员实施。[1] 如果基层街道办事处将城管派驻执法人员全部申报为综合执法人员，则街道办事处将无法再行使未纳入综合执法范围的城管执法事项的执法权。这部分执法事项的执法权将被迫交还给区城管执法部门行使。在调研时，上述区城管法制部门负责人说，他们的执法人员大多数在很久之前就派驻到基层街道办事处了，他们无力承担原由城管派驻执法人员行使的这部分城管执法权。这个问题如何解决将成为考验街道办事处和区城管执法机关智慧的现实问题。有些街道办事处领导已经预见到区城管部门的担忧，并且，当下的城管执法考核体系也是以基层街道办事处作为城管执法事项的考核对象，所以，有相当一部分街道办事处并未将其执法人员都申报为综合执法人员，而是留出一部分执法人员继续行使未被纳入综合执法范围执法事项的执法权。

第三节　跨部门综合执法权运行的主要程序机制

跨部门综合执法权运行必须坚持严格规范公正文明执法。行政执法公示制度、执法全过程记录制度、重大执法决定法制审核制度（以下简称“行政执法三项制度”），是确保行政执法严格规范公正文明的重要程序机制，对促进严格规范公正文明执法具有基础性、整体性、突破性作用，对维护相对人合法权益，

[1] 根据现行行政执法证件管理规定。每位执法人员只能持有一种类型的行政执法证。行政执法证件载有执法人员的姓名、工作单位、执法种类、执法区域等信息。执法人员只能在执法证件载明的执法区域内按照执法种类载明的权限行使执法权。

促进依法行政具有重要意义。[1] 作为行政执法改革的重要形式，跨部门综合执法改变了行政执法权的隶属关系，将原由其他行政主体行使的执法权划转给综合执法主体行使，这既给行政相对人识别行政执法主体、维护合法权益带来困难，也给综合执法主体行使其他部门划转的执法权带来合法性挑战。因此，行政执法三项制度在跨部门综合执法权运行中，发挥着举足轻重的作用，是确保跨部门综合执法权合法运行，从而实现严格规范公正文明执法的重要程序机制。

一、跨部门综合执法主要程序机制

（一）行政执法三项制度的产生

行政执法公示制度最早起源于地方实践。根据有关记载，沈阳市工商局在全国首次推出了行政执法公示制。[2] 2008 年，《政府信息公开条例》正式确立了包括行政执法信息在内的政府信息公开制度。行政执法公示有了法律依据。2014 年，《全面推进依法治国决定》提出，推行行政执法公示制度。同时，该决定也是第一次明确提出建立行政执法全过程记录制度和重大执法决定法制审核制度的中央文件。[3] 这是三项制度首次同时规定于中央文件。不过，此时的三项制度虽被同时提及，但并未被作为一个整体看待。同时，三项制度的定位也不相同。执法全过程记录制度和重大执法决定法制审核制度是作为坚持严格规范公正文明执法的具体措施加以规定的，而行政执法公示制度是作为政务公开的制度予以规定。到了 2015 年，中共中央、国务院发布的《法治政府建设实施纲要（2015—2020 年）》又将执法全过程记录制度和重大执法决定法制审核制度作为完善行政执法程序的内容加以规定，而将推行行政执法公示制度作为创新行政执法的方式。2017 年 1 月 19 日，国务院办公厅印发的《推行行政执

[1] 国务院办公厅印发的《关于全面推行行政执法公示制度执法全过程记录制度重大执法决定法制审核制度的指导意见》（国办发〔2018〕118 号）。

[2] 《国家工商行政管理局关于近三年执法检查情况的通报》（工商法字〔1999〕87 号）。

[3] 从北大法宝法律法规数据检索情况来看，全过程记录的概念和制度使用较早，最早使用于《广州市人民政府几项工作制度》（穗府〔1982〕32 号），“对本部门承办的文电，要认真及时办理并做好办理全过程记录”。后在公共服务领域和个别部门执法领域逐渐使用。

法公示制度执法全过程记录制度重大执法决定法制审核制度试点工作方案》第一次以规范性文件形式专门对行政执法公示制度、执法全过程记录制度、重大执法决定法制审核制度三项制度进行调整。不过,这仅是试点方案。2018年12月5日,《国务院办公厅关于全面推行行政执法公示制度执法全过程记录制度重大执法决定法制审核制度的指导意见》(以下简称《行政执法三项制度指导意见》)正式将行政执法三项制度在全国推开。之后,行政执法三项制度被中央和地方立法广泛采纳。同时,行政执法三项制度也被中央文件明确定位为行政执法程序机制。[1]

(二)行政执法三项制度的意义

行政执法三项制度对于法治政府建设的作用不言而喻。学者对其给予了高度评价。有学者认为,行政执法三项制度具有三重法治意义:有助于严格规范公正文明执法的实现,有助于社会矛盾纠纷源头治理模式的实现,有助于行政法总则的制定。[2] 有学者认为,行政执法三项制度是法治政府建设的加速器和稳定器:约束行政执法更有效、破解关键环节更精准、履行法定职责更规范、营造法治环境更健康。[3]

笔者认为,行政执法三项制度的意义,可以从三个方面来概括:一是奠定了行政执法活动合法有效的基础;二是促进了行政相对人合法权益的维护;三是构建了法治政府建设的主要程序机制。

奠定了行政执法活动合法有效的基础。行政执法三项制度从权力源头、权力的运行过程和权力的运行结果三个维度对行政执法权行使进行了全流程、全领域、全方位规范,使行政权行使的合法性和有效性有了制度保障。它"对促进严格规范公正文明执法具有基础性、整体性、突破性作用"[4]。因此,行政执法三项制度是确保行政执法合法有效的基础。

---

[1] 《法治政府建设实施纲要(2021—2025年)》(中共中央、国务院,2021年)。

[2] 参见章志远:《行政执法三项制度的三重法治意义解读》,载《中国司法》2019年第2期。

[3] 参见解志勇、王晓淑:《行政执法三项制度:法治政府建设的加速器和稳定器》,载《中国司法》2019年第2期。

[4] 《国务院办公厅关于全面推行行政执法公示制度执法全过程记录制度重大执法决定法制审核制度的指导意见》(国办发〔2018〕118号)。

促进了行政相对人合法权益的维护。在行政执法过程中,行政机关实施行政管理,对行政相对人行使执法权,必须严格依法行政,才能维护相对人合法权益。对行政机关行政执法活动监督和制约是保障相对人合法权益的重要途径。而行政执法三项制度是全流程、全方位、全领域监督和制约行政执法权的重要程序制度。行政执法公示制度保障了相对人的知情权,是相对人行使监督权的前提;执法全过程记录制度固定了执法证据,保证了行政执法活动有事实根据,从而为行政执法活动的合法性提供了保障,确保行政执法活动不侵犯行政相对人的合法权益。重大执法决定法制审核制度通过审核把关,确保了重大执法决定的合法性和合理性,防止重大执法决定造成相对人合法权益的侵害。

构建了法治政府建设的主要程序机制。在法治政府建设中,程序是制约行政权的重要机制。正如西方法谚:自由的历史基本上是奉行程序保障的历史。在法治政府建设中,对行政权的行使活动从权力源头、权力行使过程、权力运行结果等方面设计的程序制度,对于有效规制行政权具有重要意义。行政执法三项制度体现的程序意识和部分程序规范,不仅适用于行政执法领域,对于行政权行使的其他领域,如行政立法、行政司法领域也具有重要的借鉴意义。因此,一定意义上说,行政执法三项制度构建了法治政府建设的主要程序机制。

(三)跨部门综合行政执法三项制度的迫切必要性

相对于传统行政执法,行政执法三项制度对于跨部门综合行政执法的必要性更加突出。

跨部门综合执法公示制度是回应综合执法背景下行政公众知情权的需要。跨部门综合执法改革,改变了行政执法权的隶属关系和行使主体,行政相对人和社会公众对此有知情权,综合执法机关有义务及时将综合执法权的来源、执法事项、执法主体、程序等予以公示;为了保障行政相对人和公众的知情权、参与权、表达权、监督权等权利,也应当强化综合执法的事中公示和事后公开。

跨部门综合执法全过程记录制度是保证综合执法活动合法有效的需要。对于综合执法主体来说,如何保证综合执法活动的合法有效是一个巨大的挑战。在行政复议、行政诉讼等行政救济制度下,行政行为的合法性由行政主体承担举证责任。在综合执法活动中,综合执法主体要想证明执法活动的合法性,对综合执法全过程进行记录,可以为行政执法活动提供证据支持,避免出现因事后难以举证而致行政执法行为被判不合法的情况。

跨部门综合执法中重大执法决定法制审核制度。重大行政执法决定法制审核制度有利于发挥法制审核部门专业人才的能力,为重大执法决定的合法性、合理性把关论证。在行政执法权由原行政机关划转到综合执法主体后,由于原执法人员并未随之转隶或仅部分随之转隶,综合执法主体执法活动的合法有效性将受到影响。影响更大的是,乡镇、街道综合行政执法活动。当下正在进行的基层综合行政执法活动,许多乡镇、街道办事处没有接收新的执法人员转入,却承接了其他部门的行政执法权,致使综合行政执法权行使遇到合格执法人员不足、执法装备短缺等情况,综合执法活动的合法性难以保障。在此情况下,综合执法中重大的执法决定更需要获得法制审核部门的支持和帮助,以确保重大执法决定的合法性和合理性。

二、跨部门综合执法公示制度

(一)行政执法公示制度与政府信息公开制度的关系

1. 公示与公开的区别

按照《现代汉语词典》的解释,公示,是指公布,让公众了解并向公众征求意见。公开,是指使秘密的成为公开的,不加隐蔽的。[1] 由此可以看出,公示与公开的形式虽相同,但目的并不完全一致。公示的目的在于公布出去,让公众知晓以征求公众意见,而公开的目的仅在于让公众知晓。另外,英语翻译上,从有关规范性文件的翻译来看,执法行为的公示翻译为 publication,执法信息的公示与政府信息公开中的公开相同,翻译为 disclose。

2. 行政执法公示与政府信息公开有相同之处

行政执法公示制度中的公示,本质上是公开,遵循公开原则。从该制度的

〔1〕 参见中国社会科学院语言研究所词典编辑室编:《现代汉语词典》(第6版),商务印书馆2012年版,第450~451页。

目的和公示内容来看，行政执法公示制度是公开制度的一种体现。其旨在保障行政相对人和社会公众知情权、参与权、表达权、监督权，并无征求公众意见之目的。公示的内容从事前公开的信息，到事中公示和事后公开的信息，均符合《政府信息公开条例》的要求，属于政府信息公开在行政执法领域的具体化。行政执法公示多数情况下与政府信息公开一样，以公开为常态，不公开为例外。因此，立法上有时公示与公开相互替代使用，如《行政处罚法》第 39 条、《企业信息公示暂行条例》等。〔1〕

3. 行政执法公示制度与政府信息公开制度亦有不同

第一，行政执法公示的事项范围与政府信息公开的范围不同。行政执法公示的范围不仅包括行政执法信息公开，更包括行政执法行为公开。而政府信息公开的主要是政府信息，即行政机关在履行行政管理职能过程中制作或者获取的，以一定形式记录、保存的信息。〔2〕 第二，行政执法公示制度中，特殊事项的公示原则与政府信息公开的原则不同。如关于行政执法决定的公开问题，《行政执法三项制度指导意见》虽然规定行政处罚的执法决定信息要在执法决定作出之日起 7 个工作日内公开〔3〕，但 2021 年修订的《行政处罚法》并未采纳此种规定，而是规定："具有一定社会影响的行政处罚决定应当依法公开。"〔4〕这说明行政处罚决定的公开原则，与《政府信息公开条例》确定的"以公开为常态、不公开为例外"原则明显不同。〔5〕 第三，行政执法公示的方式与政府信息公开有别。行政执法公示采取主动公示的方式，如有的地方政府规章规定，"行政执法公示，是指行政执法机关通过一定载体和方式，在事前、事中、事后主动向社会公众和行政相对人公开行政执法信息，自觉接受监督的活动"〔6〕。而政府信息公开的方式包括主动公开与依申请公开。

---

〔1〕《行政处罚法》第 39 条规定，行政处罚的实施机关、立案依据、实施程序和救济渠道等信息应当公示。

〔2〕《政府信息公开条例》第 2 条。

〔3〕《国务院办公厅关于全面推行行政执法公示制度执法全过程记录制度重大执法决定法制审核制度的指导意见》（国办发〔2018〕118 号）。

〔4〕《行政处罚法》第 48 条。

〔5〕《政府信息公开条例》第 5 条。

〔6〕《河北省行政执法公示办法》第 2 条第 3 款。

（二）跨部门综合执法公示制度的内容

1. 跨部门综合执法公示的主要内容

跨部门综合执法公示的内容主要包括：(1)事前公开综合执法权力清单、权力行使程序、执法流程图等；(2)事中公示具体个案执法信息，如个案执法中执法人员的身份信息、公务标志、具体的执法事由、执法依据、相对人的权利义务、执法进度等；(3)事后公开执法决定等。

2. 跨部门综合执法改革初期的公示重点是综合行政执法权力清单

为使行政相对人和社会公众对跨部门综合执法权的移转情况有一个清晰的认识，综合执法改革部门和综合执法主体应将综合执法事项的原执法主体、现执法主体、执法事项的权力边界、执法依据等以权力清单的形式详细公开。

3. 跨部门综合执法公示的形式

综合执法改革机关或综合执法主体公示公开相关信息的渠道主要是报纸、政府公报、互联网、办公场所等。其中，互联网是当前最主要、影响最广泛的公开形式。互联网公开方式又包括政府部门的官方网站，以及微信公众号、抖音、微博等新媒体公开。

4. 跨部门综合执法公示的原则

跨部门综合执法公示应当依法公示、公平、公正、便民原则。在行政处罚决定方面，具有一定社会影响的行政处罚决定应当依法公开。这与政府信息公开中的“公开为常态，不公开为例外”的原则不符。《行政处罚法》没有就行政处罚决定的公开采取一刀切，而是进行了区分。那么，不具有一定社会影响的行政处罚决定是否需要公开？这个问题比较复杂。作为行政法律关系的一方当事人，行政主体对相对人作出处罚决定后，再将处罚决定公开，有可能对相对人造成额外的负担，过度侵害其权益，或对相对人的一个行为“重复评价”。另外，行政处罚决定并非都经过行政复议或行政诉讼救济途径，在没有中立的裁判机关对行政处罚决定作出裁判的情况下，行政处罚决定的合法性仅因行政行为公定力理论而推定合法，而按照合法性审查标准(《行政诉讼法》第70条)，该种处罚决定是否真的合法，尚不确定。此时，将之公开，既不利于行政相对人，也难以达到公开处罚决定所追求的目的。

(三)跨部门综合执法公示制度的问题与解决路径

1. 跨部门综合执法公示制度的问题

行政执法公示制度已经在全国推广实施,有的地方制定了专门的行政执法公示政府规章,如《河北省行政执法公示办法》(2019年),有的地方制定了行政执法三项制度的政府规章,如《内蒙古自治区行政执法公示执法全过程记录重大执法决定法制审核办法》(2020年)。更多的地方出台了规范性文件。学者在研究行政执法公示制度时,也对其存在的问题进行了总结。如有观点认为,行政执法公示制度存在着公示范围内容不明晰、公示程序设计不科学、相关制度之间不协调、执法公示保障不给力、制度实施动力不充分等问题。[1] 笔者认为,上述对于行政执法公示制度问题的分析基本符合现实情况。这些问题同样存在于跨部门综合执法公示制度中。除此之外,该项制度还存在如下问题值得关注:缺乏统一立法,现有规范性文件位阶较低,难以对各地实践起到统一规范作用;跨部门综合执法权力清单公示时,各地公示内容不一,如关于部门之间综合执法事项权力边界,个别地方公示,[2]多数地方未公示;跨部门综合执法公示的内容更新迟缓,如有的地方公示的综合执法法律依据并未随立法变化作相应调整;等等。

2. 跨部门综合执法公示制度的完善

基于前述制度存在的问题,应给出针对性的解决方案,以便解决问题,完善制度。第一,制定统一立法,对行政执法公示制度进行调整。立法可以采取单行立法模式,专门就该制度进行规范和调整,也可以在行政程序立法时对行政执法公示制度作出规范和调整。当然,如果行政法典或行政法总则制定时,也可以在其中加以规范。第二,针对跨部门综合执法公示制度,应明确综合执法主体与执法事项行政主管部门及其他相关部门之间的权力边界,以方便行政相对人维护自身合法权益。如关于综合执法事项的日常监管、投诉、举报、违法线索的处理等由哪个部门负责的问题,需要通过公示制度明确公布。第三,包括

---

〔1〕 参见李瑞康:《论行政执法公示:功能、问题与对策》,载《辽宁公安司法管理干部学院学报》2020年第4期。

〔2〕《浙江省综合行政执法事项统一目录(2020年)》。

跨部门综合执法公示在内的行政执法公示制度,应及时更新公示内容,包括法律依据的及时更新和调整。第四,细化程序设计,明确相关制度之间的关系。行政执法公示制度中部分程序设计不够全面细致,需要完善。同时,执法公示制度与政府信息公开制度的关系需要明确,以解决制度之间的衔接问题。如对于行政执法公示的事项,在行政机关没有主动公示时,行政相对人是否可以申请公开。这是行政执法公示制度没有涉及的问题。因为执法公示制度仅规定了行政机关主动公示的方式,没有规定依申请公示。依据《政府信息公开条例》,属于政府信息的行政执法信息依法可以由相对人申请公开。但不属于执法信息的执法行为,相对人可否要求或申请公开?按照行政公开原则,行政执法行为和执法信息均应公开。但行政公开原则需要通过相关制度落地,行政执法公示制度即担当此任。

三、跨部门综合执法全过程记录制度

(一)行政执法全过程记录制度的含义与意义

1. 行政执法全过程记录制度的含义

所谓行政执法全过程记录制度,是指行政执法机关以一定的形式记录行政执法全部过程的制度。[1]

2. 行政执法全过程记录制度的意义

行政执法全过程记录制度是行政执法机关对行政执法过程收集和固定证据的重要制度。行政执法是行政机关行使行政权对行政相对人作出行政决定的活动。一旦行政相对人对行政执法决定有异议,申请行政复议或提起行政诉讼,根据行政救济中举证责任倒置规定,行政执法机关要对被争议的行政执法行为的合法性承担举证责任。行政执法决定作出后收集的证据和行政执法案

---

〔1〕《国务院办公厅关于全面推行行政执法公示制度执法全过程记录制度重大执法决定法制审核制度的指导意见》(国办发〔2018〕118号)规定,行政执法全过程记录制度,是指行政执法机关通过文字、音像等记录形式,对行政执法的启动、调查取证、审核决定、送达执行等全部过程进行记录,并全面系统归档保存,做到执法全过程留痕和可回溯管理的制度。其中,文字记录是以纸质文件或电子文件形式对行政执法活动进行全过程记录的方式。音像记录是通过照相机、录音机、摄像机、执法记录仪、视频监控等记录设备,实时对行政执法过程进行记录的方式。

卷外的证据不能作为证明被争议行政执法决定合法的证据使用。这就给行政执法主体施加了很大的证明负担。行政执法主体对自己实施的执法活动做好全过程的证据收集、固定和保存工作，是使自己免于败诉风险的重要保障。

（二）跨部门综合执法全过程记录的实施

自2014年《全面推进依法治国决定》提出推行行政执法全过程记录制度以来，该制度在各地各部门迅速建立并实施。从北大法宝法律法规数据库检索情况来看，全文中包含“执法全过程记录”的中央法规，自2014年开始出现，2014年仅有2部，其中包括前述《全面推进依法治国决定》；2015—2023年，分别有21、20、26、32、52、47、50、32、8部。标题中包含“执法全过程记录”的中央法规有24部。全文中包含“执法全过程记录”的地方性法规，2013年开始出现，2013年有1部，2014年18部；2015—2023年，分别有470、630、937、952、1458、1550、1725、1240、461部。标题中包含“执法全过程记录”的地方性法规有532部。前述全文中包含“执法全过程记录”的法规中，专门调整综合行政执法或综合执法的法规有中央法规11部、地方法性规206部。[1] 这说明，中央层面和地方各级人民政府已经就执法全过程记录制定了大量立法或规范性文件，并广泛推行了该制度。

（三）跨部门综合执法全过程记录制度的基本原则

跨部门综合执法全过程记录制度必须坚持合法、必要、客观、全面等原则。

1. 合法原则

所谓合法原则，是指综合执法人员在记录执法过程、使用与保管执法记录时，要坚持依法行政原则，切实维护相对人合法权益。文字记录执法过程时，应当严格遵守法律规定的程序，如调查取证文书中涉及当事人的文字记录，应当由当事人签字确认。[2] 通过音像设备记录执法过程时，应确保音像设备符合标

---

〔1〕 文中数据统计日期为2024年1月7日，所有中央法规、地方性法规均为截至统计日期现行有效的法规。

〔2〕 《河北省行政执法全过程记录办法》（2019年）第15条。

准。执法过程记录内容仅用于行政执法，不得违法用于其他目的，同时，应妥善保存记录档案，不得随意泄露。媒体不时曝出，电子监控自动抓拍当事人违法行为时，抓拍到当事人的不雅动作，之后，视频或照片在网络上广泛传播，[1]这明显违背了通过音像设备记录执法过程或违法行为时应妥善保管记录档案、不得泄露的要求。使用音像设备记录执法过程时，是否需要提前告知相对人？这个问题并未有统一规定。《行政执法三项制度指导意见》仅规定“研究制定执法行为用语指引，指导执法人员规范文明开展音像记录”，没有对是否应当告知当事人作出明确要求。各地各部门对此认识不一，规定有别。如《江苏省全面推行行政执法公示制度执法全过程记录制度重大执法决定法制审核制度实施方案》对该问题没有作出规定，也没有关于执法行为用语指引的规定。《河北省行政执法全过程记录办法》仅规定行政执法机关应当编制执法行为用语指引，没有明确是否应当告知当事人。[2]《内蒙古自治区行政执法公示执法全过程记录重大执法决定法制审核办法》则明确规定使用音像设备记录时需要提前告知当事人。[3] 与行政执法全过程记录制度相比，在该制度之前已经实施的《交警系统执法记录仪使用管理规定（试行）》明确规定了执法机关使用执法记录仪时的告知义务和规范用语。[4] 之后，交警系统执法记录仪使用管理规范中关于告知义务的规定，也被其他执法部门借鉴，如《江苏省文化市场执法记录仪使用管

---

〔1〕《媒体称超速摸胸照片流出暴露电子眼监管缺失》，载腾讯新闻网，https://news.qq.com/a/20110824/001291.htm。

〔2〕《河北省行政执法全过程记录办法》（〔2019〕第7号）第21条规定，行政执法机关应当根据本机关的执法职责、执法程序、执法类别，编制音像记录事项清单和执法行为用语指引，明确音像记录的内容、标准和程序，对音像记录进行规范。

〔3〕《内蒙古自治区行政执法公示执法全过程记录重大执法决定法制审核办法》（政府规章，2020年）第19条规定，音像记录开始前，行政执法人员应当检查设备，告知当事人并且说明时间、地点、执法事由。

〔4〕《交警系统执法记录仪使用管理规定（试行）》（公交管〔2013〕460号）第9条规定，交通警察在执法过程中，应当事先告知当事人使用执法记录仪记录，告知的规范用语是：为保护您的合法权益，监督我的执法行为，本次执法全程录音录像。该规范性文件2013年7月1日实施，2014年1月1日被废止。取而代之的规范性文件《交警系统执法记录仪使用管理规定》（公交管〔2013〕460号）第8条对告知义务作了基本相同的规定，交通警察在道路上对交通违法行为人实施处罚或者采取强制措施、询问交通事故当事人和证人时，应当事先告知对方使用执法记录仪记录，告知的规范用语是：为保护您的合法权益，监督我的执法行为，本次执法全程录音录像。

理规定》。[1] 但也有地方综合执法部门只规定“必要时”的告知义务，如《厦门市城市管理行政执法局关于规范城管部门执法记录仪使用的通知》。[2] 笔者认为，行政公开原则要求行政执法行为公开，行政执法机关记录执法过程属于行政执法中的程序行为，应当遵循公开原则。因此，行政执法机关使用照相机、录音机、摄像机、执法记录仪、视频监控等记录设备，实时对行政执法活动进行记录时，应当告知当事人。

2. 必要原则

所谓必要原则，是指综合执法主体开展行政执法时，根据全过程记录执法活动的需要，确定使用适当的记录方式。考虑到当下录音像记录方式的必要性、适当性和实效性，对文字记录能够全面有效记录执法行为的，可以不进行音像记录。[3] 对于非现场执法中适用简易程序处理的案件，可以仅使用音像记录方式。对于影响行政相对人重大权益的现场执法过程和执法场所，必须使用音像记录方式；对可能产生争议的行政执法过程，建议根据需要使用音像记录方式。必要原则是基于当下的信息技术水平、特点和执法成本、效率等综合考量的结果。随着社会发展和技术进步，必要原则的内涵和要求也将随之变化，执法全过程记录方式也将相应改变。

3. 客观原则

跨部门综合执法主体在记录行政执法过程时，应坚持客观原则，如实地记录执法过程。在记录时，不能因主观好恶而作出错误或不实记录。同时，对于因客观原因导致的错误记录，也不能作为行政执法的根据或记入执法档案。对于错误记录，应当赋予相对人申请修改权，综合执法机关发现记录错误时，也应主动进行修改。如《道路交通安全违法行为处理程序规定》就对交通技术监控

---

〔1〕《江苏省文化市场执法记录仪使用管理规定》（苏文市〔2014〕24号）第9条规定，执法人员在现场检查、对违法行为人实施处罚或者采取强制措施、询问当事人时，应当事先告知对方使用执法记录仪记录，告知的规范用语是：为保护您的合法权益，监督我的执法行为，本次执法全程录音录像。

〔2〕《厦门市城市管理行政执法局关于规范城管部门执法记录仪使用的通知》（厦城执〔2021〕28号）规定，调查取证时，应当向当事人主动出示执法证件，必要时可告知当事人现场执法记录仪正在工作。

〔3〕《国务院办公厅关于全面推行行政执法公示制度执法全过程记录制度重大执法决定法制审核制度的指导意见》（国办发〔2018〕118号）。

设备记录或者录入道路交通违法信息管理系统的违法行为错误情形，规定了执法部门的消除义务。[1]

4. 全面原则

跨部门综合执法主体在记录行政执法过程时，应全面记录执法过程，不能随意取舍、片面记录。音像记录因客观原因导致记录不全或记录中断，如果当事人对记录反映的事实有异议，在无其他证据佐证时，该记录不能用作执法目的。音像记录设备因客观原因导致记录中断时，在恢复记录时应语音说明。[2]

（四）跨部门综合执法全过程记录的方式

跨部门综合执法全过程记录的方式主要有文字记录、音像记录等方式。这两种方式可以单独使用，也可以结合使用。

1. 文字记录

文字记录是传统现场执法与部分非现场执法过程的最主要记录方式。在传统现场执法时，文字记录是最主要、最基本的执法过程记录方式。从证据的收集与保存角度看，文字是表达意思、传递思想的最主要工具，也是行政执法过程中，行政执法机关与当事人沟通、实现行政管理目的的最主要工具。在部分非现场执法中，如果相对人对非现场执法异议，非现场执法可能转变为普通的执法程序，此时，也可能采用文字记录形式记录后续的执法过程。因此，大部分现场执法与部分非现场执法中，文字记录是执法过程的最主要记录方式。

---

〔1〕《道路交通安全违法行为处理程序规定》(2020年)第22条规定，交通技术监控设备记录或者录入道路交通违法信息管理系统的违法行为信息，有下列情形之一并经核实的，违法行为发生地或者机动车登记地公安机关交通管理部门应当自核实之日起3日内予以消除：……(2)机动车所有人或者管理人提供报案记录证明机动车被盗抢期间、机动车号牌被他人冒用期间交通技术监控设备记录的违法行为……(5)因交通信号指示不一致造成的违法行为；(6)作为处理依据的交通技术监控设备收集的违法行为记录资料，不能清晰、准确地反映机动车类型、号牌、外观等特征以及违法时间、地点、事实的；(7)经比对交通技术监控设备记录的违法行为照片、道路交通违法信息管理系统登记的机动车信息，确认记录的机动车号牌信息错误的。

〔2〕《河北省行政执法全过程记录办法》(〔2019〕第7号)第23条规定，行政执法人员在进行音像记录过程中，因设备故障、天气恶劣、人为阻挠等客观原因中断记录的，重新开始记录时应当对中断原因进行语音说明；确实无法继续记录的，应当在现场执法结束后书面说明情况，并由两名以上执法人员签字。

2. 音像记录

音像记录是非现场执法过程的主要记录方式。非现场执法，也称电子监控执法，是近年来广泛兴起的执法新模式。[1] 这种执法方式主要依靠电子监控设备获取证据，并通过自动处理系统作出行政处罚决定，相对人通过自助处理平台完成行政处罚决定书的认领、罚款的缴纳等活动。目前，已经有不少部门使用电子监控技术实施行政监管，进行行政执法。如交警部门利用交通技术监控设备、执法记录设备收集、固定违法行为证据，并通过网络系统作出行政处罚；城管综合执法部门通过安装在渣土运输车辆上的 GPS，对不按照规定线路运输渣土的车辆进行查处；交通运输管理部门通过车载 GPS 对长途大客车超员、超载进行执法。受制于自动化系统的处理能力，现阶段的非现场执法必须将处理的案件限定为适用简易程序的行政处罚。[2]

3. 文字记录与音像记录的衔接

单纯使用文字记录与单纯使用电子监控设备等音像记录形式记录执法过程的情形，仅占当下行政执法的较小比例，大多数行政执法过程需要文字记录与音像记录结合使用。那么，文字记录与音像记录是什么关系？如何协调两者的关系？第一，文字记录是行政执法过程的最主要也是最基本的记录方式，适用于大部分现场执法与部分非现场执法过程。第二，对文字记录能够全面有效记录执法行为的，可以不进行音像记录。第三，音像记录适用于非现场执法过程，依据简易程序作出行政处罚决定的情形。第四，特定类型案件的执法过程，必须在文字记录的基础上，同时适用音像记录方式，如对直接涉及人身自由、生命健康、重大财产权益的现场执法活动和执法办案场所，需要全程音像记录。第五，音像记录方式的推广应用。特殊情况下，在文字记录的基础上，建议根据实际情况同时使用音像记录方式。如对现场执法、调查取证、举行听证、留置送达和公告送达等容易引发争议的行政执法过程，要根据实际情况进行音像记录。[3] 随着信息技术发展和执法保障能力的提升，音像记录设备如执法记录仪

〔1〕 参见余凌云：《交警非现场执法的规范构建》，载《法学研究》2021 年第 3 期。

〔2〕 参见余凌云：《交警非现场执法的规范构建》，载《法学研究》2021 年第 3 期。

〔3〕 《国务院办公厅关于全面推行行政执法公示制度执法全过程记录制度重大执法决定法制审核制度的指导意见》（国办发〔2018〕118 号）。

已经越来越普及。不少行政执法部门都配备了执法记录仪，有的行政执法部门，如交通警察部门，明确要求执法时必须使用执法记录仪全程录音录像。[1]可以预见，在信息社会飞速发展的时代背景下，音像记录方式将更加重要，更多普及。

四、跨部门综合执法中重大执法决定法制审核制度

（一）跨部门综合执法中重大执法决定法制审核制度的含义与意义

1. 含义

跨部门综合执法中重大执法决定法制审核制度，是指跨部门综合执法中，综合执法主体作出重大执法决定前，应先由法制审核部门对该决定的合法性、合理性进行审核，审核通过的，方能作出重大执法决定的制度。

2. 意义

重大执法决定法制审核制度是确保跨部门综合执法机关重大执法决定合法、合理的重要程序机制。与改革前相比，跨部门综合执法改革将不同部门的行政执法权集中由综合执法部门行使，综合执法部门行使其他部门划转而来的执法权时，由于人员执法水平、执法经验、技术装备等因素影响，综合执法行为的合法性、合理性更难保证。对拟作出的重大执法决定提请法制审核部门审核把关，无疑是确保重大执法决定合法、合理的重要程序机制。对于乡镇、街道基层综合执法而言，重大执法决定法制审核制度更有必要性。

（二）跨部门综合执法中重大执法决定法制审核机构

1. 重大执法决定法制审核的统一规定

按照国务院办公厅关于全面推行行政三项制度的指导意见，重大执法决定法制审核机构有两种：一是行政执法机关的法制工作机构。行政执法机关中法律工作机构从事法律审核的人员不少于本单位执法人员总数的5%。二是法律

---

〔1〕《关于印发〈交警系统执法记录仪使用管理规定〉的通知》（公交管〔2013〕460号）规定，从2014年7月起，交通警察在道路上执勤、查处交通违法行为、处理交通事故以及从事驾驶人考试和机动车查验时，要使用执法记录仪进行全程录音录像。

顾问、公职律师。各执法单位可以聘请法律顾问、公职律师从事法制审核工作。法律顾问、公职律师也可以在执法系统内统筹调配使用，以实现资源共享，提高专业人才利用效率。[1]

2. 跨部门综合执法机关的法制审核

跨部门综合执法机构在进行行政执法权集中时，也应当根据执法事项的增加和执法人员的变化，建立符合执法审核需求的法律工作队伍。在增加法制审核人员时，应当按照《行政处罚法》的规定，优先考虑从通过国家统一法律职业资格考试取得法律职业资格的人员中遴选。[2] 在法制审核任务较重的部门，除了本机关本部门法制审核人员，还可以利用政府购买服务，由律师事务所或法律顾问承担部分法制审核工作。对于乡镇人民政府、街道办事处基层综合执法，受制于人员编制、待遇、工作量等因素，执法人员数量和综合业务水平在当下均与县级以上人民政府执法部门有一定差距，因此，基层综合执法中对法制审核的需求较大。但同样受制于人员编制、待遇、工作量等因素影响，基层法制工作机构的人员数量和业务水平也参差不齐。在基层综合行政执法改革实施初期，基层综合执法机构依法行政的能力和水平堪忧。为了应对基层综合执法面临的挑战，除了增加基层法制审核人员编制、从获得法律职业资格的专业人员中遴选法制审核人员，还需要通过政府采购方式，充分利用律师事务所或法律顾问的力量，承担基层综合执法决定法制审核的任务。可以说，在执法决定的法制审核方面，与县级以上人民政府行政执法部门相比，乡镇人民政府、街道办事处对律师事务所或法律顾问的需求更为必要和迫切。

3. 跨部门综合执法机关法制审核机构的设置

行政机关的法制机构承担重大行政执法决定的法制审核职责。行政机关的法制机构设置主要有两种情形：一是各级人民政府的法制机构。如国务院司法部，省级人民政府司法厅，市、县级人民政府司法局及其派出机构司法所。二是各级人民政府工作部门内设法制机构，如各机关的法制司、法制处、法制科等。根据《关于推行法律顾问制度和公职律师公司律师制度的意见》要求，"积

---

〔1〕《国务院办公厅关于全面推行行政执法公示制度执法全过程记录制度重大执法决定法制审核制度的指导意见》（国办发〔2018〕118号）。

〔2〕《行政处罚法》第58条第2款。

极推行党政机关法律顾问制度,建立以党内法规工作机构、政府法制机构人员为主体,吸收法学专家和律师参加的法律顾问队伍”。党政机关法律顾问承担“为处置涉法涉诉案件、信访案件和重大突发事件等提供法律服务”的职责。这说明行政执法机关的法制机构是重大行政执法决定的法制审核机构,承担法制审核职责。跨部门综合执法中,综合执法机关的法制机构以集体名义发挥法律顾问作用,承担重大执法决定法制审核职责;除此之外,外聘法律顾问、公职律师,也可以承担法制审核职责。外聘法律顾问通常以政府采购的方式接受委托提供法律服务,公职律师不得提供有偿法律顾问服务。

(三)跨部门综合执法中重大执法决定法制审核范围

1. 重大执法决定法制审核范围的确定标准

行政执法部门的案件类型不同,需要法制审核的案件范围亦有差别,不同执法部门按照什么标准确定本部门执法决定的法制审核范围值得研究。重大行政执法决定法制审核制度的名称足以反映,需要进行法制审核的案件是重大的行政执法决定。何谓“重大的行政执法决定”?笔者认为,有两个解释维度:一是影响的利益重大,包括对行政相对人或利害关系人的私益影响重大和对公共利益的影响重大。前者如适用听证程序作出的行政处罚决定,后者如重大国有资产流失、可能引发社会稳定风险等案件。二是案件本身疑难、复杂。如案件属于新类型案件,或涉及的法律关系较多,导致事实认定或法律适用存在争议。

2. 重大执法决定法制审核的案件范围

按照国务院办公厅关于重大执法决定法制审核的指导意见,必须经过法制审核的案件范围包括:“涉及重大公共利益;可能造成重大社会影响或引发社会风险;直接关系行政相对人或第三人重大权益;经过听证程序作出行政执法决定;案件情况疑难复杂、涉及多个法律关系。”[1] 同时,上述指导意见要求各级行政执法机关根据本部门执法的实际情况,制定重大执法决定法制审核目录清

[1] 《国务院办公厅关于全面推行行政执法公示制度执法全过程记录制度重大执法决定法制审核制度的指导意见》(国办发〔2018〕118号)。

单。各行政执法部门或地方人民政府在制定有关重大行政执法决定法制审核立法或规范性文件时,根据本部门或本地区实际情况对法制审核的范围作了具体规定。如自然资源部规定行政执法法制审核的案件范围除了前述国务院办公厅指导意见规定必须经过法制审核的案件,还包括由自然资源部作出的涉及没收、限期拆除违法建筑、吊销部分许可证等行政处罚决定,撤回部分许可文件决定,以及其他认为应当进行法制审核的行政执法决定。[1]

3. 跨部门综合执法中重大执法决定法制审核范围的确定

跨部门综合执法中,重大执法决定法制审核的范围,可以分为以下三个层次:一是作出决定前必须进行法制审核的案件范围。国务院办公厅关于重大执法决定法制审核的指导意见中规定必须进行法制审核的案件属于此范围。二是根据本单位实际情况自定的法制审核范围。这些实际情况主要包括执法所处地域(经济发达地区或欠发达地区等)、所属行业、执法决定所涉金额、执法机关的层级等因素。如县级以上行政执法部门与乡镇、街道基层综合执法中纳入法制审核的罚款决定,可以设置不同的审核数额标准。县级以上执法部门由于现阶段执法人员整体水平、执法经验等均较基层综合执法人员具有优势,可以设置较高的审核标准,基层纳入审核的标准可以相对较低。如县级以上行政执法中罚款金额在 2 万元以上的处罚决定纳入法制审核范围的话,基层可以设置 1 万元为纳入审核的标准。三是基层综合行政执法改革实施初期,可以根据情况在前述审核范围的基础上,适当扩大法制审核的案件范围。主要根据《行政处罚法》(2021 年 7 月 15 日施行)第 24 条规定实施的基层综合行政执法改革,当下仍处于探索阶段。受制于各种因素,基层综合执法人员短缺、保障不足、执法经验匮乏,此种情况下实施的综合行政执法合法性和合理性均难保障。因

---

〔1〕《关于印发〈关于全面推行行政执法公示制度执法全过程记录制度重大执法决定法制审核制度的实施方案〉的通知》(自然资函〔2019〕341 号)规定,自然资源部下列行政执法行为,在作出决定前应当进行法制审核:1. 涉及重大国家利益和社会公共利益,可能造成重大社会影响或引发社会风险的行政执法决定;2. 直接关系行政相对人或第三人重大权益,经过听证程序作出的行政执法决定;3. 案件情况复杂,存在重大法律疑难问题的行政执法决定;4. 由部作出的涉及没收违法所得、没收非法财物,限期拆除违法建筑等行政处罚决定;5. 由部作出的吊销勘查许可证、采矿许可证,吊销地质灾害防治单位甲级资质、甲级测绘资质等行政处罚决定;6. 撤回深海海底区域资源勘探、开发许可文件的决定;7. 其他认为应当进行法制审核的行政执法决定。

此,现阶段基层综合行政执法中,可以适当扩大纳入法制审核的案件范围。凡基层综合执法人员认为拟作出的执法决定可能有合法性或合理性疑义的案件,均可以请求法制审核部门给予审核把关。这无疑会增加基层法制审核部门的工作负担,需要相应增加基层法制审核人员的编制配备,或者通过政府购买服务的方式外包给律师事务所承担该部分工作任务。

(四)跨部门综合执法中重大执法决定法制审核内容及意见

1. 跨部门综合执法重大执法决定法制审核内容

法制审核主要围绕执法决定的合法性和合理性进行审核。合法性审核可以参照《行政复议法》《行政诉讼法》关于行政行为合法性的审查标准。[1] 合理性审核主要是对裁量基准的适用。《行政执法三项制度指导意见》对法制审核内容作了详细规定。[2]

2. 跨部门综合执法重大执法决定法制审核意见

法制审核机构经过审核后,根据不同情形,作出不同的审核意见。审核意见主要包括如下几种:同意意见;存在问题需要改正的意见;重新调查、补充调查意见;不作出行政执法决定的意见;移送其他有权行政执法机关的意见;涉嫌刑事犯罪、移送刑事司法机关的意见等。[3]

第四节　跨部门综合执法日常监管机制

日常监管机制是跨部门综合执法中发现违法线索的重要机制。从实际情况来看,跨部门综合执法中违法线索的发现机制主要有以下几种情况:一是综合执法机构日常监管中自行发现违法线索,即综合执法主体日常监管过程中,

---

〔1〕《行政复议法》第63~72条、《行政诉讼法》第69~78条。

〔2〕《行政执法三项制度指导意见》规定法制审核内容主要包括:行政执法主体是否合法,行政执法人员是否具备执法资格;行政执法程序是否合法;案件事实是否清楚,证据是否合法充分;适用法律、法规、规章是否准确,裁量基准运用是否适当;执法是否超越执法机关法定权限;行政执法文书是否完备、规范;违法行为是否涉嫌犯罪、需要移送司法机关等。

〔3〕参见《河北省重大行政执法决定法制审核办法》(〔2019〕第8号)第15条。

发现违法线索,并自行立案查处。二是综合执法事项的行政主管部门发现违法线索并将其移交给综合执法机构,如浙江省综合行政执法中,有关石油天然气管道保护方面的行政处罚权由发展和改革主管部门划转到综合行政执法部门,但相关的日常监管和受理投诉、举报等职责,仍由发展和改革主管部门负责。[1] 三是接受投诉举报的单位获得违法线索,主要包括根据地方政务服务热线或其他投诉举报获得线索,并将该违法线索转交给综合执法机构。[2] 四是"街乡吹哨、部门报到"制。[3]

在上述违法线索的发现机制中,跨部门综合执法机构自身的日常监管机制建设是确保跨部门综合执法权(下文为表述便利,有时使用"综合执法权")有效运行,提高综合执法效能,实现综合执法目的的重要保障。

一、综合执法机构日常监管机制概述

(一)行政监管

1. 行政监管的含义

行政监管亦称政府监管。监管,有学者将其等同于英文"regulation",有时也译作规制、管制。"规制是一个难以捉摸的概念:由于该词具有多重含义,因而对其众说纷纭。有时被随便用来描述任何形式的行为控制,而这实际上是政

---

〔1〕《浙江省综合行政执法事项统一目录的通知(2020年)》规定,发展和改革(能源)主管部门负责"石油天然气管道保护"的监管,受理投诉、举报;对发现、移送的违法线索进行处理,责令改正;需要立案查处的,将相关证据材料移送综合行政执法部门。综合行政执法部门按程序办理并将处理结果反馈发展和改革(能源)主管部门。

〔2〕根据国务院办公厅印发的《关于进一步优化地方政务服务便民热线的指导意见》(国办发〔2020〕53号),政务服务便民热线已经成为相对人投诉、举报、反映诉求的重要渠道。该意见规定的工作目标是:加快推进除110、119、120、122等紧急热线外的政务服务便民热线归并,2021年年底前,各地区设立的政务服务便民热线以及国务院有关部门设立并在地方接听的政务服务便民热线实现一个号码服务,各地区归并后的热线统一为"12345政务服务便民热线"(以下简称12345热线),语音呼叫号码为"12345",提供"7×24小时"全天候人工服务。同时,优化流程和资源配置,实现热线受理与后台办理服务紧密衔接,确保企业和群众反映的问题和合理诉求及时得到处置和办理,使政务服务便民热线接得更快、分得更准、办得更实,打造便捷、高效、规范、智慧的政务服务"总客服"。

〔3〕参见朱竞若、贺勇、王昊男:《街乡吹哨　部门报到——北京市推进党建引领基层治理体制机制创新纪实》,载《人民日报》2018年12月10日,第9版。

府的主要职能所在。"[1]行政监管的实质就是行政公权力对市场经济的介入，直接限制市场主体的权利或增加其义务。[2] 姜明安教授认为，监管含义相当于人们日常使用的"监督管理"，内容侧重于"监督"而非"管理"。我国政府监管包括专门监管机构（如证监会）实施的监管和政府部门（如环保部门）实施的监管。[3] 从我国法治实践来看，行政监管概念多是在监督管理意义上使用。同时，行政监管与行政处理、行政管理等概念的内涵高度重合。如2011年中共中央印发《关于深化文化体制改革推动社会主义文化大发展大繁荣若干重大问题的决定》提出："加强网络法制建设，加快形成法律规范、行政监管、行业自律、技术保障、公众监督、社会教育相结合的互联网管理体系。"该文件是将行政监管作为行政权行使的一种方式，与立法权行使方式（法律规范）、行业自律等并列使用的。行政监管概念的宏观性和外延的广泛性与立法所要求的具体、明确不符。因此，行政监管概念较难被高位阶立法采纳为法律概念。从北大法宝法律法规数据库检索结果来看，全文中使用"行政监管"概念的现行有效的规范性文件：法律5部、行政法规34部、司法解释115部、部门规章640部、党内法规制度23部、行业规定270部，现行有效的地方性法规中使用这一概念的有10427部。但通过认真比对发现，在正式的法律、行政法规文本中找不到使用"行政监管"概念的立法例。上述5部法律实际为全国人大常委会工作机构或专门委员会的工作文件，[4]34部行政法规实际为国务院规范性文件。[5] 部门规章和地方性立法中使用"行政监管"概念的较多。使用"行政监管"概念的正式司法解释

---

〔1〕［英］卡罗尔·哈洛、理查德·罗休斯：《法律与行政》，商务印书馆2004年版，第556页。

〔2〕参见宋慧宇：《行政监管权研究》，吉林大学2010年博士学位论文，第24页。

〔3〕参见姜明安：《行政法》，北京大学出版社2017年版，第397～398页。

〔4〕如《全国人民代表大会常务委员会预算工作委员会、全国人民代表大会财政经济委员会、全国人民代表大会环境与资源保护委员会关于2020年度国有自然资源资产管理情况的调研报告（2021年）》提出，实施自然资源资产管理体制改革，在不改变各级政府分级行使行政监管权的情况下，整合分散的所有者职责，由新组建的自然资源部统一行使全民所有的土地、矿产、森林、草原、湿地、水、海洋等各类自然资源资产所有者职责。

〔5〕如国务院办公厅印发《关于进一步规范财务审计秩序促进注册会计师行业健康发展的意见》（国办发〔2021〕30号）。

仅1部、[1]部门规章29部(主要涉及证券监管领域)、地方性法规53部、地方政府规章23部。立法文件中除使用“行政监管”概念,也在大量使用“政府监管”概念。使用“政府监管”的法律有2部,都是在建立多元监督管理体系时使用的。如国家建立健全机构自治、行业自律、政府监管、社会监督相结合的医疗卫生综合监督管理体系。[2] 使用“政府监管”的行政法规4部、部门规章13部、地方性法规219部、地方政府规章67部。[3] 这说明“行政监管”或“政府监管”概念在较低层次立法文本中使用较多,而在法律、行政法规中尚未得到普遍采纳。

2. 行政监管的手段

由于行政监管外延广泛,行政监管的手段几乎包括行政权行使的一切手段。传统行政监管的手段包括审批、许可、调查、检查、检验、鉴定、查封、扣押、扣留、调阅账册和记录、采取行政强制措施、给予行政处罚和其他制裁、实施强制执行等。现代监管手段主要是指偏柔性的监管手段,如行政指导、行政协商、行政契约、信息披露、经济工具、自我规制等。[4]

3. 行政监管的类型

根据行政监管的对象不同,可将行政监管分为对经济主体的监管和对社会主体的监管。前者是指使市场主体的经营行为符合自由市场规律并促进自由市场健康发展而进行的监管,如政府对农药市场主体进行的监管。[5] 后者是指使社会主体的行为符合行政管理的目标和公共利益需要而进行的监管,如政府对大型群众性活动安全进行的监管。[6] 根据行政监管的对象是否针对特定的违法行为,可将行政监管分为日常监管和个案监管。日常监管是指行政主体对所管理的行政事务进行的普遍性的日常性监督和管理。日常监管的目的,是检

---

〔1〕最高人民法院印发《关于适用〈中华人民共和国企业破产法〉若干问题的规定(二)》(法释〔2020〕18号)第10条规定,债务人经过行政清理程序转入破产程序的,《企业破产法》第31条和第32条规定的可撤销行为的起算点,为行政监管机构作出撤销决定之日。

〔2〕《基本医疗卫生与健康促进法》(2019年)第86条。

〔3〕数据来源于北大法宝法律法规数据库,以“全文”为检索项,以“行政监管”为检索词,检索日期为2024年1月7日。

〔4〕参见姜明安:《行政法》,北京大学出版社2017年版,第406页。

〔5〕《农药管理条例》(2017年)第5条。

〔6〕《大型群众性活动安全管理条例》(2007年)第3条。

查行政相对人是否遵守法律、法规、规章或行政决定规定的义务,对行政相对人的行为进行一般性监督、管理的活动。而个案监管的目的,是对已经发现的违法行为进行个案处理,对特定的违法行政相对人进行监督和管理,并使违法行为人承担应有法律责任的活动。我国有将监督检查分为例行检查与非例行检查的立法例,如《民用核安全设备监督管理条例(2019 年)》第 37 条。[1] 这种分类实质是日常监管与个案监管的另一种形式。美国法上亦存在类似日常监督检查与办案检查的分类,称为非例行检查与例行检查。[2]

(二)传统监管机制

1. 跨部门综合执法中违法线索的发现主要来源于日常监管活动

日常监管一般不包括行政处罚、行政强制等手段。传统的日常监管手段主要是定期或不定期的行政检查。如《中央预算内投资项目日常监管实施办法(试行)》第 12 条第 2 项针对监管对象规定的定期或不定期检查,即为日常监管的一种手段。[3] 这种检查与以个案监管为目标的行政检查不同。作为日常监管手段的行政检查,主要通过现场检查、要求相对人披露相关信息、要求相对人提交资料并对资料进行检查、在线监测等方式进行。如《中央预算内投资项目日常监管实施办法(试行)》第 14 条规定,监管责任人可采取现场巡查和在线监测的方式开展工作。[4] 如《电力监管条例》规定的监管措施主要包括:要求报送与监管事项相关的文件、资料;要求相对人将与监管相关的信息系统接入电力监管信息系统;责令相对人如实披露有关信息;现场检查;协调;裁决;公布违

---

〔1〕《民用核安全设备监督管理条例(2019 年)》第 37 条规定,国务院核安全监管部门及其派出机构,依照本条例规定对民用核安全设备设计、制造、安装和无损检验活动进行监督检查。监督检查分为例行检查和非例行检查。

〔2〕参见张咏:《论行政检查启动的规范化路径——以警察行政检查为例证》,载《行政法学研究》2020 年第 2 期。

〔3〕《中央预算内投资项目日常监管实施办法(试行)》(发改稽察规〔2017〕2276 号)第 12 条第 2 项规定,日常监管直接责任单位的职责主要包括:……(2)组织专业力量围绕项目建设各环节,以中央预算内投资计划执行为重点,对监管对象开展定期或不定期检查。

〔4〕《中央预算内投资项目日常监管实施办法(试行)》第 14 条规定,监管责任人可采取下列方式开展工作:(1)现场巡查。监管责任人根据建设计划,到项目建设现场进行巡查,重点了解项目进度等。(2)在线监测。监管责任人通过国家重大建设项目库,在线监测非涉密项目的建设信息,及时发现项目建设中存在的疑点和问题,必要时到现场核查。

法行为及处理结果。[1]

2. 跨部门综合执法机构日常监管的主要形式

日常监管的主要形式是行政检查。域外行政法上，行政调查、行政检查及行政收集资料三个概念经常交互使用，内涵多有重叠。行政调查所及之事件，若为一般性、规划性者，则以资料收集为主要手段，例如人口普查。所及之事件，若为具体、规制取缔性，则以检查为主要手段，例如为行政处分之作成与执行所为之检查。行政法中之调查以后者为主。[2] 我国大陆地区行政法上，对行政检查与行政调查的含义和用法虽未达成一致意见，但二者的含义和用法与域外稍有不同。行政检查是依法享有行政职权的行政主体，为实现行政管理职能，达成行政目的，对行政利害关系人履行法律文本规定的义务或履行行政活动方式确定的义务情况，所进行的强制检查、了解的行政活动。[3] 行政调查作为行政机关获取信息、取得作出行政决定证据的基本手段，构成了几乎所有行政决定的必经程序和处置前提。[4] 行政检查既包括以搜集、了解信息为主要目的的普遍性检查活动，也包括以收集具体、个案信息为目的的取证活动。前者如《民用航空行政检查工作规则》第2、6条关于行政检查的界定即在于收集、了解普遍性信息。[5] 后者如《行政处罚法》(2021年)第54条中的检查与《海关行政处罚实施条例》第35、36条中的检查均为对具体个案所进行的调查取证活动。[6] 行政调查重在为作出行政决定收集信息和证据，是作出行政决定的必经

---

〔1〕《电力监管条例》(2005年)第21—28条。

〔2〕参见李震山：《行政法导论》，台北，三民书局2007年版，第489页。

〔3〕参见朱维究、刘永林：《论行政检查与行政法实施——以确保行政规范性文件得到真正落实为视角》，载《政治与法律》2012年第7期。

〔4〕参见周佑勇：《作为过程的行政调查——在一种新研究范式下的考察》，载《法商研究》2006年第1期。

〔5〕《民用航空行政检查工作规则》(交通运输部，2016年)第2条规定，本规则所称的行政检查是指民航行政机关及其委托的组织和法律法规授权的组织依据有关法律、法规和规章，对从事民用航空活动的公民、法人或者其他组织实施的察看、了解和掌握其遵守有关法律、法规、规章和规范性文件的情况，督促其履行义务的行为。第6条规定，在行政检查工作中依法采取随机确定检查人员和随机选择检查对象的行政执法方式。这说明该规则中的行政检查与作出行政决定之前的行政调查不同。

〔6〕《海关行政处罚实施条例》(2004年)第35条规定，海关依法检查走私嫌疑人的身体，应当在隐蔽的场所或者非检查人员的视线之外，由2名以上与被检查人同性别的海关工作人员执行。第36条规定，海关依法检查运输工具和场所，查验货物、物品，应当制作检查、查验记录。

程序和处置前提,如《行政处罚法》第 54 条中的调查。[1] 因此,旨在为个案取证进行的行政检查与行政调查的本质基本相同。

3. 传统监管机制存在的问题

行政检查,作为一种行政行为,对行政相对人的正常经营行为或合法权益常会造成影响,需要受到法律的规制。但从当下法律规定来看,我国传统的监管机制侧重于事前审批和事后处罚,法律也为之提供了较为充分的行政救济途径和手段。行政主体对日常或例行的行政检查拥有较大的裁量空间,致使行政主体在是否启动行政检查、何时启动检查、如何进行检查等事项上具有较大的选择余地。司法权对该裁量领域的行政检查行为较难监督。时下常被诟病的以集中检查、集中整顿为主要表现形式的运动式执法、选择性执法现象较为普遍。由此导致的监管过度与监管漏洞并存是当下政府监管失灵的一个主要表现。[2] 由于几乎任何政府管制都与经济利益密切相关,政府管制行为难免会受到寻租活动的困扰,引起管制俘获的问题。[3] 笔者在某地级市所属某区调研时,有一位经营液化石油气的业主反映,当地政府将该业主所在地区整体规划为商业开发地段,为了让其在规定时间内搬迁,有关机关不是协商如何补偿,而是安排安监部门(现为应急管理部门)反复不停地检查该业主的经营情况,检查频次是每天至少一次。不仅检查业主,还对前往业主经营场所购买液化石油气的用户进行检查(检查用户运输液化石油天然气的车辆和设备是否符合安全标准)。这种高频次的检查使用户不堪其扰,不再购买该业主的产品,转向其他业主,该业主的经营受到严重影响。综上,以行政检查为主要形式的日常监管机制已经不适应市场经济健康发展和法治国家建设的需求,亟待改革和完善。

---

[1] 《行政处罚法》第 54 条规定,除《行政处罚法》第 51 条规定的可以当场作出的行政处罚外,行政机关发现公民、法人或者其他组织有依法应当给予行政处罚的行为的,必须全面、客观、公正地调查,收集有关证据;必要时,依照法律、法规的规定,可以进行检查。

[2] 参见徐国冲、张晨舟、郭轩宇:《中国式政府监管:特征、困局与走向》,载《行政管理改革》2019 年第 1 期。

[3] 参见武鹏、胡家勇:《政府监管的特征及其治理》,载《社会科学战线》2020 年第 9 期。

(三)新型监管机制

1. 传统监管方式的改革与新型监管机制的形成

为切实解决日常监管中传统巡查制和随意检查存在的检查任性和执法扰民、执法不公、执法不严等问题,我国诞生了"双随机、一公开"监管方式。当前,"双随机、一公开"已经成为市场监管的基本手段和方式。[1] 日常监管所使用的传统巡查制和随意检查制度,将逐渐为"双随机、一公开"制度所取代。这是日常监管手段和方式的重要变化,是行政监管方式的重大进步。在"双随机、一公开"制度的基础上,新型监管机制开始形成。2018 年 2 月 28 日,中共中央印发《关于深化党和国家机构改革的决定》提出新型监管体制的基本构想,即创新监管方式,全面推进"双随机、一公开"和"互联网 + 监管",健全信用监管,发挥同行业和社会监督作用。2018 年 11 月 26 日,《深化市场监管综合执法改革意见》明确提出健全新型监管体制,即健全以"双随机、一公开"为基本手段、以重点监管为补充、以信用监管为基础的新型监管机制。2021 年 1 月 10 日,中共中央印发的《法治中国建设规划(2020—2025 年)》提出,加强和创新事中事后监管,推进"双随机、一公开"跨部门联合监管,强化重点领域重点监管,探索信用监管、大数据监管、包容审慎监管等新型监管方式。2021 年 8 月 11 日,《法治政府建设实施纲要(2021—2025 年)》提出,健全以"双随机、一公开"监管和"互联网 + 监管"为基本手段、以重点监管为补充、以信用监管为基础的新型监管机制,推进线上线下一体化监管,完善与创新创造相适应的包容审慎监管方式。从前述党内法规关于新型监管机制的界定和表述来看,"双随机、一公开"无疑是新型监管机制的基本手段,在此基础上,辅之以重点监管手段,整合"互联网 + 监管"、探索信用监管、大数据监管、包容审慎监管等新型手段,从而架构新型监管体制。这是当前行政监管机制的主要内容。

---

〔1〕《国务院关于在市场监管领域全面推行部门联合"双随机、一公开"监管的意见》(国发〔2019〕5 号)规定,将"双随机、一公开"作为市场监管的基本手段和方式,除特殊重点领域外,原则上所有行政检查都应通过双随机抽查的方式进行,取代日常监管原有的巡查制和随意检查,形成常态化管理机制。

2. 新型监管机制下违法线索的发现

综合执法机构在日常监管中,应按照新型监管机制的要求,转变传统的巡查制或定期、不定期检查制度,消除检查任性,压缩日常监管中的裁量空间,制定科学合理的检查频次。推行"双随机、一公开"监管,建立信用监管名录,对于列入信用监管名录的相对人,适用重点监管手段,可以加大监管频次,使监管手段和频次与行政相对人的违法风险相适应。在万物互联的时代,综合执法机关应充分利用"互联网+监管"手段,运用大数据监管,以提高监管效能,并可以解决综合执法力量不足的问题。如江苏省交通综合执法局按照"一体化+智慧执法+信用监管"综合执法新模式,在南通市交通综合执法支队创新开展了"互联网+"道路运输执法监管试点工作,取得了良好的效果。[1]

3. 新型监管机制对于综合执法改革的意义

第一,新型监管机制契合综合行政执法改革的目的。综合执法改革的初衷是消除多头重复执法、执法扰民等现象,提高行政效能,维护行政相对人的合法权益。而新型监管机制是避免多头执法、重复检查,规范执法行为,提高行政监管效能的重要举措。二者本质上具有一致性。第二,新型监管机制是综合执法改革的内在要求和必然趋势。深化"放管服"改革、加快政府职能转变,要求改革行政执法体制,实行综合执法,在综合执法的日常监管机制上,要求改变传统的监管机制,创设新型监管机制。第三,新型监管机制与综合行政执法都是优化营商环境的重要内容和举措。《优化营商环境条例》在监管执法部分分别规定了构建新型监管机制和推行综合行政执法的要求。[2] 这说明二者都是减轻企业负担、优化营商环境的有力举措,是加快建设现代化经济体系,推动高质量

---

〔1〕 如在推行"互联网+移动执法"方面,研发"移动执法 App",将源头执法、路检路查检查项目、检查标准等全部纳入,检查情况与大数据中心实时对接比对,秒出结果。执法人员全部配齐"移动执法终端、5G 执法记录仪、全网通对讲机"等智能执法装备,App 使用达 16000 多人次,可视化移动执法初具雏形。参见《江苏创新开展"互联网+"执法监管新模式》,载《中国水运报》2021 年 9 月 24 日,第 2 版。

〔2〕《优化营商环境条例》(2019 年)第 53 条规定,政府及其有关部门应当按照国家关于加快构建以信用为基础的新型监管机制的要求,创新和完善信用监管,强化信用监管的支撑保障,加强信用监管的组织实施,不断提升信用监管效能。第 57 条第 2 款规定,国家统筹配置行政执法职能和执法资源,在相关领域推行综合行政执法,整合精简执法队伍,减少执法主体和执法层级,提高基层执法能力。

发展的重要手段。

二、“双随机、一公开”监管制度

(一)“双随机、一公开”监管制度的基本含义

“双随机、一公开”监管制度是对行政执法主体享有的行政检查裁量权的合理限制,是传统监管机制的创新。“双随机、一公开”是一种新型监管模式,是指行政主体在日常监管过程中,大力推广随机抽查监管,采取随机抽取检查对象、随机选派执法检查人员的“双随机”抽查机制,严格限制监管部门自由裁量权。同时,要将抽查情况及查处结果及时向社会公布,接受社会监督。该制度来源于《国务院办公厅关于推广随机抽查规范事中事后监管的通知》(国办发〔2015〕58 号)。

(二)“双随机、一公开”对选择性执法的规制

“双随机、一公开”是克服选择性执法弊端,实现依法、科学、有效监管的重要创新,是法治政府建设发展到一定阶段的必然要求。行政检查是行政执法的重要手段,其具体内容是对行政相对人是否遵守法律和履行行政法上义务进行单方面的强制了解。[1] 在任何国家,包括行政检查在内的行政执法,不可避免地存在选择性执法现象。

对于何谓选择性执法,学者从不同视角进行了界定。有观点认为,什么时候严格执行哪部法律,采取什么执法手段,什么时候放松哪部法律的执行,什么时候严格执行哪个具体的案件,采取什么执法手段,什么时候对哪个案件执行特别对待的视具体情况而定的执法方式称作选择性执法。[2] 有观点认为,所谓选择性执法,是指执法主体基于多种原因针对同种法律事实有的作为而有的不作为的法律现象。[3] 对于选择性执法的合法性亦有不同观点。否定选择性执法合法性的观点认为,选择性执法是行政执法中诸多“同种情况不同对待”中的

---

〔1〕 参见姜明安:《行政执法研究》,北京大学出版社 2004 年版,第 152 页。
〔2〕 参见戴治勇、杨晓维:《间接执法成本、间接损害与选择性执法》,载《经济研究》2006 年第 9 期
〔3〕 参见汪燕:《选择性执法及其治理研究》,武汉大学 2010 年博士学位论文,第 24 页。

一种,是关于应当作为而不作为以致不平等对待的问题。选择性执法对行政法治的危害无异于破坏了水源。我们应当无限地去减少选择性执法的发生。[1] 部分司法裁判亦持否定观点。如黄某与南通市海门区综合行政执法局、南通市海门区人民政府行政强制、行政复议纠纷上诉案中,二审法院首先认为行政机关在多个违法行为中先查处一个或数个违法行为,并不是选择性执法;其次,认为先查处众多违法中的一个或数个违法行为的执法方式并不违法。[2] 本案中,法院的论证逻辑是选择性执法是违法的,而案涉行政执法行为并不违法,因此,案涉执法行为不是选择性执法。在李某敏与湖南省嘉禾县人民政府等行政复议纠纷再审审查与审判监督案中,最高人民法院也对选择性执法行为进行了否定性评价。[3] 另有观点并没有直接否定选择性执法的合法性,而是从不同视角看待这一现象。如有观点认为,选择性执法是一国法治运行各个环节综合作用的产物,它不是一种错误,而是特定国家法治发展阶段下的一种普遍社会现象。[4]

关于选择性执法的合法性问题不能一概而论,应从成因分析其合法性问题。有客观因素导致的选择性执法,有主观原因导致的选择性执法。从客观因素来看,受制于执法人员数量、执法装备、执法成本等因素,行政执法机关无法同时检查所有相对人,或无法同时处理已经存在的所有违法线索或违法行为,不得不选择性执法。从主观因素来看,行政执法机关受制于执法人员的专业素养和执法经验,以及执法机关基于政策驱动、考核压力、舆论影响等各种因素导

---

〔1〕 参见汪燕:《选择性执法及其治理研究》,武汉大学2010年博士学位论文,第24、123页。

〔2〕 黄某与南通市海门区综合行政执法局、南通市海门区人民政府行政强制、行政复议纠纷上诉案,江苏省南通市中级人民法院(2021)苏06行终43号行政判决书。二审法院认为:"违法行为普遍存在,不代表行政机关不可以对其中一个或数个违法行为进行追究,也不意味着在其他人的法律责任没有被追究之前,行政机关基于他人举报或自身发现而对某一特定行为人的违法行为进行查处,就是选择性执法或不公正执法。公正执法并不能机械性地理解为,要求对所有同类违法行为同时处理,特别是在违法行为普遍存在的情况下,要求行政机关同时对所有违法行为进行查处,既不现实,事实上也无法实现。行政机关对于任何违法行为的查处,均存在由少到多、由点及面的过程。被上诉人海门执法局所作的已逐步推进辖区内违法建筑查处的解释,符合行政执法实际。"

〔3〕 李某敏与湖南省嘉禾县人民政府等行政复议纠纷再审审查与审判监督案,最高人民法院(2018)最高法行申3939号行政裁定书。最高人民法院指出:"要坚决防止和纠正选择性执法等错误行为,努力树立行政机关公正执法的良好形象。"

〔4〕 参见王裕根:《选择性执法研究述评及其展望》,载《河北法学》2019年第10期。

致的执法偏好,可能会选择某个领域(如环保执法)、某个具体执法事项(如酒驾)、某个具体时点(如重大节假日的专项执法)等进行行政检查、行政处罚或行政强制等执法活动,从而导致选择性执法。主观因素导致的选择性执法也包括不同情况。一是在可以避免选择性执法的情况下,行政执法机关却实施了选择性执法行为;二是客观因素所限不得不实施选择性执法的情况下,行政执法机关基于主观恶意(如打击报复等)实施的选择性执法和非基于主观恶意实施的选择性执法。上述情况中,在可以避免选择性执法但行政机关实施选择性执法时,可以视为行政机关具有主观恶意(故意或过失),应否定此种执法行为的合法性;客观因素所限不得不实施选择性执法,但行政机关却基于主观恶意实施选择性执法的行为,亦不具有合法性;只有客观因素所限不得不实施选择性执法,行政机关非基于主观恶意实施的选择性执法行为,才不宜否定其合法性。前述黄某与南通市海门区综合行政执法局、南通市海门区人民政府行政强制、行政复议纠纷上诉案中,法院的观点也在一定程度上说明这种受制于客观现实、非基于主观恶意而实施的选择性执法活动的合法性。[1]

从前述论证来看,规制基于主观恶意(故意或过失)实施的选择性执法行为是治理选择性执法的核心。在全面推进依法治国的当下,"双随机、一公开"监管制度通过消除行政检查中的任意检查、随意检查、滥用行政检查裁量权,实现控制选择性执法中的主观恶意、克服选择性执法弊端的目的,是一种重要的制度创新。同时,也是深入推进依法行政、全面建设法治政府的必然要求,是推进国家治理体系和治理能力现代化的重要体现。

(三)"双随机、一公开"监管制度的缺陷与完善

1."双随机、一公开"监管制度的缺陷

"双随机、一公开"通过随机抽取检查对象、随机选派执法检查人员的"双随机"机制,避免了行政执法人员的任性检查和裁量滥用,同时,通过公开抽查情况和处理结果,接受公众监督,有效地防止了暗箱操作。但任何单一制度都无

---

〔1〕 黄某与南通市海门区综合行政执法局、南通市海门区人民政府行政强制、行政复议纠纷上诉案,江苏省南通市中级人民法院(2021)苏06行终43号行政判决书。

法有效应对复杂的社会现实,“双随机、一公开”监管机制也存在着自身难以克服的缺陷。第一,该制度难以保证个案公平和社会的多元需求。行政监管面对的实践复杂多样,“双随机、一公开”虽然实现了行政检查的表面公平和公开,却不一定符合行政实践的现实状况和社会需求。行政实践的领域繁多,每个领域的违法行为发生率和违法案件数量不同,对社会造成的危害程度亦有差异,公众的感受和反映也不一致,统一采取“双随机、一公开”的监管机制,无法有效回应上述问题,难免在某些领域或某些事项上,出现个案不公。如事关人民群众生命安全和身体健康的食品药品安全事项,社会危害性大,公众反映强烈,如果与其他综合行政执法事项一样,采取“双随机、一公开”监管制度,则难以实现对该类事项的有效监管和对人民群众生命安全、身体健康的有效保护,无法达到综合行政执法的目的。第二,“双随机、一公开”制度本身无法解决抽查的频次和抽查比例问题。抽查频次过大、抽查比例过高,将会对被监管对象形成过度干扰,无法实现制度的设计目的。相反,抽查频次过小、抽查比例过低,亦背离制度初衷。如何设计科学的抽查频次和抽查比例,是影响跨部门综合执法目的实现的重要因素。第三,“双随机、一公开”检查结果的使用缺乏规范。“双随机、一公开”抽查结果的使用不仅影响被抽查主体的守法意识和行为规范,也对其他行政相对人的行为规范有导向和指引作用。因此,如何使用“双随机、一公开”的抽查结果,使之既达到对被抽查相对人再次违法的特殊预防目的,也能实现避免其他行政相对人实施类似违法行为的一般预防目的,需要在“双随机、一公开”抽查结果上作出制度安排。

2.“双随机、一公开”监管制度的完善

由于“双随机、一公开”监管机制存在着前述问题,需要在解决这些问题的基础上建立新型监管机制。第一,应建立以“双随机、一公开”监管为基础,以重点监管为补充的新型监管机制。为弥补“双随机、一公开”监管可能存在的过分追求形式公平而导致个案不公的缺陷,应根据行政监管事项的性质,确定不同的行政检查方式。在对行政检查事项抽查时,应根据事项的性质是否关乎重大公共利益或特定法益、被检查对象过往的守法记录和信用、违法行为的发生风险和概率等,确定重点抽查事项和一般抽查事项,或者特殊抽查事项。[1] 对于关系人民群众生命和身体健康的产品质量、生产安全事项或领域,对于违法风险程度较高的事项或领域,以及其他涉及重大公共利益的事项或领域,均应列为重点抽查事项,应确定较高的抽查比例和频次,甚至不设抽查比例上限;对于一般抽查事项,应严格限制抽查比例和频次,以最大限度地减轻执法扰民现象的发生。[2] 第二,应确定合理的抽查比例和抽查频次。"双随机、一公开"监管制度中的"双随机"虽然最大限度地消除了行政执法人员的检查任意性,压缩了行政检查权的裁量空间,但不受限制的"随机"抽查也可能变为与监管事项性质和社会需求背离的另一种任性,成为天马行空的恣意。立法机关赋予行政机关裁量权限,行政机关在行使裁量权时有义务也有必要使裁量权的行使符合裁量权设置的目的,将裁量行为控制在合理的范围内。裁量基准的设置就是使裁量权行使控制在合理范围的重要方法。在行政执法领域,2021 年修订的《行政处罚法》是第一个规定行政处罚裁量基准的中央立法文本。[3] 借鉴行政处罚裁量基准理念和方法,细化"双随机"制度,是建立新型监管制度的必要。根据监管事项的性质和特征,通过定性和定量相结合的方法,细化"双随机"抽查制度,是建立"双随机"行政检查制度裁量基准的重要路径。对事关重大公共利益的事项以定性方法为主确定较高的抽查比例和抽查频次,对一般监管事项,可以确定较低的抽查比例和抽查频次;根据定量分析,对违法发生率和违法风险较高的领域或事项,确定较高的抽查比例和抽查频次,对违法发生率和违法风险较低的领域或事项,确定较低的抽查比例和抽查频次。对于行政执法人员,也可以根据其执法专业特长和执法经验,确定最适宜其执法的事项或领域,建立跨部门综合执法人员数据库,将不同的执法人员匹配其最擅长和经验较丰富的

---

〔1〕《生态环境部办公厅关于进一步加强生态环境"双随机、一公开"监管工作的指导意见》(环办执法〔2021〕18 号)提出,对于生态环境领域的监管事项,按照差异化管理原则,结合排污许可管理类别、排污单位信用记录和生态环境管理需要等因素,将被检查对象科学地分成一般监管对象、重点监管对象、特殊监管对象三类,并按分布区域、行业产业类型、项目建设情况、排放污染物类型、生产规模、生产周期特点、监控类型、重污染天气绩效分级等要素进行标识化管理。

〔2〕《国务院关于在市场监管领域全面推行部门联合"双随机、一公开"监管的意见》(国发〔2019〕5 号)。

〔3〕参见周佑勇:《行政处罚裁量基准的法治化及其限度——评新修订的〈行政处罚法〉第 34 条》,载《法律科学》2021 年第 5 期。

执法事项或领域,以备随机抽取执法人员之用。第三,应强化抽查检查结果的公示运用。"双随机、一公开"制度摒弃了行政检查中的任性和恣意,最大限度地保障了抽查检查结果的客观性。行政执法机关可以根据抽查检查结果对于违法行为人实施行政处罚。同时,应当对该结果进行公示。公示这样的抽查检查结果是行政执法公开的要求和体现。公示可以惩戒违法行为人,预防类似违法行为的发生,保障行政相对人的知情权,便利社会监督。公示的方式或平台在有法律、法规或国家文件规定时,按照规定的方式或平台进行公示,如市场监管领域的抽查检查结果应当通过国家企业信用信息公示系统和全国信用信息共享平台等进行公示;[1]在无法律、法规或国家文件规定时,可以由行政执法机关选择适当的方式或平台进行公示。抽查检查结果还可以依法作为企业或社会信用的评价指标之一。[2]

三、"互联网+监管"制度

(一)"互联网+监管"方式的产生、定位与实践

1."互联网+监管"方式的产生

互联网技术的出现,促进了行政监管方式的变革。2017年1月12日,《国务院关于印发"十三五"市场监管规划的通知》指出,智慧监管是市场监管的主要原则,提出运用大数据等推动监管创新,依托互联网、大数据技术,打造市场监管大数据平台,推动"互联网+监管",提高市场监管智能化水平。2018年10月23日,李克强同志主持召开国务院常务会议确定建设国家"互联网+监管"系统。[3] 之后,"互联网+监管"不断出现在政府的规范性文件中,不过,这时的"互联网+监管"与"互联网+政务服务""互联网+工程审批""互联网+社

[1] 《国务院关于在市场监管领域全面推行部门联合"双随机、一公开"监管的意见》(国发〔2019〕5号)。

[2] 日常监管中抽查检查结果是否可以作为信用评价的依据,值得探讨。当前,我国信用评价的主体、评价内容、评价依据等还没有统一的立法。笔者认为,信用评价对当事人的权利义务有较大影响,有时甚至影响其基本权利,建议由较高位阶的规范性文件调整。在当下信用评价或信用惩戒被滥用的情况下,宜由法律、行政法规对此加以调整。

[3] 载中华人民共和国国家互联网信息办公室网站,http://www.cac.gov.cn/2018-10/23/c_1123596911.htm。

会服务”的使用类似，仅是在利用互联网技术的一般意义上使用监管概念的，并未将该种监管方式作为新型监管机制的基本手段。如 2018 年 11 月 26 日，《深化市场监管综合执法改革意见》提出，健全以“双随机、一公开”为基本手段、以重点监管为补充、以信用监管为基础的新型监管机制。同时，该文件提出，积极探索“互联网 + 监管”。

2.“互联网 + 监管”方式的定位

“互联网 + 监管”方式获得重大发展的标志是将其作为新型监管机制的基本手段。将“互联网 + 监管”作为新型监管机制的基本手段予以规定的，是 2021 年 8 月 11 日的《法治政府建设实施纲要（2021—2025 年）》。该纲要提出，健全以“双随机、一公开”监管和“互联网 + 监管”为基本手段、以重点监管为补充、以信用监管为基础的新型监管机制。可见，在法治政府建设中，“互联网 + 监管”已经上升为新型监管机制的基本手段的地位，相信这种监管方式必将对行政执法产生重要影响，对于提高行政执法效能，提升综合治理能力和水平均具有重要意义。

3.“互联网 + 监管”方式的实践

“互联网 + 监管”方式的出现是互联网时代科技推动社会治理方式变革的典型例证。由于该种监管方式相对于传统监管方式的三大优势，该种监管方式很快在全国推广开来。2019 年 2 月，江苏省人民政府办公厅印发了《江苏省“互联网 + 监管”系统建设方案》，对江苏省“互联网 + 监管”系统建设的总体要求、基本原则、重点任务和保障措施作出了详细规定。之后，全国各地政府陆续出台了各地的“互联网 + 监管”系统建设方案。

（二）跨部门综合执法中“互联网 + 监管”的运用

跨部门综合执法改革旨在减少多头重复执法、执法扰民现象，提高行政执法效能，而“互联网 + 监管”手段可以通过科技手段提升行政执法效能，助力综合行政执法改革。因此，“互联网 + 监管”制度契合了综合执法改革的目的，是综合执法机关必备的监管手段。

在综合行政执法改革的有关文件中，“互联网 + 监管”或“互联网 + 综合执法”已经融入综合行政执法制度。如 2018 年 11 月 26 日，《交通运输综合执法改革意见》规定,要"充分利用'互联网+监管'等方式",增强执法检查实效。[1]"互联网+监管"仅是互联网技术(或者说信息技术)在行政监管事项上的具体应用,但随着信息技术的发展,互联网技术的应用已经不仅仅局限于某一个狭窄的领域,其影响已经遍布社会生产、生活和国家治理的各个角落。"互联网+"已经从最初的经济领域扩展到社会领域和国家治理领域。2020 年 2 月 28 日,国务院办公厅印发《关于生态环境保护综合行政执法有关事项的通知》对生态环境保护综合执法中的"互联网+"作出了明确规定,并提出"互联网+统一指挥+综合执法"的发展方向。[2] 之后,国务院办公厅在关于农业、交通运输、文化市场等领域的综合行政执法文件中,重申了"互联网+统一指挥+综合执法"的发展模式。这说明"互联网+"已经超越了单纯的行政监管事项而成为综合执法领域必不可少的技术手段、管理平台和治理模式。

(三)跨部门综合执法中"互联网+监管"的现状与发展

1. 跨部门综合执法中"互联网+监管"的应用现状

在跨部门综合执法实践中,"互联网+监管"已经逐渐被综合执法机关采用。由于"互联网+监管"属于新的管理手段,各地也在不断进行改革探索,地方多以省级人民政府政务服务中心为基础创建了"互联网+监管"平台。如浙江省打造"八统一""互联网+监管"浙江模式,[3]还建立了统一的"互联网+监管"服务门户网站。江苏省制定了《江苏省"互联网+监管"系统建设方案》。学者在总结实践经验的基础上,提出"互联网+监管"的模式主要有六种:审批模式、沙箱模式、查询模式、监控模式、接入模式和平台模式。[4] 在跨部门综合

[1] 《交通运输综合执法改革意见》规定,通过落实联合检查、"双随机、一公开"等常态工作机制,充分利用"互联网+监管"等方式,整合、精简行政检查事项,突出执法检查重点,切实减少检查种类,合理安排检查频次,减少重复检查、无效检查,增强执法检查实效。

[2] 《国务院办公厅关于生态环境保护综合行政执法有关事项的通知》(国办函〔2020〕18 号)规定,将生态环境保护行政执法事项纳入地方综合行政执法指挥调度平台统一管理,积极推行"互联网+统一指挥+综合执法",加强部门联动和协调配合,逐步实现行政执法行为、环节、结果等全过程网上留痕,强化对行政执法权运行的监督。

[3] 参见王宏宇、吴仲铠:《"八统一"打造浙江省"互联网+监管"新模式》,载《中国建设信息化》2021 年第 1 期。

[4] 参见黄璜、成照根:《"互联网+监管":政策演变与模式划分》,载《电子政务》2019 年第 7 期。

执法中，上述监管模式已经在不同领域或场景中使用，如在智慧城管建设中，通过各类宽带有线、无线网络技术，实现城市管理各个环节、不同人与物之间的泛在互联；通过综合运用物联网技术、智能技术，实现对城市管理运行状态全面透彻的感知。[1] 城市无处不在的电子眼就是综合执法机关利用监控模式实现监管目的的典型体现。

2. 跨部门综合执法中"互联网+监管"制度的问题

"互联网+监管"制度仍处于信息技术与国家治理的融合进程中，该制度尚存在不足与缺陷。如有观点认为，这种新型监管方式存在以下问题：一是上位法不健全，位阶不高；二是监管事项梳理不到位问题；三是垂直管理部门监管对接不畅。[2] 有观点认为，我国的"互联网+监管"存在以下不足：一是认识有待深化，包括融合认识不深、对监管方式变革认识不深、对监管与审批的关系认识不深；二是部门之间互联互通不够，包括统筹协调机制不顺畅、工作职责边界不明晰、"双随机、一公开"机制有待完善；三是规范化程度不足，包括清单梳理的质量有待提高、清单落地实效难以推进、清单梳理统一规范有待进一步细化；四是系统平台的延伸性需要提高，包括监管精准性有待提升、平台延伸性有待提升、平台的协同性有待提升；五是法律制度配套保障不够健全；六是人才培养储备不足；七是与第三方合作方面存在不平衡。[3] 针对上述问题，学者也提出了相应的完善建议，此处不再赘述。

互联网信息技术对社会的影响仍处于快速变化与发展的进程中，该项技术对国家治理方式和治理能力的提升、促进和挑战，仍将持续相当长的时间。在此期间，国家治理方式必将与互联网技术深刻而全面地融合。在融合的改革和探索中产生的新型制度极大可能一直处于有缺陷的、不完美的状态，这是正常现象，不必苛求。但如何在法律、制度允许的框架内，尽可能弥补缺陷，解决问题，使新的监管方式和治理模式更加符合社会需求，同时能通过合法性和适当

---

〔1〕 参见郄伦等：《从数字城管到智慧城管：平台实现与关键技术》，载《城市发展研究》2017 年第 6 期。

〔2〕 参见欧莉：《"互联网+监管"对推进法治政府建设的实践与思考》，载《中国市场监管研究》2021 年第8 期。

〔3〕 参见许垚、庄晨曦：《提升"互联网+监管"发展水平推进国家治理体系和治理能力现代化》，载《宏观经济管理》2021 年第 5 期。

性检验,是理论研究与实务工作者面临的重大课题。

四、信用监管制度

(一)信用、社会信用与信用监管的概念

1. 信用的概念

按照《现代汉语词典》的解释,信用有四种含义:一是名词,能够履行跟人约定的事情而取得的信任;二是形容词,属性词,不需要提供物资保证,可以按时偿付的;三是名词,指银行借贷或商业上的赊销、赊购;四是动词,信任并任用。[1] 信用的英语词是 credit,布莱克法律词典的解释也有四种含义:一是相信、信任;二是一个人借款的能力,对某人偿债能力的信任;三是卖方给予买方赊销的期限;四是来自金融机构或基于信用证的资金可得性。[2]

2. 社会信用的适用范围

我国社会信用概念开始使用于经济领域。最早主要使用于金融领域和商业交易中的清理"三角债"事项。如 1987 年 1 月 26 日,中国人民银行、国家经济体制改革委员会印发《关于转发〈第三次金融体制改革试点城市工作座谈会纪要〉的通知》把编制社会信用规划,作为加强试点城市中央银行的宏观管理,探索改善宏观调控的新路子的举措之一。1990 年 3 月 26 日,国务院印发《关于在全国范围内开展清理"三角债"工作的通知》,认为"三角债"损害了社会信用。2007 年 3 月 23 日,国务院办公厅印发《关于社会信用体系建设的若干意见》仍然把社会信用体系建设主要限定于市场经济领域。[3] 随着国家对社会信用认识的深化,2014 年 6 月 14 日,国务院印发《社会信用体系建设规划纲要(2014—2020 年)》扩大了社会信用的适用范围,由原来的市场经济领域扩展到社会治理领域,将政务诚信、商务诚信、社会诚信和司法公信作为社会信用体系

---

〔1〕 参见中国社会科学院语言研究所词典编辑室编:《现代汉语词典》(第六版),商务印书馆 2012 年版,第 1453 页。

〔2〕 See Bryan A. Garner, *Black's Law Dictionary*, Eighth Edition, West Publishing Co. ,2004,p. 1112.

〔3〕《关于社会信用体系建设的若干意见》(已失效)在讲到加快推进社会信用体系建设的重要性和紧迫性时,指出:"市场经济是信用经济";"建设社会信用体系,是完善我国社会主义市场经济体制的客观需要,是整顿和规范市场经济秩序的治本之策。"在讲到社会信用体系建设的重点时,指出:"以健全信贷、纳税、合同履约、产品质量的信用记录为重点。"

建设的主要内容。

当信用作为政府规制工具使用时[1],信用监管就出现了[2]。信用监管本质上是通过信用进行的监管,而非对信用进行的监管,即通过对归集的相对人信用信息进行评价、分类,并基于此种评价和分类采取不同类型监管措施的制度。信用是信用监管的工具,而非目的。

(二)信用作为政府监管工具的形成与发展

早在2001年,中国保险监督管理委员会就对人寿保险公司规定了信用监管指标。[3] 之后,行政机关对企业进行信用监管逐渐成为一种重要的监管手段。2003年10月31日,国家工商行政管理总局发布的《国家工商行政管理总局关于对企业实行信用分类监管的意见》(工商企字〔2003〕131号,已失效)就加强企业信用分类监管,提高执法效能作出了规定。随着社会信用体系建设的推进,信用监管在新型监管体制中扮演着越来越重要的角色。2017年1月12日,《国务院关于印发"十三五"市场监管规划的通知》(国发〔2017〕6号)提出,建立以信用为核心的新型监管机制。2018年5月23日,中办、国办印发《关于深入推进审批服务便民化的指导意见》将信用监管作为新型监管机制的特点。[4] 2018年11月26日,中办、国办印发《深化市场监管综合执法改革意见》,将信用监管作为市场领域新型监管机制的基础。[5] 2019年,国务院办公厅印发《关于加快推进社会信用体系建设构建以信用为基础的新型监管机制的

---

〔1〕 政府规制中的信用工具,是指行政机关以及法律、法规授权的具有管理公共事务职能的组织,对在履行职责过程中产生或者掌握的公民、法人或其他组织公共信用信息,进行记录归集、评价分类、共享公开,通过分类管理和联合奖惩措施来发挥作用的规制工具。参见王瑞雪:《政府规制中的信用工具研究》,载《中国法学》2017年第4期。

〔2〕 所谓信用监管,是指监管机关对市场主体的信用信息进行收集、评价,并在此基础上采取分类监管或给予相应奖励、惩戒,以促进监管目的实现的监管方式。参见孔祥稳:《作为新型监管机制的信用监管:效能提升与合法性控制》,载《中共中央党校(国家行政学院)学报》2022年第1期。

〔3〕 《保险公司最低偿付能力及监管指标管理规定》(保监发〔2001〕53号,已失效)。

〔4〕 《关于深入推进审批服务便民化的指导意见》(2018年)提出:"加快建立以信用承诺、信息公示为特点的新型监管机制,加强市场主体信用信息归集、共享和应用,推动全国信用信息共享平台向各级政府监管部门开放数据,并与政府审批服务、监管处罚等工作有效衔接。"

〔5〕 《深化市场监管综合执法改革意见》(2018年)提出:"健全以'双随机、一公开'为基本手段、以重点监管为补充、以信用监管为基础的新型监管机制。"

指导意见》，提出"进一步发挥信用在创新监管机制、提高监管能力和水平方面的基础性作用"。2021年，《法治政府建设实施纲要（2021—2025年）》重申了信用监管在新型监管机制中的基础地位。[1]

（三）跨部门综合执法中的信用监管现状

相对于传统监管方式，信用监管具有一定的优势。信用监管在提高执法精准度、降低执法成本、强化执法威慑力等多方面存在优势，从而有效提升了监管效能。[2] 信用监管机制优化了多元治理格局。[3] 在综合行政执法中，以信用监管为基础的新型监管手段具有越来越重要的地位。在有关综合行政执法的党内法规、法律、法规或规章等规范性文件中，信用监管已经成为综合执法的重要方式。如《生态环境综合执法改革意见》提出，创新行政执法方式，加强信用监管，健全以信用监管为基础的新型监管机制。[4] 在综合执法实践中，信用监管已经成为综合执法机构的重要执法方式。如湖州市交通运输综合行政执法队通过"信用+执法"，提升监管效能。[5] 有的综合行政执法机构还专门制定了信用监管的规范性文件，如宁波市综合行政执法局等部门制定了《宁波市城市管理行业信用监管办法》。当然，在采取信用监管执法方式时，因信用监管引发的行政争议案件亦时有发生。如深圳市江源实业有限公司与深圳市市场和质量监督管理委员会罗湖市场监督管理局行政纠纷案。[6]

---

[1] 《法治政府建设实施纲要（2021—2025年）》（中共中央、国务院，2021年）提出："健全以'双随机、一公开'监管和'互联网+监管'为基本手段、以重点监管为补充、以信用监管为基础的新型监管机制，推进线上线下一体化监管，完善与创新创造相适应的包容审慎监管方式。"

[2] 参见孔祥稳：《作为新型监管机制的信用监管：效能提升与合法性控制》，载《中共中央党校（国家行政学院）学报》2022年第1期。

[3] 参见王伟：《信用监管的制度逻辑与运行机理——以国家治理现代化为视角》，载《科学社会主义》2021年第1期。

[4] 《生态环境综合执法改革意见》提出："适应'放管服'改革要求，优化改进执法方式。健全以'双随机、一公开'监管为基本手段、以重点监管为补充、以信用监管为基础的监管机制。"

[5] 载湖州市交通运输局网站，http://jtysj.huzhou.gov.cn/hzgov/front/s53/xxgk/zwxx/zwdt/20201218/i2862543.html。

[6] 广东省深圳市中级人民法院（2015）深中法行终字第934号行政判决书。该案原告因对行政执法机关作出的将其从商事登记簿中移出，载入经营异常名录的行政决定不服，提起行政诉讼。

(四)跨部门综合执法中信用监管的问题

跨部门综合执法中信用监管存在的问题,主要表现在信用信息的归集、综合评价、公示、分类监管、失信惩戒、信用修复等方面。当然,这些问题也是信用监管过程中的普遍性问题。

1. 信用信息归集方面的问题

归集的信息是信息提供者提供的信息。在归集信息时,综合执法机关是信息提供者。综合执法机关在提供信用信息时,提供信用信息的范围、标准和来源等,决定了信用监管的合法性和监管效果。但各地对信用信息的收集范围、标准和来源等规定并不一致,这也直接导致综合执法机关提供信息的范围和标准不一。如公共信用信息的范围,各地立法规定不同。《江苏省公共信用信息归集和使用暂行办法》规定:公共信用信息由基本信息、良好信息、一般失信信息和严重失信信息构成。[1]《浙江省公共信用信息管理条例》规定公共信用信息包括基础信息、不良信息和守信信息。[2]《上海市公共信用信息归集和使用管理办法》规定,公共信用信息包括年满 18 周岁的自然人、法人和其他组织的基本信息、失信信息和其他信息。[3] 从这些规定来看,关于公共信用信息的范围并未有完全一致的认识。有些公共信用信息归集范围太大,存在侵犯相对人权益的风险,如《上海市公共信用信息归集和使用管理办法》关于公共信用信息的范围中,"其他信息"的规定过于宽泛,不仅包括志愿服务、拖欠水、电、燃气等公用事业费等信息,还包括兜底条款"国家和本市规定的其他信息"[4]。这种宽泛的、没有清晰边界的公共信用信息范围,导致了过度归集信息的不良倾向,使综合执法机关的信息提供活动有过度侵入私域之嫌,增大了侵犯相对人合法权益的风险。"根据实践中民众的反映和学者的批判,研究发现,当前信息归集的问题主要是公共信用信息的边界不清晰导致信息归集过多。"[5]

---

[1] 《江苏省公共信用信息归集和使用暂行办法》(2004 年)第 6 条第 2 款。
[2] 《浙江省公共信用信息管理条例》(2017 年)第 9 条。
[3] 《上海市公共信用信息归集和使用管理办法》(2018 年)第 10 条。
[4] 《上海市公共信用信息归集和使用管理办法》(2018 年)第 13 条。
[5] 虞李辉:《公共信用信息归集制度的理论探析》,载《征信》2021 年第 8 期,第 22 页。

2.综合执法中信用监管的可能滥用与合法性危机

当前,信用监管越来越多地被运用于综合行政执法中,如城市管理综合执法[1]、交通运输综合执法[2]、文化和旅游市场综合执法等领域中[3],综合执法机构在运用信用监管手段时也可能存在着滥用信用监管手段的情形。在信用监管中,行政黑名单制度已经成为重要的信用监管措施。但有学者对行政黑名单制度的泛化与滥用也表达了关注。[4] 关于信用监管可能存在的合法性风险,有学者认为,信用监管的具体措施可能与依法行政原则存在冲突;差异化监管思路可能与平等原则存在冲突;联合性惩戒可能与禁止不当联结原则存在冲突;强化惩戒效果可能与比例原则存在冲突;惩戒措施可能与正当程序原则存在冲突。[5] 作为信用监管核心机制的失信惩戒制度,由于其设定主体较多,规范性文件层级较低,存在着失信惩戒制度违反法律保留原则或其他法治原则的现象。正如学者所言:"失信惩戒制度,存在着与若干法治国原则相悖的问题,需要严肃而认真地对待。"[6] 信用监管属于新型监管制度,随着该制度在各领域的实施和运行,相信还会不断产生新的问题,对执法实践提出新的挑战。

3.信用修复与信用监管救济制度的问题

信用监管中,对于失信相对人,应建立信用修复制度,以使失信相对人采取积极主动措施消除失信行为,修复信用,回归正常。我国当下信用修复制度还存在着诸多问题。有学者认为,我国信用修复的不足包括缺少信用修复专门立法,信用修复机制较单一,未培育和设立信用修复机构,信用修复程序和方式较

[1] 宁波市综合行政执法局:《市综合行政执法局推进"信用+监管"在"双随机 一公开"中的应用》,载信用中国(浙江宁波)网,http://www.nbcredit.gov.cn/art/2020/11/30/art_10_46618.html。

[2] 安徽省交通运输厅:《运用"信用执法+信用监管"方式 推动两市交通运输综合执法一体化发展》,载信用中国·安徽网2021年7月19日,https://jtt.ah.gov.cn/ztzl/xyjtahz/gzdt/120479811.html。

[3] 《甘肃:打造"信用监管+专项执法"新模式》,载中华人民共和国文化和旅游部网站,https://www.mct.gov.cn/preview/special/xytx/9631/202112/t20211208_929665.htm。

[4] 参见范伟:《行政黑名单制度的法律属性及其控制——基于行政过程论视角的分析》,载《政治与法律》2018年第9期。

[5] 参见孔祥稳:《作为新型监管机制的信用监管:效能提升与合法性控制》,载《中共中央党校(国家行政学)学报》2022年第1期。

[6] 沈岿:《社会信用体系建设的法治之道》,载《中国法学》2019年第5期。

单一、不成系统。[1] 有学者指出,我国信用修复实践误区存在着几个特征:将信用修复等同于行政处理决定义务的履行,将信用修复等同于信用惩戒的终结,将信用修复等同于信用培训等程序的结束。[2] 在信用监管救济制度的建设上,由于缺乏信用修复制度的统一立法,对于公布信用信息错误的情况,相对人救济途径不畅。在信用监管制度建设过程中,对相对人权益影响较大的,莫过于失信惩戒制度,因此,应为相对人提供失信惩戒的救济途径。但由于当下对于失信惩戒的性质认识不一,相对人受到失信惩戒时,权利救济存在障碍。有学者从实证角度考察了失信惩戒救济面临的困境,指出:由于失信惩戒的多主体、多行为特征,行政诉讼救济的渠道并不通畅,具体表现为"无法起诉"和"难以起诉"。在司法审查中,由于"定性不清"和"依据不明",失信惩戒行政诉讼陷入审查不力的困境。[3] 总之,无论是信用修复还是行政救济,均存在缺陷与漏洞,无法有效保障行政相对人的合法权益,亟待理论回应与制度供给的完善。

(五)跨部门综合执法中信用监管问题的解决路径

1. 制定社会信用立法,完善信用监管制度

在我国大力推进社会信用体系建设的当下,信用已经成为国家治理的重要基础和工具。全面推进依法治国要求信用监管必须法治化,而信用监管的法治化有赖于社会信用体系的法治化。信用信息的归集、综合评价、公示、分类监管、失信惩戒、信用修复等与信用监管有关的措施,目前还没有法律调整。信用监管中的许多措施,尤其是信用惩戒,可能涉及法律保留原则,如被依法列为失信联合惩戒对象的,不得录用为公务员[4],其中,"依法列为"中的法,应该是全国人大及其常委会制定的法律。[5] 因此,制定社会信用法是社会信用体系建设的当务之急,也是建立以信用监管为基础的新型监管制度的迫切需求。在第十三届全国人大常委会立法规划中,社会信用立法属于第三类项目:立法条件尚

---

〔1〕 参见何永川等:《信用修复国际比较研究》,载《征信》2021年第2期。
〔2〕 参见卢护锋:《信用修复的实践误区及其立法应对》,载《广东社会科学》2020年第6期。
〔3〕 参见彭錞:《失信联合惩戒行政诉讼救济困境及出路》,载《东方法学》2021年第3期。
〔4〕 《公务员法》第26条第4项。
〔5〕 参见沈岿:《社会信用体系建设的法治之道》,载《中国法学》2019年第5期。

不完全具备、需要继续研究论证的立法项目。《法治中国建设规划(2020—2025年)》提出,加快推进社会信用立法,完善失信惩戒机制。这些都说明社会信用立法的实践基础和理论条件尚不成熟,有待于继续探索、研究和论证。

2. 明确信用信息归集、使用的原则

在综合执法中,行政执法机关也会收集行政相对人的相关信用信息,并按照规定向各省、自治区、直辖市公共信用信息平台提供。公共信用信息平台归集、使用信息时,应遵循合法、必要、安全等原则。所谓信息归集和使用的合法原则,是指公共信用信息归集的方式、内容和使用的方式、范围等均要合法。在归集方式上,有的地方通过立法明确规定,将已经建立的信息系统与信用平台对接;通过已经建立的信息系统未能归集的,由信息提供单位定期向信息平台提供,并逐步实现联网实时提供和动态更新维护。[1] 在归集内容上,多数地方立法除了规定归集信息的主要类别和内容外,还规定了不得归集的信息类别和内容。如上海市规定归集的信息类别主要包括基本信息、失信信息和其他信息,并规定了这些类别信息的具体范围。同时规定,禁止归集自然人的宗教信仰、基因、指纹、血型、疾病和病史信息以及法律法规禁止采集的其他自然人信息。[2] 浙江省除了规定禁止归集的信息范围,还规定了有条件归集的信息范围,即只有在本人书面同意的条件下才可以归集的信息范围。[3] 信用信息使用方式和范围也应合法,尤其是在信用信息的使用范围上不应无原则地扩大使用范围,泛化信用监管。信用信息使用的合法包括遵守不当联结禁止原则,如不能将当事人的违章停车类交通违法行为作为对其从事食品经营行为时加强监管的信用评价标准。信用信息归集和使用的必要原则,是指归集和使用信用信息时不能过度归集和使用信息,以最小够用和必要为原则。尤其是在使用信用信息时,要充分考虑到公共利益与个人权益的平衡,在实现公共利益的范围内,应尽可能保护相对人的隐私和个人信息权益。如上海在发布流行病学调查结

---

〔1〕《上海市公共信用信息归集和使用管理办法》(2018年)第9条。

〔2〕《上海市公共信用信息归集和使用管理办法》(2018年)第14条。

〔3〕《浙江省公共信用信息管理条例》(2017年)第14条规定,禁止归集自然人的宗教信仰、基因、指纹、血型、疾病和病史信息以及法律、法规规定禁止归集的自然人的其他信息。未经本人书面同意,不得归集自然人收入、存款、有价证券、商业保险、不动产以及纳税数额的信息。

果时，通篇只有场所，没有任何个人信息。这就是信息发布的“最小够用”原则。[1] 信用信息归集、使用的安全原则，是指信用信息的归集、保管、使用等的全过程都应采取安全保密措施，确保安全。

3. 严格失信惩戒的适用

作为社会信用体系建设的重要组成部分，失信惩戒应用场域的泛化已经成为侵犯相对人合法权益的重要问题，亟须通过立法予以规制。在制定社会信用法时，第一，应严格规定失信惩戒的设定主体和权限。哪些主体有权规定失信行为，哪些主体有权规定失信行为受到的惩戒种类，都需要立法予以明确。应该改变当前几乎所有位阶的立法或规范性文件都可以设定失信行为，并规定相应惩戒措施的状况。《国务院办公厅关于进一步完善失信约束制度构建诚信建设长效机制的指导意见》规定了公共信用信息的纳入范围和程序依据、公共信用信息共享公开范围和程序、严重失信主体名单认定标准和程序、失信惩戒的措施和程度依据、信用修复机制的健全和完善依据等。其中规定，“可认定失信行为的依据包括：生效的司法裁判文书和仲裁文书、行政处罚和行政裁决等行政行为决定文书，以及法律、法规或者党中央、国务院政策文件规定可作为失信行为认定依据的其他文书”[2]。显然，规章或其他规范性文件不能对失信惩戒制度进行调整。第二，应严格规定失信惩戒的适用条件，防止出现对相对人的“重复评价”。当前，有些规范性文件将受到行政处罚作为认定相对人失信的条件，接着，又依据失信将其列入另一个惩戒的对象，这种失信惩戒有重复评价的嫌疑，即在相对人承担行政处罚不利后果（一次评价）的基础上，施加基于失信的惩戒（二次评价）。这有违法治基本原则。第三，应严格规定失信惩戒的强度。在规定失信惩戒措施时，应考虑比例原则的要求，使惩戒措施的严厉程度与失信行为的性质、情节、社会危害性等相适应，不能因相对人轻微的失信，而让其承受过重的惩戒后果。第四，应严格规定失信惩戒的适用范围。既不能泛化失信惩戒措施的适用场景或范围，将不应当适用失信惩戒措施的行为纳入惩

---

〔1〕参见罗培新、虞李辉：《公布“老赖”信息须遵守最小够用原则》，载《中国市场监管报》2021年2月27日，第3版。

〔2〕《国务院办公厅关于进一步完善失信约束制度构建诚信建设长效机制的指导意见》（国办发〔2020〕49号）。

戒范围，也不能违反不当联结禁止原则，错误配置失信惩戒措施，对一种失信行为配之以毫无关联的惩戒措施。

4. 完善信用修复和信用监管救济制度

鉴于信用修复制度的缺陷，有学者提出了相应的解决对策。如建立信用修复法律法规、建立健全信用修复机制、建立争议调解求助机制、培育信用修复机构、丰富信用修复方式。[1] 有学者针对信用修复实践中的误区，提出信用修复立法至少应当回应三个问题：在理念上应强调信用修复的市场秩序维持功能，在渊源上引入“标准”这一非正式要素，在内容上应注重信用修复的限度与信用修复机构的责任。[2] 对于失信惩戒的救济机制，学者从实体上和程序上提出了对策或建议。[3] 针对行政黑名单制度的救济机制，有学者依照行政过程论的指引，分别对拟列入行为、列入行为、公布行为和惩戒行为四种阶段性行为进行分析，并提出了是否应当接受司法审查的建议。[4]

笔者认为，在大力建设社会信用体系的当下，综合执法机关利用信用工具实现行政监管目标已成必然趋势。信用监管以及失信惩戒面临的挑战和课题，也是综合执法机关不得不面对的困难和问题。唯有在反思实践困境和理论不足的基础上，才能使信用工具真正成为国家治理的合法手段，跨部门综合执法领域的信用工具使用和信用监管合法性才能得到保障。

本章小结

本章主要从行为法角度，对跨部门综合执法权运行的基础、跨部门综合执

〔1〕 参见何永川等：《信用修复国际比较研究》，载《征信》2021年第2期。

〔2〕 参见卢护锋：《信用修复的实践误区及其立法应对》，载《广东社会科学》2020年第6期。

〔3〕 如针对失信惩戒行政诉讼救济渠道不畅与审查不力之困境，有学者认为：实体上，法院应把失信惩戒各阶段行为均定性为可诉的不利行政处理，对之施以正当程序要求，并根据上位法对其规范依据展开合法性审查；程序上，法院应允许相对人在多个失信惩戒相关行为中择一起诉，承认前后阶段行为之间的违法性继承，并通过第三人制度和司法建议促进行政争议实质性化解。参见彭錞：《失信联合惩戒行政诉讼救济困境及出路》，载《东方法学》2021年第3期，第185页。

〔4〕 参见范伟：《行政黑名单制度的法律属性及其控制——基于行政过程论视角的分析》，载《政治与法律》2018年第9期。

法权内部分工与管理机制、跨部门综合执法权运行中的主要程序机制与日常监管机制等进行了探讨。

跨部门综合执法权力清单,明确了综合执法主体的权力范围与边界,是综合执法权准确行使的前提和基础。本课题在调研过程中,被调研的综合执法机关有关跨部门综合行政执法权力清单困惑或问题较多,主要包括:综合执法权力清单的效力;权力清单能否作为具体行政执法的引用依据;权力清单中执法事项所依据的法律、法规或规章与其他法律规范冲突时如何适用,即是适用清单中列明的法律依据还是按照冲突适用规则选择适用;权力清单中综合执法事项的法律依据变化但清单没有及时调整,综合执法机关是依据权力清单中列明的依据还是依据新法调整后的依据作为执法依据,等等。这些问题的研究对于澄清实践困惑具有重要的现实意义。

跨部门综合执法改革中,综合执法主体的内部分工与管理制度对于提高综合执法效能,实现综合执法改革目的具有重要影响。研究跨部门综合执法人员的组成方式,对于理解并推动解决当下正在进行的综合执法改革问题,尤其是基层综合执法改革所面临的执法力量严重短缺问题,具有十分迫切的现实意义。在内部管理模式上,跨部门综合执法主体如何进行管理,是否仍按照专业分工划分内部执法力量,是调研过程中经常被问到的问题。对此,本课题认为,综合执法机构的管理模式既不能采取机械的专业化分工模式,以防出现内部的专业鸿沟与执法壁垒,也不能不顾专业性和执法人员的精力、能力,而要求综合执法人员成为"全能型选手"。鼓励综合执法主体进行内部管理探索,以便为改革探索经验,闯出新路。

跨部门综合执法程序机制是确保跨部门综合执法权合法运行,从而实现严格规范公正文明执法的重要保障机制。行政执法权运行程序机制内容丰富,本课题仅选取行政执法三项制度探讨,主要在于行政执法三项制度奠定了行政执法活动合法有效的基础,促进了行政相对人合法权益维护,构建了法治政府建设的主要程序机制。如何建构并完善跨部门综合执法三项制度,是本课题研究的重点内容。

跨部门综合执法权运行中的一个重要机制是日常监管机制。基于传统监管机制存在的诸多问题,跨部门综合执法日常监管机制是一种新型监管机制,即以“双随机、一公开”监管和“互联网 + 监管”为基本手段、以重点监管为补充、以信用监管为基础的新型监管机制，推进线上线下一体化监管，完善与创新创造相适应的包容审慎监管方式。新型监管机制契合综合行政执法改革的目的，是综合执法改革的内在要求和必然趋势，也是优化营商环境的重要内容和举措。新型监管机制如何在综合执法权运行中发挥应有的功能是本课题研究的重点之一。

作为小结，有以下三点需要特别说明：一是跨部门综合执法权运行机制的内容广泛，本章仅选取能体现跨部门综合执法权运行机制主要内容的机制展开研究。这些内容主要从综合执法权的来源、权力行使主体的内部管理模式、程序保障机制及日常运行机制等方面，对跨部门综合执法权运行进行了整体的、全流程探测，基本可以反映该种权力运行的全貌。本章选取的研究内容并不否定其他运行机制的重要性。如跨部门综合执法权运行保障机制，典型的如行政执法协作机制，[1]是保障综合执法权顺利运行的重要机制，但由于保障机制与综合执法权运行机制本身尚有区别，本章主要研究综合执法权运行机制本身，对于跨部门综合执法权运行保障机制并未专门研究。即便运行机制，本章也仅对跨部门综合执法权运行的主要机制展开研究，难免挂一漏万。因此，跨部门综合执法权运行机制的其他内容及运行保障机制，将留待今后另行研究。二是即使本章选取的研究内容，限于本人研究视野、学科背景和资料的局限，有些内容亦存在有待深入挖掘的空间。如“技术 + 执法”方式的深入研究有时需要以相关技术知识为背景。而对于信息技术手段在行政监管中的运用需要专门课题进行研究。[2] 三是由于跨部门综合执法权运行中的许多问题有待于实践的

---

[1] 行政执法协作机制在跨部门综合执法权运行中扮演着非常重要的角色，包括区域内行政执法协作与跨区域执法协作。在本课题调研中，XZ 市某生态环境综合执法部门反映，某区行政审批局发放餐饮服务业食品经营许可证的餐饮服务项目，违反了《大气污染防治法》《某市大气污染防治条例》关于投资建设餐饮服务项目的限制性规定，因此，去函商请行政审批局撤销已发放的许可证，并建议审批局今后不再审批许可类似项目。这属于典型的区域内行政执法协作问题。有关生态环境污染防治的行政执法，更多需要跨区域的行政执法协作。

[2] 如《生态环境综合执法改革意见》提出，大力推进非现场执法，加强智能监控和大数据监控，依托互联网、云计算、大数据等技术，充分运用移动执法、自动监控、卫星遥感、无人机等科技监侦手段，实时监控、实时留痕，提升监控预警能力和科学办案水平。这说明科技手段、信用技术已经与行政执法深度融合，对于传统的行政法学理论研究与实践均带来了挑战。

深入开展才能充分显现和暴露，尤其是刚刚开始实施的基层综合行政执法改革，更需要丰富的实践才能充分发现问题。因此，本章甚至本课题研究的许多内容或观点，随着改革实践的深入发展可能面临是否合宜的拷问。与时俱进是本课题面临的一大挑战。

第六章　结　论

一、明确跨部门综合执法权运行中的问题意识

（一）厘清跨部门综合执法权的含义

厘清跨部门综合执法权的含义是本课题研究的前提，是有关理论言说与实践探索的基础。行政执法改革实践越来越频繁地提倡跨部门综合执法，但至今未有任何法律或规范性文件对跨部门综合执法的含义进行界定或解释，因此，无论是从理论研究还是从实践需求来看，有必要对跨部门综合执法的含义进行科学严谨的界定。在厘清了行政执法和综合执法的含义后，理解跨部门综合执法概念的核心就是准确把握“跨部门”中“部门”的含义。

跨部门综合执法中的“部门”，应指国务院（中央人民政府）的行政机构，包括国务院的组成部门和具有行政管理职能的直属机构。按照《地方各级人民政府机构设置和编制管理条例》的规定，县级以上各级人民政府行政机构与下级人民政府行政机构的设置并非完全对应。如果以地方各级人民政府的行政机构设置作为确定是否属于跨部门综合执法的依据，则在地方层面属于跨部门综合执法的情形，在中央人民政府层面，可能属于部门内综合执法。这样既不利于实现综合执法改革整合执法机构、减少执法队伍的目的，也会造成称谓和理解的混乱，不利于行政执法改革统筹推进。另外，国务院议事协调机构承担跨国

务院行政机构的重要业务工作的组织协调任务，一般不具有行政管理职能，不属于跨部门综合执法中的部门范畴。

跨部门综合执法，是指由一个行政机关以自己的名义行使原分属两个以上部门行政机关行使的行政执法权，并由该行政机关独立承担法律责任的执法制度。跨部门综合执法权，是指由一个行政主体相对集中行使原由两个以上部门的主体分别行使的执法权而形成的一种综合执法权。跨部门综合执法权是一种集合性权力，是综合执法主体所享有的各种执法权力的总称。这种权力包括行政处罚权、行政检查权、行政强制措施权等。

（二）明确跨部门综合执法发展中的问题

横向拓展。行政处罚权的跨部门综合执法起源于相对集中行政处罚权制度，其法律依据是《行政处罚法》。相对集中行政处罚权制度最初主要调整县级以上行政执法部门处罚权的相对集中问题，并不包含行政处罚权的下放形成的基层综合行政执法。因此，跨部门综合执法主要是在领域内横向拓展。首先拓展的是综合执法权的权力内容，即从最初的相对集中行政处罚权拓展为以行政处罚权的集中为主，同时包括与相对集中行使的行政处罚权有关的行政强制措施权和行政检查权，这是确保相对集中行政处罚权顺利、有效行使的保障；其次拓展的是综合执法权的行使领域，即从最初的城市管理领域综合执法拓展到其他诸多领域。从《行政处罚法》的规定来看，主要包括城市管理、市场监管、生态环境、文化市场、交通运输、应急管理、农业等领域。

纵向延伸。虽然跨部门综合执法制度的设计初衷是通过重构行政执法机关之间的权限，实现行政执法权横向上的科学配置，但《行政处罚法》于 1996 年 10 月 1 日实施后，地方政府就开始了基层综合行政执法的探索，中央有关行政执法改革的文件或政策也不断提及行政执法权的下放。不过，在 2021 年修订的《行政处罚法》施行之前的类似改革实践均存在合法性问题，而同时期有关行政执法权下放到乡镇人民政府、街道办事处的改革文件和政策，也不能作为基层综合行政执法的依据。根据党的十八届四中全会决定关于重大改革于法有据的要求，2021 年修订的《行政处罚法》第 24 条是基层综合行政执法的法律依据。当下，基层综合行政执法改革正如火如荼地推进，相关理论研究正当其时。

跨部门综合执法权运行中存在着诸多问题,主要包括:跨部门行政执法权配置原则不明;跨部门行政执法权配置标准模糊;跨部门综合执法权运行机制不健全。这些问题正是本课题研究的缘起和主要内容。

二、确立跨部门综合执法权配置的基本原则

行政执法权跨部门综合配置应遵循依法配置原则、整体性原则、效能原则、便民原则等。

(一)依法配置原则

所谓依法配置原则,是指行政执法权相对集中行使必须依法进行,即一个行政机关行使有关行政机关的行政执法权必须由有权机关依照法律规定的条件、程序作出决定。它解决的是跨部门综合行政执法改革的法律依据问题。

行政执法权的跨部门综合行使依据主要是《行政处罚法》。除此之外,单行法律、行政法规也可以成为跨部门综合执法的依据。虽然我国的重大改革设计多数由执政党决定,但党内法规或执政党其他政策文件不能成为跨部门综合执法权配置的直接依据。依法行政原则要求执法的依据必须是具有法律效力的国家法,是“硬法”而非“软法”。

依法配置原则的要求。行政执法权综合行使的决定主体由法律规定。从《行政处罚法》《行政强制法》的规定来看,以行政处罚权为主要内容的行政执法权集中行使的决定机关是国务院或省级人民政府。这是横向行政执法权综合行使的规定。从《行政处罚法》第24条规定来看,省、自治区、直辖市是行政执法权下放至基层乡镇人民政府、街道办事处的决定机关,也是基层综合行政执法的决定机关。其中,省级人大及其常委会可以通过立法或决定的形式将县级人民政府部门的行政处罚权下放至基层乡镇人民政府和街道办事处。省级人民政府既可以通过决定也可以通过规章授权的形式将行政处罚权下放至基层。省级党委不参与具体的行政执法改革落实工作,因此,行政执法权下放至基层的决定主体不应当包括省级党委。行政执法权综合的标准和权力范围符合法律规定。除了实体方面依法配置外,行政执法权综合配置的程序也应当有法律明确规定。

综合行政执法作为行政执法体制改革的一项重要举措，必须依法进行。在法律空白之处，如果必须先行先试的，也必须有依法定程序作出的授权依据，不能借改革容许先行先试之由而使改革陷于合法性危机。另外，不能由"重大改革于法有据"推导出非重大改革可以于法无据的命题。

（二）整体性原则

整体性原则，是指在进行行政执法权跨部门综合配置时，应在整体政府理念下，坚持系统思维，统筹协调各行政执法部门之间、综合执法部门与行政执法权原行政主管部门、行政执法改革与机构改革、事业单位改革等改革的关系，妥善处理行政执法权跨部门综合配置问题，确保综合执法权科学配置和有效运行。

跨部门综合配置执法权时，必须统筹考虑各领域、各部门所承担行政职责的相互关系。在规范竞合情况下，政府可以根据执法事项的性质特点和行政执法机关的专业特长，对规范竞合事项的执法权属进行统一安排，实行跨部门综合执法。与跨部门统筹配置执法权相反，有些地方政府将某一行政机关的执法事项根据一定的标准划分成不同部分，分别由不同行政机关进行执法。从行政执法改革的初衷和方向来看，将原本一个行政执法机关管理的执法事项人为分割由两个行政执法机关进行管理，与减少执法队伍、整合执法事项、提高执法效率的行政执法改革初衷和方向背离，不符合整体性原则。整体性原则要求综合执法部门统筹协调与行政主管部门之间的关系。整体性原则要求行政执法改革与政府机构改革、事业单位改革等统筹配套，协同进行。

（三）效能原则

行政执法权跨部门综合配置中，效能原则要求精简、整合行政执法机构或相对集中行政执法权时行政执法事项或职责之间具有"相关性"；行政执法权的综合配置必须能够实现执法目的，即综合执法机构的配置作为实现执法目的的手段，是适合的；在不同行政机关行使综合执法权均符合职责相关性和目的妥当性的场合，最终由哪个行政机关承担综合执法职责，可以根据便宜性原则进行配置，即由最便利行使执法权的机关承担综合执法职责；行政执法权的综合配置要体现执法成本的经济性,即以尽可能小的行政成本实现尽可能大的执法效益。

(四)便民原则

便民原则是指行政主体在实施行政行为时应为行政相对人提供便利。它不仅体现在给付行政中为相对人接受服务提供便利,也表现在干预行政中尽量减少相对人接受不利行政时的负担,或为其提供接受不利行政的便利。

跨部门综合执法实施条件体现了便民原则。相对集中行政处罚权、综合执法产生的前提之一,便是行政机关职权交叉、多头重复执法、执法扰民现象严重。这说明综合行政执法改革的产生就是基于便民原则的要求,体现了为行政相对人提供便利,减少行政相对人负担和成本的法益考量。

跨部门综合执法制度设计体现了便民原则的要求。第一,整合不同行政机关中相同或类似的执法职责,从源头上解决职权交叉、多头重复执法、执法扰民问题。第二,利用现代科技建立综合执法机关与有关行政主管部门之间的信息共享平台。第三,借综合行政执法改革之机,梳理行政机关权力清单、责任清单,取消没有法律依据或没有现实必要性的执法职责,厘清行政权与市场经济、社会自治等的关系,优化营商环境,培育社会自治,将行政执法职责限定在合法、必要、合理的范围内,为行政相对人提供最大程度的便利。第四,大力发展行政执法信息技术,让相对人在行政执法中享受科技带来的便利。

三、建构跨部门综合执法权配置条件、标准和模式

(一)跨部门综合执法权配置条件

配置条件是决定某行政部门或行政领域是否实施综合执法的依据,是确定跨部门综合执法适用领域或范围的依据。

跨部门综合执法权配置条件的影响因素主要包括两个方面:能否提高行政效能和能否保障相对人合法权益。执法权跨部门综合配置条件具有相对性。基于提升行政效能、保障相对人合法权益目的而确定的综合执法条件,会因提升行政效能和保护相对人合法权益要求的不断提高而发生变化。即便某个行

政领域不存在重复执法、执法扰民现象，政府也可以从提升行政效能、优化职能配置角度，在该领域实施综合行政执法改革。因为提升行政效能从理论上说是一个不断追求卓越的永无止境过程。

跨部门综合执法权配置的条件存在共同之处，主要包括：(1)机构设置方面，存在多头重复执法问题；(2)职责配置方面，存在职责交叉或冲突等问题；(3)相对人权益保障方面，存在执法扰民问题；(4)行政效能和政府形象方面，严重影响执法效率和政府形象。

跨部门综合执法权配置条件存在的问题主要包括：(1)综合行政执法的目标和导向不明确，直接影响实施综合执法的条件和范围，进而弱化综合行政执法改革的效果；(2)条件规定不科学，有些领域或部门混淆了综合执法的条件与标准；(3)缺乏统一规定，各地各领域实行综合执法的条件相差较大，影响综合执法改革的统一实施。

跨部门综合执法权配置条件的重构。坚持问题导向和目标导向相结合，适时调整综合执法权配置条件；区分综合执法权配置条件与标准，科学设定实行综合执法的条件；原则性与灵活性结合，充分发挥地方探索综合执法改革的积极性。

(二)配置标准

跨部门综合执法权的配置标准，是指某行政管理领域符合综合执法的条件，决定实行综合执法后，拟综合的行政执法权依据什么标准进行配置的问题。

跨部门综合执法权配置标准主要是《行政处罚法》第 18 条第 2 款规定的“有关”标准。作为不确定法律概念，这一标准给改革实践带来的是标准的难以把握和综合执法范围的宽窄不一。根据法律规定和实践探索，跨部门综合执法权配置的标准可以确定为合法性标准、相关性标准、合理性标准和限制性标准。

合法性标准，是指法律规定的行政执法权跨部门综合时所应遵循的标准。当法律规定了行政执法权综合的标准时，行政机关在实行综合行政执法时必须遵守该标准。如综合行使的执法权之间具有相关性，行政强制执行权不能成为综合行政执法的内容。跨部门综合执法的标准，除了横向层面行政机关之间执法权的综合标准，还包括纵向层面在哪个层级开展综合执法的标准。

相关性标准,是指行政执法权综合配置时执法事项之间,行政处罚权与行政强制、行政检查等权力之间,行政执法权与投诉、举报的受理,违法线索的处理、责令改正等职责之间,均应具有关联性。执法事项之间的相关性首先表现在拟综合的执法事项属于同一行政管理领域。这些执法事项都与该领域的核心职责高度关联。其次,执法事项之间的相关性表现在拟综合的执法事项具有相同的执法目的。行政处罚权与行政强制措施、行政检查等权力之间的相关性表现在拟综合的权力之间具有依附关系,对同一执法目的具有保障作用,即拟相对集中行使的处罚权以外的其他权力对相对集中行使的处罚权具有依附关系和保障作用。这里主要是指行政检查权、行政强制措施权,以及受理投诉、举报、违法线索的处理、责令改正等执法权力或职责。行政执法权与程序性职责或配套的其他权力之间的相关性,表现在实施综合行政执法时,在原执法主体将与执法事项有关的全部执法权均交由综合执法主体行使时,受理投诉、举报、违法线索的处理等程序性职责和责令改正行政命令权也一并交由综合执法主体行使。

合理性标准,是指在跨部门配置综合执法权时,应围绕核心职责配置执法权,从执法事项的专业性要求、执法事项的范围和数量来看,适宜由综合执法主体承担。围绕核心职责配置综合执法权,是合理性标准的本质要求。它包括两个方面:一是围绕核心职责配置执法权;二是将其他领域中与核心职责相同的执法事项划转给核心职责的承担主体。合理性标准要求综合执法主体具备综合执法事项所要求的专业性。在专业性要求、软硬件条件都具备的条件下,综合执法主体承担的执法事项也不能超过其承接的能力范围,即执法事项的范围和数量与综合执法主体的承接能力相适应。这也是合理性标准的要求之一。

限制性标准,是指因为法律规定或执法体制等原因,执法事项不能实行综合行政执法的标准。这主要包括两类执法事项:专属管辖执法事项和垂直管辖执法事项。

(三)横向配置模式

跨部门综合执法权配置模式,是指集中行使跨部门综合执法权的执法机构建构模式。它主要包括跨部门综合行政执法机构的设置,综合执法机构的法律地位,综合执法机构与行政主管部门的关系等内容。其中,跨部门综合执法机构的设置,是跨部门综合执法权配置模式的最重要问题。

跨部门综合执法权配置模式的实践形态主要有横向与纵向两种模式:一是横向配置模式。主要有两种形态:(1)以行政管理领域为主要标志的跨部门综合执法权配置模式,主要通过重新组建和整合组建综合执法机构来实现;(2)特定功能区跨部门综合执法权配置模式,具体的功能区包括经济功能区,如国家级和省级各类经济技术开发区、高新技术开发区,其他功能区如自然保护区、风景名胜区、水功能区等。二是纵向配置模式,即基层跨部门综合行政执法权配置模式。

跨部门综合执法权横向配置模式存在的问题主要有:一是跨部门综合行政执法权配置幅度受限;二是功能区综合行政执法的依据缺位。今后,在横向上,应扩大综合执法权配置幅度,完善功能区跨部门综合行政执法的制度通道。

(四)跨部门综合执法权纵向配置模式

《行政处罚法》第 24 条是行政执法体制纵向改革的制度,是行政处罚权下放至乡镇、街道的法律依据。从形式上看,第 24 条仅规定了行政处罚权下放,但其根本目的是解决基层综合行政执法改革面临的合法性问题。行政处罚权下放,既可能是单一主体的行政处罚权下放,也可能是两个以上主体的行政处罚权同时下放。在两个以上主体的行政处罚权同时下放的场合,乡镇、街道的执法属于综合执法。事实上,在基层综合行政执法改革推进过程中,基层承接的行政执法权都是两个以上县级部门的执法权,多的甚至有六七个部门。因此,第 24 条从理论上虽非必然导致基层综合行政执法,但当基层实施综合行政执法改革时,第 24 条可以并已经成其为法律依据。

基层综合行政执法的决定主体。调整行政处罚的单行法律、行政法规制定机关可以通过修改法律、行政法规,授权乡镇人民政府、街道办事处行使部分行政处罚权。同时,作为行政处罚基本法律的《行政处罚法》也可以对乡镇人民政府、街道办事处授予部分行政处罚权,如第 24 条。第 24 条将行政处罚权下放的决定权授予省、自治区、直辖市。此处的"省、自治区、直辖市",首先,是指省级人大及其常委会。省级人大及其常委会决定行政处罚权下放的形式包括通过地方性法规或决议。其次,是指省级人民政府。省级人民政府决定行政处罚权下放的形式包括地方规章或决定。

基层综合行政执法中行政处罚权下放的条件主要有以下三个:一是基层管理迫切需要。基层管理迫切需要是指基层行政管理中面广量大、直接面向普通百姓,没有行政处罚权就难以有效解决的事项。这是行政处罚权下放的前提条件,体现了基层行政管理过程中的问题意识,反映了行政执法改革的需求导向和权力下放的目的正当性。二是基层能够有效承接。基层有效承接是实现权力下放目的、提高执法效能的重要保障条件。这是结果导向的下放条件,要求承接行政处罚权的基层乡镇人民政府、街道办事处,能够有效地行使下放的处罚权,实现法律设定该行政处罚权的执法目的。基层有效承接下放权力的前提,是基层执法主体具有与承接权力相适应的执法能力。三是下放的是县级人民政府部门的行政处罚权。向基层下放的行政处罚权是县级人民政府部门享有的行政处罚权。这符合下放事项的性质、影响范围和基层的承接能力。将行政处罚权转移给最适宜行使它的主体,是行政执法体制改革的主要目标。这是一种目标导向的下放条件。

基层综合行政执法制度的建构主要包括以下三个方面的制度:一是行政执法权下放制度;二是基层综合行政执法权运行保障制度;三是基层综合行政执法权制约与监督制度。行政执法权下放制度主要包括行政执法权下放的主体制度、程序制度、条件和内容制度。基层综合行政执法权运行保障制度主要包括提高基层执法能力、制定并公布基层综合行政执法权力清单、规范基层综合行政执法运行机制。

四、完善跨部门综合执法权运行的主要机制

(一)作为跨部门综合执法权运行基础的权力清单制度

与一般行政机关的权力清单相比,跨部门综合执法权力清单的产生旨在为综合行政执法权划定权力边界和执法范围;它是一种创制性规范,改变了行政执法权的行使主体;综合行政执法权力清单确立的执法事项是综合行政执法的根据,对综合行政执法权行使具有规制作用。

跨部门综合执法权力清单的效力。跨部门综合执法权力清单是记载跨部门综合行政执法事项内容的目录清单。它与不创设行政权力的一般权力清单不同,综合行政执法事项目录为综合行政执法主体创设了行政执法权,将其他行政机关的执法权划转给综合执法主体。综合行政执法主体的执法权力限于综合行政执法事项目录中列明的范围,在该目录之外无执法权力。因此,综合行政执法事项目录是授权综合行政执法主体行使综合执法权力的规范性文件,它是一种授权性规范。跨部门综合执法权力清单的效力核心,是确立了新的行政执法主体,即将法律规定的行政执法事项的原实施主体变更为综合行政执法主体,这是执法事项目录清单的核心内容。确立了综合执法主体后,执法事项及其职权类型亦随之确定。

跨部门综合执法权力清单不能作为行政执法的具体引用依据。首先,综合行政执法活动应遵守依法行政原则,以法律、法规或规章为依据。综合执法权力清单仅是将法律规定的行政权力实施主体进行了变更,具体执法活动应依据创设了行政权力的法律、法规或规章,而不是权力清单。其次,综合行政执法权力清单中的执法主体在执法时无须就其主体资格引用清单。行政执法主体资格属于行政组织法内容,而综合行政执法活动属于行政行为法内容。综合执法主体的资格与一般行政执法主体的资格一样,是在实施执法活动之前就已经确定并以法定方式公布的,无须在实施具体执法活动时再引用依据或加以说明。当然,在发生行政争议或对执法活动进行合法性审查时,执法主体资格是合法性审查的首要和重要内容。

跨部门综合执法权力清单动态调整机制。跨部门综合执法权力清单应与时俱进,随着综合执法改革的推进适时调整权力清单内容,以使综合行政执法符合实际需要和改革目标。因此,建立跨部门综合执法权力清单动态调整机制是十分必要的。

跨部门综合执法权力清单动态调整机制包括两种情况:一是将目录清单中不适宜由综合执法主体继续实施的综合执法事项调整出清单;二是将应当综合执法但未列入清单的执法事项调整进入清单。跨部门综合执法权力清单动态调整的原因,主要包括:经济社会快速发展导致的调整;机构改革或职能变动导致的调整;法律法规变动导致的调整。这三个原因中,经济社会发展的需要是根本原因,是基础;机构改革或职能变动是组织方面的原因;法律法规调整是法律方面的原因。三者难以截然分开,共同构成权力清单动态调整的影响因素。

跨部门综合执法权力清单动态调整程序。一是县级以上部门综合行政执法权力清单调整程序。当综合执法事项需要调整时,应区分这种调整是否涉及执法事项的重新设定,而采用相应的程序。当调整涉及将不在省级政府批准的清单内执法事项纳入综合执法事项目录清单,或将省级政府批准的清单内事项转出、取消时,由于这种调整属于对综合执法事项重新创设,应由综合执法事项目录的原制定主体遵循与制定程序一样的程序对综合执法事项目录进行调整。当调整仅涉及综合执法事项中的法律依据条文序号的变化时,由于该种调整不属于对综合执法事项的创设,可以直接由综合执法事项目录的原制定主体修改后重新公布即可,无须履行省级人民政府同意程序。二是基层综合行政执法权力清单的调整程序。基层综合行政执法权力清单的调整程序与制定程序类似,主要有两种:个案请示答复程序和地方立法确定的程序。

(二)跨部门综合执法权内部分工与管理机制

综合执法主体的内部分工与管理制度对于提高综合执法效能,实现综合执法改革目的具有重要影响。

跨部门综合执法人员的组成方式。综合执法队伍的建设原则,是在明确执法机构和人员划转认定标准和程序基础上,按照“编随事走、人随编走”的原则有序整合执法队伍,锁定编制底数。[1] 改革中应当做到职责整合与编制划转同步实施,队伍组建与人员划转同步操作。[2] 与横向部门之间综合行政执法不同,县级人民政府部门在下放处罚权时一般并不将执法人员下沉到基层。

综合执法机构的管理模式既不能采取机械的专业化分工模式,以防出现内部的专业鸿沟与执法壁垒,也不能不顾专业性和执法人员的精力、能力,而要求综合执法人员成为“全能型选手”。在跨部门综合执法机构管理模式上,第一,应明确,作为综合执法机构的执法人员,学习和掌握综合执法权力清单内所有

---

〔1〕 2018 年中办、国办印发《深化市场监管综合执法改革意见》,《交通运输综合执法改革意见》和《生态环境综合执法改革意见》。

〔2〕《生态环境综合执法改革意见》。

执法事项的相关知识和技能是综合执法人员的基本要求；第二，在实施综合执法过程中，对综合执法人员进行适当的专业化分工，有利于提高行政效能；第三，对跨部门综合执法范围内不同部门或不同类型事项的综合执法人员，定期实行轮换制度，有利于打破综合执法机构内部的专业壁垒和知识固化，防止出现执法懈怠和执法腐败。

（三）跨部门综合执法权运行的程序机制

行政执法三项制度在跨部门综合执法权运行中，发挥着举足轻重的作用：一是奠定了行政执法活动合法有效的基础；二是促进了行政相对人合法权益的维护；三是构建了法治政府建设的主要程序机制。

跨部门综合执法公示制度的内容，主要包括：事前公开综合执法权力清单、权力行使程序、执法流程图等；事中公示具体个案执法信息，如个案执法中执法人员的身份信息、公务标志、具体的执法事由、执法依据、相对人的权利义务、执法进度等；事后公开执法决定等。跨部门综合执法公示制度实施中，在公示内容、程序、法律依据的位阶等方面存在着诸多问题，应予以完善。第一，制定统一立法，对行政执法公示制度进行调整。第二，针对跨部门综合执法公示制度，应明确综合执法主体与执法事项行政主管部门及其他相关部门之间的权力边界，以方便行政相对人维护自身合法权益。第三，包括跨部门综合执法公示在内的行政执法公示制度，应及时更新公示内容，包括法律依据的及时更新和调整。第四，细化程序设计，明确相关制度之间的关系。

跨部门综合执法全过程记录制度。跨部门综合执法全过程记录制度必须坚持合法、必要、客观、全面等原则。跨部门综合执法全过程记录的方式主要有文字记录、音像记录等方式。这两种方式可以单独使用，也可以结合使用。

跨部门综合执法中重大执法决定法制审核制度。跨部门综合执法中，综合执法主体作出重大执法决定前，应先由法制审核部门对该决定的合法性、合理性进行审核，审核通过的，方能作出重大执法决定的制度。重大执法决定法制审核范围的确定标准：一是影响的利益重大，包括对行政相对人或利害关系人的私益影响重大和对公共利益的影响重大。前者如适用听证程序作出的行政处罚决定，后者如重大国有资产流失、可能引发社会稳定风险等案件。二是案件本身疑难、复杂，如案件属于新类型案件，或涉及的法律关系较多，导致事实认定或法律适用存在争议。

跨部门综合执法中，重大执法决定法制审核的范围，可以分为以下三个层次：一是作出决定前必须进行法制审核的案件范围。国务院办公厅关于重大执法决定法制审核的指导意见中规定必须进行法制审核的案件属于此范围。二是根据本单位实际情况自定的法制审核范围。三是基层综合行政执法改革实施初期，可以根据情况在前述审核范围的基础上，适当扩大法制审核的案件范围。法制审核机构经过审核后，根据不同情形，作出不同的审核意见。审核意见主要包括如下几种：同意意见；存在问题需要改正的意见；重新调查、补充调查意见；不作出行政执法决定的意见；移送其他有权行政执法机关的意见；涉嫌刑事犯罪、移送刑事司法机关的意见等。[1]

（四）跨部门综合执法日常监管机制

跨部门综合执法新型监管机制。“双随机、一公开”无疑是新型监管机制的基本手段，在此基础上，辅之以重点监管手段，整合“互联网+监管”、探索信用监管、大数据监管、包容审慎监管等新型手段，从而架构新型监管体制。这是当前行政监管机制的主要内容。

“双随机、一公开”监管制度。“双随机、一公开”是一种新型监管模式，是指行政主体在日常监管过程中，大力推广随机抽查监管，采取随机抽取检查对象、随机选派执法检查人员的“双随机”抽查机制，严格限制监管部门自由裁量权。同时，要将抽查情况及查处结果及时向社会公布，接受社会监督。在全面推进依法治国的当下，“双随机、一公开”监管制度通过消除行政检查中的任意检查、随意检查、滥用行政检查裁量权，实现控制选择性执法中的主观恶意、克服选择性执法弊端的目的，是一种重要的制度创新。同时，也是深入推进依法行政，全面建设法治政府的必然要求，是推进国家治理体系和治理能力现代化的重要体现。

“互联网+监管”方式。在法治政府建设中，“互联网+监管”手段可以通

---

〔1〕 参见《河北省重大行政执法决定法制审核办法》（河北省人民政府令〔2019〕第8号）第15条。

过科技手段提升行政执法效能，助力综合行政执法改革，因此，“互联网+监管”已经上升为新型监管机制的基本手段的地位。

信用监管制度。信用监管本质上是通过信用进行的监管，而非对信用进行的监管，即通过对归集的相对人信用信息进行评价、分类，并基于此种评价和分类采取不同类型监管措施的制度。信用是信用监管的工具，而非目的。信用监管过程中出现了许多问题，如信用归集方面的问题，信用监管的滥用与合法性危机，信用修复与信用救济等方面。要解决这些问题，必须制定社会信用立法，完善信用监管制度；明确信用信息归集、使用的原则；严格失信惩戒的适用；重视信用修复和信用监管救济制度。

参考文献

一、中文著作类

1. 王名扬:《法国行政法》,中国政法大学出版社 1988 年版。

2. 王名扬:《美国行政法》,中国法制出版社 2005 年版。

3. 王名扬:《英国行政法》,中国政法大学出版社 1987 年版。

4. 张正:《行政法体系重点整理》,台湾保成文化出版公司 1996 年版。

5. 吴庚:《行政法之理论与实用》,中国人民大学出版社 2005 年版。

6. 李惠宗:《行政法要义》(增订二版),台北,五南图书出版公司 2005 年版。

7. 翁岳生:《行政法》,中国法制出版社 2002 年版。

8. 陈新民:《行政法学总论》,台北,三民书局 1995 年版。

9. 陈新民:《中国行政法学原理》,中国政法大学出版社 2002 年版。

10. 陈敏:《行政法总论》,新学林出版有限公司 2019 年版。

11. 李震山:《行政法导论》,台北,三民书局 2007 年版。

12. 林莉红:《行政诉讼法学》,武汉大学出版社 2015 年版。

13. 林莉红:《中国行政救济理论与实务》,武汉大学出版社 2000 年版。

14. 林莉红:《失当行政行为救济研究》,武汉大学出版社 2016 年版。

15. 林莉红等:《行政诉讼法问题专论》,武汉大学出版社 2010 年版。

16. 林莉红、陈菲:《外国申诉专员法律选编》,武汉大学出版社 2016 年版。

17. 应松年:《当代中国行政法》,中国方正出版社 2005 年版。

18. 应松年、薛刚凌:《行政组织法研究》,法律出版社 2002 年版。

19. 应松年:《行政法与行政诉讼法》,高等教育出版社 2018 年版。

20. 姜明安主编:《行政执法研究》,北京大学出版社 2004 年版。

21. 姜明安主编:《行政程序研究》,北京大学出版社 2006 年版。

22. 姜明安:《行政法》,北京大学出版社 2017 年版。

23. 姜明安主编:《行政法与行政诉讼法》(第 6 版),北京大学出版社、高等教育出版社 2015 年版。

24. 马怀德主编:《行政诉讼原理》,法律出版社 2003 年版。

25. 马怀德:《行政法制度建构与判例研究》,中国政法大学出版社 2000 年版。

26. 马怀德主编:《司法改革与行政诉讼制度的完善——〈行政诉讼法〉修改建议稿及理由说明书》,中国政法大学出版社 2004 年版。

27. 叶必丰:《行政行为原理》,商务印书馆 2019 年版。

28. 叶必丰:《行政法的人文精神》,湖北人民出版社 1999 年版。

29. 朱新力:《中国法治政府建设:原理与实践》,江苏人民出版社 2019 年版。

30. 朱新力、唐明良等:《行政法基础理论改革的基本图谱:“合法性”与“最佳性”二维结构的展开路径》,法律出版社 2013 年版。

31. 周佑勇等:《智能时代的法律变革》,法律出版社 2020 年版。

32. 周佑勇:《行政法基本原则研究》(第 2 版),法律出版社 2019 年版。

33. 周佑勇:《行政不作为判解》,武汉大学出版社 2000 年版。

34. 周佑勇:《行政裁量治理研究——一种功能主义的立场》,法律出版社 2008 年版。

35. 周佑勇:《行政法原论》(第 3 版),北京大学出版社 2018 年版。

36. 邓刚宏:《行政诉判关系研究》,法律出版社 2013 年版。

37. 张峰振:《违法行政行为治愈论》,中国社会科学出版社 2015 年版。

38. 张峰振:《不当行政行为救济论》,法律出版社 2020 年版。

39. 田勇军:《论行政法上的意思表示:兼论行政行为构成中的意识要件》,法律出版社 2017 年版。

40. 孔繁华:《行政诉讼性质研究》,人民出版社 2011 年版。

41. 马立群:《行政诉讼标的研究:以实体与程序连接为中心》,中国政法大学出版社 2013 年版。

42. 熊勇先:《行政给付诉讼研究》,法律出版社 2016 年版。

43. 常晓云:《中国行政起诉制度研究》,中国社会科学出版社 2018 年版。

44. 何海波:《行政诉讼法》,法律出版社 2016 年版。

45. 章剑生主编:《行政程序法学》,中国政法大学出版社 2004 年版。

46. 章剑生:《现代行政法总论》,法律出版社 2019 年版。

47. 杨伟东:《中华人民共和国行政处罚法理解与适用》,中国法制出版社 2021 年版。

48. 俞可平:《治理与善治》,社会科学文献出版社 2000 年版。

49. 刘富起:《分权与制衡论评》,吉林大学出版社 1990 年版。

50. 石佑启、杨治坤:《论部门行政职权相对集中》,人民出版社 2012 年版。

51. 戢浩飞:《治理视角下行政执法方式变革研究》,中国政法大学出版社 2015 年版。

52. 王雅琴、沈俊强:《城市管理监察综合行政执法之理论与实践(修订版)》,法律出版社 2016 年版。

53. 杨书文:《中国城市管理综合执法体制研究》,天津人民出版社 2009 年版。

54. 梅献中:《城管综合执法理论与实践研究》,中国政法大学出版社 2019 年版。

55. 陈松、钱永忠:《农业综合执法体系建设与发展研究》,中国农业科学技术出版 2016 年版。

56. 洪学农:《满意与渐进:相对集中行政许可权制度实施研究》,中国法制出版社 2011 年版。

57. 康良辉:《相对集中行使行政权制度研究》,中国政法大学出版社 2014 年版。

58. 朱瓯:《两岸行政程序法制之比较研究》,中国人民大学出版社 2008 年版。

59. 崔卓兰编著:《行政程序法要论》,吉林人民出版社 1996 年版。

60. 宋冰主编:《程序正义与现代化》,中国政法大学出版社 1998 年版。

61. 季卫东:《法律程序的意义》,中国法制出版社 2004 年版。

62. 黄学贤:《中国行政程序法的理论与实践:专题研究述评》,中国政法大学出版社 2007 年版。

63. 王锡锌:《行政程序法理念与制度研究》,中国民主法制出版社 2007 年版。

64. 宋雅芳:《行政程序法专题研究》,法律出版社 2006 年版。

65. 王亚琴:《行政程序法律责任制度研究》,群众出版社 2006 年版。

66. 台湾行政法学会:《行政法争议问题研究》(上、下),台北,五南图书出版公司 2001 年版。

67. 罗传贤:《行政程序法论》(增订四版),台北,五南图书出版公司 2004 年版。

68. 罗传贤:《美国行政程序法论》,台北,五南图书出版公司 1985 年版。

69. 叶俊荣:《面对行政程序法——转型台湾的程序建制》,台北,元照出版有限公司 2002 年版。

70. 蔡茂寅:《行政程序法实用》,台北,学林文化事业有限公司 2001 年版。

71. 汤德宗:《行政程序法论》,台北,元照出版有限公司 2000 年版。

72. 王伟华等:《行政程序法典注释》,澳门法律公共行政翻译学会 1995 年版。

73. 张尚鷟主编:《走出低谷的中国行政法学》,中国政法大学出版社 1991 年版。

74. 许崇德、皮纯协主编:《新中国行政法学研究综述》,法律出版社 1991 年版。

75. 中国社会科学院语言研究所词典编辑室编:《现代汉语词典》(第 6 版),

商务印书馆2012年版。

76. 张正钊、韩大元主编:《比较行政法》,中国人民大学出版社1998年版。

77. 杨解君:《行政违法论纲》,东南大学出版社1999年版。

78. 章志远:《行政行为效力论》,中国人事出版社2003年版。

79. 朱芒:《功能视角中的行政法》,北京大学出版社2004年版。

80. 余凌云:《行政自由裁量论》,中国人民公安大学出版社2005年版。

81. 胡建淼:《比较行政法:20国行政法评述》,法律出版社1998年版。

82. 胡建淼主编:《论公法原则》,浙江大学出版社2005年版。

83. 刘兆兴、孙瑜、董礼胜主编:《中德行政法现状:行政行为、行政监督、行政审判》,社会科学文献出版社1998年版。

84. 张越:《英国行政法》,中国政法大学出版社2004年版。

85. 胡建淼主编:《行政违法问题探究》,法律出版社2000年版。

86. 陈新民:《公法学札记》,中国政法大学出版社2001年版。

87. 陈新民:《德国公法学基础理论》(上、下),山东人民出版社2001年版。

88. 季卫东:《法治秩序的建构》,中国政法大学出版社1999年版。

89. 付子堂:《法律功能论》,中国政法大学出版社1999年版。

90. 卓泽渊:《法的价值论》,法律出版社1999年版。

91. 张文显:《法学基本范畴研究》,中国政法大学出版社1993年版。

92. 黄茂荣:《法学方法与现代民法》,中国政法大学出版社2001年版。

93. 蔡志方:《行政救济法新论》,台北,元照出版有限公司1995年版。

94. 蔡志方:《行政救济与行政法学(一)》,台北,三民书局1993年版。

95. 蔡志方:《行政救济与行政法学(二)》,台北,三民书局1993年版。

96. 蔡志方:《行政救济与行政法学(三)》,台北,学林文化事业有限公司1998年版。

97. 翁岳生主编:《行政诉讼法逐条释义》,台北,五南图书出版公司2002年版。

98. 城仲模:《行政法裁判百选》,台北,月旦出版公司1996年版。

99. 章志远:《行政法学基本范畴研究》,北京大学出版社2018年版。

100. 杨建顺:《日本行政法通论》,中国法制出版社1998年版。

101. 蒋红珍:《论比例原则:政府规制工具选择的司法评价》,法律出版社 2010 年版。

102. 朱新力:《司法审查的基准——探索行政诉讼的裁判技术》,法律出版社 2005 年版。

103. 顾培东:《社会冲突与诉讼机制》,法律出版社 2004 年版。

104. 张卫平:《诉讼架构与程式——民事诉讼的法理分析》,清华大学出版社 2000 年版。

105. 李翀:《现代西方经济学原理》,中山大学出版社 2003 年版。

106. 江必新、夏道虎主编:《行政处罚法条文解读与法律适用》,中国法制出版社 2021 年版。

107. 杨伟东:《行政行为司法审查强度研究:行政审判权纵向范围分析》,中国人民大学出版社 2003 年版。

108. 胡锦光、韩大元:《中国宪法》,法律出版社 2018 年版。

109. 胡建淼主编:《中外行政法规:分解与比较》(下),法律出版社 2004 年版。

110. 谭剑:《行政行为的撤销研究》,武汉大学出版社 2012 年版。

111. 江必新主编:《中国行政诉讼制度的完善》,法律出版社 2005 年版。

112. 江必新、梁凤云:《行政诉讼法理论与实务》,北京大学出版社 2009 年版。

113. 蔡志方:《行政救济法论》,台北,月旦出版社 1995 年版。

114. 胡肖华:《行政诉讼基本理论问题研究》,湖南人民出版社 1999 年版。

115. 薛波:《元照英美法词典》,法律出版社 2003 年版。

116. [英]戴维·沃克:《牛津法律大辞典》(下册),李双元等译,法律出版社 2003 年版。

117. [日]盐野宏:《行政组织法》,杨建顺译,北京大学出版社 2008 年版。

118. [日]室井力主编:《日本现代行政法》,吴微译,中国政法大学出版社 1995 年版。

119. [日]南博方:《日本行政法》,杨建顺、周作彩译,中国人民大学出版社 1988 年版。

120. [日]和田英夫:《现代行政法》,倪健民、潘世圣译,中国广播电视出版社 1993 年版。

121. [日]棚濑孝雄:《纠纷的解决与审判制度》,王亚新译,中国政法大学出版社 2004 年版。

122. [日]谷口安平:《程序的正义与诉讼》(增补本),林剑峰译,中国政法大学出版社 2002 年版。

123. [日]中村英郎:《新民事诉讼法讲义》,陈刚、林剑锋、郭美松译,法律出版社 2001 年版。

124. [日]高桥宏志:《民事诉讼法——制度与理论的深层分析》,林剑峰译,法律出版社 2004 年版。

125. [日]宇贺克也:《国家补偿法》,肖军译,中国政法大学出版社 2014 年版。

126. [法]托克维尔:《论美国的民主》(上、下),董果良译,商务印书馆 2004 年版。

127. [韩]金东熙:《行政法Ⅰ》,赵峰译,中国人民大学出版社 2008 年版。

128. [英]弗里德利希·冯·哈耶克:《法律、立法与自由》(第二、三卷),邓正来、张守东、李静冰译,中国大百科全书出版社 2000 年版。

129. [英]威廉·韦德:《行政法》,徐炳等译,中国大百科全书出版社 1997 年版。

130. [英]卡罗尔·哈洛、理查德·罗林斯:《法律与行政》(上、下),杨伟东、李凌波、石红心、晏坤译,商务印书馆 2004 年版。

131. [美]肯尼斯·卡尔普·戴维斯:《裁量正义》,毕洪海译,商务印书馆 2009 年版,第 174 页。

132. [美]E. 博登海默:《法理学:法律哲学与法律方法》,邓正来译,中国政法大学出版社 1999 年版。

133. [美]查理德·B. 斯图尔特:《美国行政法的重构》,沈岿译,商务印书馆 2002 年版。

134. [美]欧内斯特·盖尔霍恩、罗纳德·M. 利文:《行政法和行政程序概要》,黄列译,中国社会科学出版社 1996 年版。

135. [美]米尔伊安・R. 达玛什卡:《司法和国家权力的多种面孔——比较视野中的法律程序》,郑戈译,中国政法大学出版社 2004 年版。

136. [美]伯纳德・施瓦茨:《行政法》,徐炳译,群众出版社 1986 年版。

137. [美]汉密尔顿、杰伊、麦迪逊:《联邦党人文集》,商务印书馆 1980 年版。

138. [美]约翰・弗雷尔、詹姆斯・埃德温・凯、埃里克・波伊尔:《跨部门合作治理》,化学工业出版社 2018 年版。

139. [德]奥托・迈耶:《德国行政法》,刘飞译,商务印书馆 2002 年版。

140. [德]弗里德赫尔穆・胡芬:《行政诉讼法》,莫光华译,法律出版社 2003 年版。

141. [德]卡尔・拉伦茨:《德国民法通论》,王晓晔等译,法律出版社 2003 年版。

142. [德]G. 平特纳:《德国普通行政法》,朱林译,中国政法大学出版社 1999 年版。

143. [德]格奥格・耶利内克:《主观公法权利体系》,曾韬、赵天书译,中国政法大学出版社 2012 年版。

144. [德]哈特穆特・毛雷尔:《行政法学总论》,高家伟译,法律出版社 2000 年版。

145. [德]汉斯・J. 沃尔夫等:《行政法》(第二卷),高家伟译,商务印书馆 2002 年版。

146. [德]卡尔・拉伦茨:《法学方法论》,陈爱娥译,商务印书馆 2004 年版。

147. [印]M. P. 塞夫:《德国行政法——普通法的分析》,周伟译,台北,五南图书出版公司 1991 年版。

二、中文论文类

1. 朱新力、余军:《行政法视域下权力清单制度的重构》,载《中国社会科学》2018 年第 19 期。

2. 王敬波:《面向整体政府的改革与行政主体理论的重塑》,载《中国社会科学》2020 年第 7 期。

3. 王敬波:《相对集中行政处罚权改革研究》,载《中国法学》2015 年第 4 期。

4. 王瑞雪:《政府规制中的信用工具研究》,载《中国法学》2017 年第 4 期。

5. 沈岿:《社会信用体系建设的法治之道》,载《中国法学》2019 年第 5 期。

6. 余凌云:《交警非现场执法的规范构建》,载《法学研究》2021 年第 3 期。

7. 林莉红:《行政救济基本理论问题研究》,载《中国法学》1999 年第 1 期。

8. 周佑勇:《行政处罚裁量基准的法治化及其限度——评新修订的〈行政处罚法〉第 34 条》,载《法律科学》2021 年第 5 期。

9. 周佑勇:《作为过程的行政调查——在一种新研究范式下的考察》,载《法商研究》2006 年第 1 期。

10. 青锋:《行政处罚权的相对集中:现实的范围及追问》,载《行政法学研究》2009 年第 2 期。

11. 青锋:《关于深化行政执法体制改革的几点思考》,载《行政法学研究》2006 年第 4 期。

12. 任进:《国务院行政机构的若干问题》,载《行政法学研究》2002 年第 3 期。

13. 江凌、张水海:《相对集中行政处罚权制度:发展历程、实施情况与基本经验——城管执法体制改革 12 年回顾》,载《行政法学研究》2008 年第 4 期。

14. 周继东:《深化行政执法体制改革的几点思考》,载《行政法学研究》2014 年第 1 期。

15. 郑传坤:《建设服务型政府与行政执法改革》,载《行政法学研究》2004 年第 1 期。

16. 杨小军:《深入推进城管执法体制改革研究》,载《行政法学研究》2016 年第 5 期。

17. 姜明安、沈岿:《法治原则与公共行政组织》,载《行政法学研究》1998 年第 4 期。

18. 张咏:《论行政检查启动的规范化路径——以警察行政检查为例证》,载《行政法学研究》2020 年第 2 期。

19. 刘熙瑞:《服务型政府——经济全球化背景下中国政府改革的目标选择》,载《中国行政管理》2002 年第 7 期。

20. 张步峰、熊文钊:《城市管理综合行政执法的现状、问题及对策》,载《中国行政管理》2014 年第 7 期。

21. 石亚军、施正文:《探索推行大部制改革的几点思考》,载《中国行政管理》2008 年第 2 期。

22. 金太军:《论乡镇行政管理的基本特点和特殊原则》,载《中国行政管理》1997 年第 8 期。

23. 沈荣华:《分权背景下的政府垂直管理:模式和思路》,载《中国行政管理》2009 年第 9 期。

24. 吴湘玲:《地级市政府机构改革初探》,载《中国行政管理》1998 年第 12 期。

25. 中国行政管理学会课题组:《推进综合执法体制改革:成效、问题与对策》,载《中国行政管理》2012 年第 5 期。

26. 孙迎春:《澳大利亚整体政府改革与跨部门协同机制》,载《中国行政管理》2013 年第 11 期。

27. 刘道筠:《行政综合执法界说》,载《中南民族大学学报(人文社会科学版)》2007 年第 1 期。

28. 曾峻:《相对集中行政处罚权与中国行政执法体制的改革:以城市管理为例》,载《政治学研究》2003 年第 4 期。

29. 胡皇印:《推进跨部门综合执法正当时》,载《人民法治》2015 年第 7 期。

30. 马太建:《论相对集中行政处罚权与综合执法的关系》,载《法治现代化研究》2018 年第 6 期。

31. 张家浩:《综合行政执法改革试点的困境与对策》,载《行政科学论坛》2017 年第 3 期。

32. 童之伟:《宪法学研究须重温的常识和规范——从监察体制改革中的一种提法说法》,载《法学评论》2018 年第 2 期。

33. 徐继敏:《相对集中行政许可权的价值与路径分析》,载《清华法学》2011 年第 2 期。

34. 李若兰:《市场监管综合执法改革探索》,载《中国国情国力》2018 年第 3 期。

35. 彭志芳:《关于相对集中行政处罚权有关问题的思考》,载《河北法学》2005 年第 1 期。

36. 江海洋等:《行政审批局改革亟待破解的突出问题》,载《唯实》2019 年第 4 期。

37. 刘国乾:《效能导向的综合执法改革原理与操作》,载《法学家》2020 年第 6 期。

38. 姜明安:《论党内法规在依法治国中的作用》,载《中共中央党校学报》2017 年第 4 期。

39. 王广辉、胡朋:《论先行先试权评估的缘起、标准与方法》,载《河南师范大学学报(哲学社会科学版)》2013 年第 1 期。

40. 郝铁川:《论良性违宪》,载《法学》1996 年第 4 期。

41. 肖明:《"先行先试"应符合法治原则》,载《法学》2009 年第 10 期。

42. 周悦丽:《整体政府视角下的京津冀区域执法协同机制研究》,载《首都师范大学学报(社会科学版)》2017 年第 4 期。

43. 刘明亮、许敏:《构建新时代内部审计指导监督机制的研究——基于整体政府跨部门协同治理理论》,载《审计月刊》2021 年第 5 期。

44. 许耀桐:《党和国家机构改革:若干重要概念术语解析》,载《上海行政学院学报》2018 年第 5 期。

45. 沈岿:《论行政法上的效能原则》,载《清华法学》2019 年第 4 期。

46. 章志远:《我国行政法基本原则之重构》,载《太原理工大学学报(社会科学版)》2005 年第 1 期。

47. 熊文钊、刘华:《社会秩序局:综合行政执法管理体制的完善途径——基于对北京城管的调查》,载《北京行政学院学报》2009 年第 2 期。

48. 黄涛:《当代中国政府垂直管理制度的起源和形成(1931—1954)》,载《宁夏大学学报(人文社会科学版)》2021 年第 4 期。

49. 杨桦:《公共行政发展与我国行政组织结构的问题与优化》,载《广东行政学院学报》2012 年第 3 期。

50. 陈艺:《国外城市管理行政执法比较研究》,载《城市发展研究》2018 年第 7 期。

51. 张峰振:《论宪法保留》,载《政法论坛》2018 年第 4 期。

52. 张峰振:《一般不当行政行为救济制度的完善》,载《江西社会科学》2021 年第 8 期。

53. 张峰振:《我国非法采砂法律规制的不足与完善》,载《淮阴师范学院学报(哲学社会科学版)》2021 年第 1 期。

54. 范伟:《行政黑名单制度的法律属性及其控制——基于行政过程论视角的分析》,载《政治与法律》2018 年第 9 期。

55. 曾峻:《相对集中行政处罚权与中国行政执法体制的改革:以城市管理为例》,载《政治学研究》2003 年第 4 期。

56. 王毅:《相对集中行政处罚权制度发展研究——以城市管理领域为例》,载《法学》2004 年第 9 期。

57. 周少来:《乡镇政府体制性困局及其应对》,载《甘肃社会科学》2019 年第 6 期。

58. 付宇程:《我国简政放权改革中基层政府的事权承接困境及相关域外经验》,载《中国社会科学院研究生院学报》2019 年第 7 期。

59. 章剑生:《行政管辖制度探索》,载《法学》2002 年第 7 期。

60. 夏正林、何典:《我国乡镇政府执法权配置研究》,载《江淮论坛》2019 年第 6 期。

61. 任进:《规范垂直管理机构与地方政府的关系》,载《国家行政学院学报》2009 年第 3 期。

62. 孙振雷:《我国实定法上的行政拘留比较研究及其立法完善》,载《中国人民公安大学学报(社会科学版)》2019 年第 4 期。

63. 李雪梅、李奕轩:《基层管理中如何规避"政策搭车"现象》,载《领导科学》2019 年第 1 期。

64. 陈柏峰:《乡镇执法权的配置:现状与改革》,载《求索》2020 年第 1 期。

65. 唐兴盛:《政府"碎片化":问题、根源与治理路径》,载《北京行政学院学报》2014 年第 5 期。

66. 林孝文:《地方政府权力清单法律效力研究》,载《政治与法律》2015 年第 7 期。

67. 黄学贤、刘益浒:《权力清单法律属性探究》,载《法治研究》2019 年第 1 期。

68. 陈斯彬:《权力清单的两个面向及其效力》,载《求索》2018 年第 5 期。

69. 申海平:《权力清单的定位不能僭越法律》,载《学术界》2015 年第 1 期。

70. 喻少如、张运昊:《权力清单宜定性为行政自制规范》,载《法学》2016 年第 7 期。

71. 刘迎霜:《商业预付卡的法律规制研究》,载《法商研究》2012 年第 2 期。

72. 朱维究、刘永林:《论行政检查与行政法实施——以确保行政规范性文件得到真正落实为视角》,载《政治与法律》2012 年第 7 期。

73. 徐国冲、张晨舟、郭轩宇:《中国式政府监管:特征、困局与走向》,载《行政管理改革》2019 年第 1 期。

74. 武鹏、胡家勇:《政府监管的特征及其治理》,载《社会科学战线》2020 年第 9 期。

75. 戴治勇、杨晓维:《间接执法成本、间接损害与选择性执法》,载《经济研究》2006 年第 9 期。

76. 王裕根:《选择性执法研究述评及其展望》,载《河北法学》2019 年第 10 期。

77. 王宏宇、吴仲铠:《"八统一"打造浙江省"互联网 + 监管"新模式》,载《中国建设信息化》2021 年第 1 期。

78. 黄璜、成照根:《"互联网 + 监管":政策演变与模式划分》,载《电子政务》2019 年第 7 期。

79. 邬伦等:《从数字城管到智慧城管:平台实现与关键技术》,载《城市发展研究》2017 年第 6 期。

80. 欧莉:《"互联网 + 监管"对推进法治政府建设的实践与思考》,载《中国市场监管研究》2021 年第 8 期。

81. 许垚、庄晨曦:《提升"互联网 + 监管"发展水平推进国家治理体系和治理能力现代化》,载《宏观经济管理》2021 年第 5 期。

82. 孔祥稳:《作为新型监管机制的信用监管:效能提升与合法性控制》,载《中共中央党校(国家行政学院)学报》2022 年第 1 期。

83. 王伟:《信用监管的制度逻辑与运行机理——以国家治理现代化为视

角》,载《科学社会主义》2021 年第 1 期。

84. 虞李辉:《公共信用信息归集制度的理论探析》,载《征信》2021 年第 8 期。

85. 何永川等:《信用修复国际比较研究》,载《征信》2021 年第 2 期。

86. 卢护锋:《信用修复的实践误区及其立法应对》,载《广东社会科学》2020 年第 6 期。

87. 彭錞:《失信联合惩戒行政诉讼救济困境及出路》,载《东方法学》2021 年第 3 期。

88. 章志远:《行政执法三项制度的三重法治意义解读》,载《中国司法》2019 年第 2 期。

89. 解志勇、王晓淑:《行政执法三项制度:法治政府建设的加速器和稳定器》,载《中国司法》2019 年第 2 期。

90. 李瑞康:《论行政执法公示:功能、问题与对策》,载《辽宁公安司法管理干部学院学报》2020 年第 4 期。

91. 罗许生:《行政综合执法研究》,西南政法大学 2016 年硕士学位论文。

92. 谭安富:《市场监管综合执法改革的模式构建与进路优化》,中南财经政法大学 2018 年博士学位论文。

93. 邱煌辉:《我国自然资源综合执法模式研究》,华侨大学 2020 年硕士学位论文。

94. 盛永胜:《我国市场监管综合执法改革研究》,南京大学 2016 年硕士学位论文。

95. 李武祥:《文化市场综合执法模式研究》,国防科技大学 2006 年硕士学位论文。

96. 宋慧宇:《行政监管权研究》,吉林大学 2010 年博士学位论文。

97. 汪燕:《选择性执法及其治理研究》,武汉大学 2010 年博士学位论文。

三、英文著作与论文类

1. Timothy Endicott, *Administrative Law*, Oxford University Press, 2011.

2. William F. Funk & Richard H. Seamon, *Examples & Explanations: Admin-*

istrative Law, Fourth Edition, Aspen Publishers,2011.

3. Peter Leyland, Terry Woods & Janetta Harden, *Textbook on Administrative Law*, London: Blackstone Press Limited, 1994.

4. Michael J. Allen, LLB, LLM, Barrister, Brian Thompson, LLB, *MLitt*, *Cases and Materials on Constitutional and Administrative Law*, Sixth Edition, London: Blackstone Press Limited, 1990.

5. David Stott & Alexandra Felox, *Principles of Administrative Law*, London: Cavendish Publishing Limited, 1997.

6. Seede Smith, Woolf & Jowell, *Jeffreyjowess*, *Principles of Judicial Review*, London:Sweet & Maxwell, 1999.

7. Emery, Carl, *Administrative law: Legal Challenges to Official action*, London: Sweet & Maxwell, 1999.

8. David Osborne,Ted Gaebler, *Reinventing Government*, penguin,1993.

9. Russell M. Linden, *Seamless Government: A Practical Guide to Re – Engineering in the Public Sector*, Jossey – Bass,1994.

10. Janet Vinzant Denhardt, Robert B. Denhardt, *The New Public Service: Serving*, Not Steering, M. E. Sharpe,2002.

11. Stephen P. Osborne, *The New Public Governance?: Emerging Perspectives on the Theory and Practice of Public Governance*, Routledge,2010.

12. Oliver James, *The Executive Agency Revolution in Whitehall*, Palgrave Macmillan, 2003.

13. Christopher Pollitt, *Performance Management in Practice: A Comparative Study of Executive Agencies*, J Public Adm Res Theory, January 2006, 16:25 – 44.

14. Christopher Pollitt, *Joined – up Government: A Suvey*, Political Studies Review, Vol. 1:1, p. 34 –49(2003).

15. Gerard Caprio, Jr,*Regulatory Capture: Why It Occurs, How To Minimize It*, North Carolina Banking Institute, Vol. 18,p. 39 –45(2013).

16. Verity Winship,*Financial Regulation and the Climate – a Case Study of*

the "Whole - of - Government" Approach, University of Illinois Law Review Online, April 30, 2021.

17. George Carayannopoulos, *Whole of Government: the Solution to Managing Crises? Australian Journal of Public Administration*, Vol. 76:2, (2016).

18. Tom Christensen, Per Lægreid, *The Whole - of - Government Approach to Public Sector Reform*, Public Administration Review, Vol. 67:6, (2007).

19. Dawn Kelly & Terry L. Amburgey, *Organization Inertia and Momentum: A Dynamic Model of Strategic Change*, Academy of Management, Vol. 34, p. 591 - 612 (1991).

20. Juan D. Carrillo & Denis Gromb, *Cultural Inertia and Uniformity in Organizations*, Journal of Law Economics & Organization, Vol. 23, p. 743 - 771 (2007).